Éros au féminin

ALEXANDRA DESTAIS

Éros au féminin

D'*Histoire d'O* à *Cinquante nuances de Grey*

Klincksieck

isbn : 978-2-252-03911-3

Pour G...

Le jour où il sera possible à la femme d'aimer dans sa force, non dans sa faiblesse, non pour se fuir, mais pour se trouver, non pour se démettre, mais pour s'affirmer, alors l'amour deviendra pour elle comme pour l'homme source de vie et non mortel danger. (Simone de Beauvoir, « L'amoureuse », *Le Deuxième Sexe*)

Prélude définitionnel

Aujourd'hui, l'érotisme est un terme galvaudé. Il est devenu un mot fourre-tout désignant des entreprises à visée mercantile, un patrimoine culturel, une attitude individuelle ou bien encore une ambiance propice à l'étreinte. Il renvoie aussi bien aux supermarchés du sexe qui sont à l'*ars erotica* ce que les romans Harlequin sont à l'art d'aimer, qu'à la représentation littéraire et artistique du sexuel. L'utilisation du mot dans les salons dits de « l'érotisme » qui attirent entre 30000 à 50000 visiteurs selon les villes, est un bel exemple de vulgarisation affligeante. Car le salon de « l'érotisme » relève moins du boudoir enchanté que d'un espace commercial fort lucratif. Le sexe y est exposé crûment. Le terme « érotisme » est une jolie gaze déposée sur un lieu érotiquement pauvre. Il a au moins le mérite d'être commode, servant à la fois d'appât pour attirer le grand public vers l'Industrie du sexe et de voile rassurant non seulement pour la ville très « hospitalière » qui accueille ce type de manifestations mais aussi pour le public le moins familier du *hardcore*. Des « stars » du X y dédicacent leurs photos, des effeuillages intégraux ont lieu dans des *show-rooms,* des DVD pornos sont vendus, des publicités pour des séjours échangistes sont proposées. Seule concession peut-être à l'érotisme : la lingerie coquine et les huiles de massage qui permettent de créer une atmosphère sensuelle, propice à l'amour physique. Désormais, le salon de l'érotisme poursuit une visée « pédagogique ». Des ateliers sont mis en place pour apprendre aux couples à mieux faire l'amour grâce à l'expertise de spécialistes : les acteurs et les actrices du « porno ». Lorsque l'on sait que le chemin de l'orgasme passe par le cerveau, « organe érotique » par excellence, et pourrait, au regard des dernières découvertes scientifiques[1], se passer complètement de la machinerie génitale, on mesure celui qui reste à faire pour érotiser les individus hors du contexte pornographique…

L'élasticité actuelle du terme « érotisme » le prive de son caractère opérationnel, de sa force originelle, de sa belle histoire culturelle, de sa capacité à rendre compte de la richesse imaginative de l'être humain, de son inventivité concernant ses désirs, ses plaisirs, son rapport au corps. Concept triste désormais coupé de sa source vive. Quant à la pornographie, alors qu'elle désignait après la seconde guerre mondiale un champ banni de la production littéraire, elle gagne en légitimité, devient un concept opératoire, s'intellectualise, comme le montre le *Dictionnaire de la pornographie* publié dans une maison on ne peut plus sérieuse : les Presses Universitaires de France[2]. Élevée désormais « au rang de pratique culturelle étudiable »[3], la pornographie hérite de ce qui était autrefois dévolu à l'érotisme : le pouvoir d'incitation intellectuelle, la faculté à produire un questionnement philosophique sur l'être humain. Débarrassée en partie de ses connotations morales, la pornographie recouvre aujourd'hui un ensemble de pratiques, de discours, de représentations qu'il devient possible d'isoler et d'analyser avec l'œil détaché et froid du scientifique. L'érotisme et la pornographie semblent donc avoir échangé leurs aptitudes, en raison sans doute de leur étroite promiscuité…

La pornographie, étiquette autrefois infamante, est désormais interrogée et réinvestie avec beaucoup de sérieux. Dans son introduction à *La Pornographie ou l'épuisement du désir*, la philosophe Michela Marzano se demande : « Qu'est-ce que la pornographie? Comment la qualifier? Comment la différencier de l'érotisme? »[4]. De même, Claudine Brécourt-Villars considère que « si la notion d'érotisme est difficile à cerner, c'est non seulement parce qu'elle varie avec les civilisations, les préoccupations

1. Cf. le livre d'Elisa Brune et Yves Ferroul, *Le Secret des femmes*, Paris, Odile Jacob, 2010.
2. Philippe Di Folco, *Dictionnaire de la pornographie*, Paris, PUF, 2005.
3. *Ibid.*, « Avant-Propos », *op. cit.*, p. IX.
4. Michela Marzano, « Introduction », *La Pornographie ou l'épuisement du désir*, Paris, Buchet-Chastel, 2003, p. 25.

d'une époque, ses tabous, ses censures capricieuses et arbitraires, mais parce qu'elle se diversifie également en fonction de la structure fantasmatique des auteurs, des lecteurs ou des spectateurs »[5]. C'est au nom de ce caractère fluctuant que l'historienne de la littérature décide d'intégrer dans son anthologie des textes où l'érotisme est plus diffus ou bien témoigne d'une sensibilité individuelle originale. L'interrogation définitionnelle concerne également la pornographie. Selon Philippe Di Folco, la notion « n'est pas facile à questionner de prime abord » dans la mesure où « elle semble se dérober à toute définition, n'en tolérer aucune qui ne soit pas équivoque, discutable, ou trop morale »[6]. Tandis que certain-e-s pensent que l'érotisme et la pornographie, c'est du pareil au même, d'autres persistent à déceler une différence de taille entre les deux notions, prêtant à l'érotisme tous les charmes de la suggestion et à la pornographie toutes les vulgarités de la vision imposée. À la mise en scène noble du sexe, s'opposerait ainsi une variante vulgaire, méprisable, dégoûtante, contre laquelle il faudrait prendre ses jambes à son cou plutôt que de les avoir en l'air. Comment s'y retrouver ? Tout n'est-il qu'une question de point de vue individuel, de jugement personnel en fonction de notre définition du tolérable et de l'intolérable, de nos propres pratiques, ou bien peut-on déceler malgré tout une différence objective, un ancrage qui permettrait d'y voir un peu plus clair ? Sur ce terrain « glissant », deux écueils me semblent à éviter : la confusion des deux notions au nom d'un relativisme absolu et leur distinction obstinée qui sert le plus souvent à disqualifier la pornographie et à mettre en valeur la supériorité morale et esthétique de l'érotisme. Selon Michela Marzano, tandis que l'érotisme met en scène le mystère du sujet et de la sexualité, la pornographie flatte le voyeurisme et livre au regard un corps morcelé, privé de visage. Preuves à l'appui, la philosophe accorde ses « faveurs érotiques » au roman de D. H. Lawrence *L'Amant de Lady Chatterley* mais rejette *Histoire d'O*, situé du côté de l'inacceptable « pornographie »[7].

Afin d'éclaircir ce vaste territoire, le sens étymologique et le retour à la mythologie constituent des ressources précieuses. Ils permettent de

5. Claudine Brécourt-Villars, « Introduction », *Écrire d'amour, Anthologie de textes érotiques féminins*, Paris, Ramsay, 1985, p. 19.
6. *Dictionnaire de la pornographie*, *op. cit.*, p. IX.
7. Michela Marzano, *op. cit.*

dépouiller ces termes des jugements de valeur contemporains, de leur nouvelle valeur d'usage et de tout ce qui ajoute à la confusion pour les rendre, sinon à une pureté historique somme toute illusoire, du moins à leur matrice originelle. Concernant l'érotisme, le substantif est apparu tardivement, au XVIIIe siècle contrairement à l'adjectif apparu deux siècles plus tôt, au milieu du XVIe siècle. Comme nous l'apprend le *Dictionnaire historique de la langue française,* l'adjectif « érotique » est un emprunt savant au bas-latin *eroticus,* lui-même hellénisme pris au grec *erôtikos* « qui concerne l'amour »[8]. Cet hellénisme dérive de *eros, erotos* qui désigne l'amour et le désir sexuel, *eros* étant également le nom du dieu de l'Amour dans la mythologie grecque. Le domaine initial d'*Éros* est loin d'offrir la vision réductrice et matérialiste actuelle. *Éros* est à l'origine un Dieu dont l'histoire est liée à celle d'*Aphrodite.* Si dans la tradition populaire la plus ancienne et la *Théogonie* d'Hésiode, *Éros* est considéré comme une divinité primordiale qui n'engendre pas, il est considéré par des traditions plus récentes comme le fils qu'*Aphrodite* eut avec le dieu de la Guerre, *Arès.* Phèdre dira dans *Le Banquet* de Platon :

> C'est celui qui fait le plus de bien aux hommes, il inspire de l'audace, est le plus ancien, le plus auguste, et le plus capable de rendre l'homme vertueux et heureux durant sa vie et après sa mort.[9]

Le Banquet prête à *Éros* divers visages et celui-ci y récupère son statut de divinité primordiale. Surtout une distinction est effectuée entre d'une part, un *Éros* populaire axé sur le corps et le goût indifférencié des hommes et des femmes par pur appétit de jouissance et d'autre part, un *Éros* fidèle, vertueux et homosexuel. Seul ce dernier est encouragé, le Dieu étant honoré en Grèce antique spécialement comme celui de la pédérastie. Le mythe de l'androgyne et de l'unité perdue puis retrouvée, dont Aristophane est à l'origine dans *Le Banquet,* tient compte non seulement de l'étreinte d'un homme et d'une femme en vue de la procréation mais aussi de celle de deux hommes. Dans les deux cas, l'amour est ce qui permet « de fondre deux êtres en un seul et de guérir la nature humaine » en proie à l'incomplétude. Selon Socrate, *Éros* est né lors du festin qui célébra la naissance

8. *Dictionnaire historique de la langue française,* Paris, Le Robert, 1992, p. 716.
9. Platon, *Le Banquet, De l'amour,* Paris, LGF, 1991.

d'*Aphrodite*. Il est issu de l'union de *Poros* (l'Abondance), fils de *Métis* (la Prudence) et de *Pénia* (la Pauvreté). Comme fils de *Pénia*, il est toujours pauvre, et, loin d'être beau et délicat, comme on le pense généralement, il est maigre, malpropre, sans chaussures, sans domicile, sans autre lit que la terre, sans couverture, couchant à la belle étoile auprès des portes et dans les rues. Comme fils de *Poros*, il est toujours à la piste de ce qui est beau et bon : il est mâle, hardi, persévérant, chasseur habile, toujours machinant quelque artifice, désireux de savoir et apprenant avec facilité, philosophant sans cesse, enchanteur, magicien, sophiste, etc. Ainsi, à l'origine, *Éros* est non seulement une force motrice, primordiale, qui pousse les êtres les uns vers les autres mais aussi une source d'inspiration pour le poète, un appel à la beauté des êtres et du monde, une occasion de vertu et de bonheur. La vision noble d'*Éros* ne dissocie pas l'amour et le désir. La dissociation est fortement discréditée surtout lorsque le pur appétit de jouissance concerne l'union hétérosexuelle. Dans ce cas, *Éros* est considéré comme un *Éros* vulgaire… Enfin, la nature bisexuelle d'*Éros* est mise en valeur à travers les mythes de commencement du monde et le mythe de l'androgyne énoncé par Aristophane. Cependant, sa composante masculine est davantage valorisée, ce que confirment les mœurs sexuelles de la Grèce antique où la femme était confinée au gynécée comme reproductrice tandis que la forme la plus noble de l'amour érotique unissait un adulte (« éraste ») et un adolescent (« éromène »).

L'étymologie montre que l'attitude qualificative, *via* l'adjectif « érotique », a précédé la description objective des faits, des pratiques, des représentations. Ce fait de langage souligne le rôle premier de l'attitude subjective du récepteur face aux choses sexuelles avant l'autonomie progressive d'un domaine appelé « l'érotisme ». Les définitions modernes attestent aussi du primat d'une vision matérialiste sur l'idéalisme platonicien, de cet *Éros* vulgaire. En effet, de nos jours, est « érotique » « ce qui a rapport au plaisir et au désir sexuel », « qui a pour sujet le plaisir sexuel », ce qui est « relatif à l'amour physique, à la sexualité »[10]. L'amour n'est appréhendé ici que sous l'angle physique. Sa mention n'apporte qu'une légère coloration affective à ce qui relève essentiellement du sexuel. Quant à la définition du nom

10. *Le Petit Larousse*, Grand format 2003, p. 395.

« érotisme », la dernière définition du *Petit Larousse* atteste de deux emplois distincts : l'« évocation de l'amour physique » et la « recherche variée de l'excitation sexuelle ». Le premier emploi est plus riche que le second grâce à ce mot « évocation » appliqué à l'amour physique et qui sous-entend une sorte d'opération « magique » par laquelle on rend présent à l'esprit, grâce notamment à des images et à des associations d'idées, un secteur de la vie humaine longtemps dérobé au regard public. Le deuxième emploi dirige l'attention vers la valeur strictement fonctionnelle de l'érotisme. Il ne s'agit plus cette fois de désigner une mise en scène autour de l'« amour physique » ou de la « sexualité » mais une « recherche », soit une quête volontaire menée dans la vie réelle en faveur d'un résultat physiologique précis : « l'excitation sexuelle ». Ces deux usages montrent que l'érotisme oscille entre deux axes dont l'un, poétique et transgressif, lui est propre tandis que l'autre rejoint la visée concrète du projet pornographique. Contrairement à *Éros*, « Porno » n'a jamais été un Dieu et encore moins une divinité primordiale. Il s'inscrit dans un tout autre contexte : celui de la prostitution. Le terme est issu du grec tardif *pornographos* composé de « *graphos* » et de « *pornê* » qui signifie « prostituée » et, plus précisément, « femme marchandise »[11]. La pornographie désigne à l'origine des textes courts qui incitaient les clients antiques à se rendre au bordel local ou qui décoraient les murs des lupanars. Dans *Le Sexe et l'Effroi*, Pascal Quignard rappelle que les Anciens prêtaient à Parrhasios d'Éphèse l'invention de la *pornographia* autour du Ve siècle avant Jésus-Christ à Athènes, ce qui signifiait littéralement « peinture de prostituée » : « Parrhasios aima la putain Théodoté et la peignit nue [...] Socrate prétendait que le peintre était luxurieux. »[12] Attesté d'abord dans *Le Pornographe* de Rétif de la Bretonne en 1769 avec son sens étymologique d'« auteurs d'écrits sur la prostitution », le mot désigne dès 1834 un auteur spécialiste d'écrits obscènes. Attesté par un premier emploi dans le domaine pictural en 1842, éclipsant le terme « obscène », il se dit d'une représentation littéraire, artistique de choses extrêmement indécentes et devient une expression moraliste à forte connotation péjorative. Par extension, il désigne la représentation directe et concrète de la sexualité, de façon délibérée, en littérature et dans les

11. *Dictionnaire historique de la langue française, op. cit.*, vol. 2 M-Z, p. 1582.
12. Pascal Quignard, *Le Sexe et l'Effroi*, Paris, Gallimard, 1994, p. 14.

arts en général. Il conserve un caractère de transgression qui le rapproche d'obscène et l'éloigne d'autres notions comme l'érotisme et le licencieux. L'adjectif (1832) a été abrégé avant 1893 en « porno » pour désigner des photos, des livres, des films, ce qui donne également naissance au nom masculin « le porno » qui renvoie aux activités de l'industrie pornographique et au genre cinématographique du même nom. Malgré l'extension de la définition actuelle, « représentation directe et concrète de la sexualité, de façon délibérée, en littérature et dans les arts en général », le territoire de la pornographie est davantage balisé que celui de l'érotisme. Trois critères le particularisent : *un critère esthétique* qui privilégie plutôt que les détours une mise en discours non médiatisée, transparente et réaliste du sexuel ; *un critère moral* fondé sur le franchissement des limites par le spectacle de ce qui ne doit pas être vu (« ob-scène ») ; *un critère psychologique* qui fait de la représentation non le fruit du hasard, d'un acte manqué ou d'une inspiration subite mais le résultat d'une intention : « de façon délibérée ». De plus, la définition n'hésite pas sur le champ de l'expérience humaine concerné : il s'agit bel et bien de « sexualité » et à aucun moment le mot « amour » n'est associé à la pornographie. Aucune méprise n'est possible sur ce point puisque dès sa plus lointaine origine, la pornographie est fondée sur la dissociation du sexe et du sentiment, comme le montre la référence initiale à la prostitution. Aujourd'hui encore, la pornographie parce qu'elle nourrit la demande exclusivement sexuelle portée en majorité par la gent masculine, a partie liée avec l'activité prostitutionnelle. Ayant pour but la satisfaction sexuelle, le mode pornographique nécessite non une évocation mais une imitation de l'acte afin de stimuler l'appétit sexuel. Ainsi, la notion oscille entre deux axes : un axe moral qui souligne sa charge négative puisqu'elle renvoie à tout ce qui, dans la représentation écrite ou visuelle du sexuel, nous choque, nous effraie, nous révulse, outrepasse notre seuil de tolérance et un axe culturel qui réinscrit les relations originelles du sexe et de l'argent en faisant de la pornographie une industrie. De nos jours, le « porno » concrétise ce « commerce » de façon si optimale que les deux termes « porno » et « pornographie » sont volontiers confondus. Mais si on est confronté dans le cadre d'une écriture (*graphein*) à une scène imaginaire, on fait face avec le « porno » à une action sexuelle authentique. Seul l'écran demeure un obstacle inévitable à l'implication physique totale du spectateur. Ainsi, l'histoire mythologique et étymologique met en évidence l'existence d'un noyau irréductible qui permet de déceler une différence réelle entre l'érotisme et la pornographie : dans les moyens utilisés (évocation *vs* exposition brutale), la signification (amour physique *vs* sexualité tarifée) et la portée des deux termes (éduquer *vs* exciter).

Les jugements contemporains sur ces notions qui font couler beaucoup d'encre comportent un certain nombre d'idées reçues à nuancer. L'une d'entre elles est énoncée de la façon suivante par Catherine Robbe-Grillet qui a recours à la métaphore culinaire afin de décrire le critère esthétique de distinction :

> Disons qu'il y a aussi des gens qui pensent que l'érotisme, c'est ce qui est voilé alors que la pornographie serait le gros plan en pleine lumière. Les mots sont des mots crus, les images sont des images crues. Pour prendre une image, la pornographie se consommerait avec les doigts et l'érotisme avec un couteau et une fourchette. C'est toujours délicat car, pour reprendre un propos prêté à Alain, la pornographie c'est l'érotisme des autres… [13]

Dans cette optique, la pornographie relèverait de l'appétit brusque et primaire de l'animal en rut, c'est-à-dire de la goinfrerie où est convoité sans détour, « avec les doigts », l'objet sexuel tandis que l'érotisme impliquerait un contact civilisé « avec un couteau et une fourchette ». On parle volontiers en effet d'art érotique mais entend-on souvent parler d'art pornographique ? Existe-t-il ? Transposé au cinéma et en littérature, le rapport frontal, « avec les doigts » correspond à la mise en visibilité totale de ce qui a été longtemps dérobé au regard public alors que le contact civilisé correspond à la recherche de biais afin de suggérer ce qu'on ne veut pas tout à fait montrer et qu'on laisse encore à désirer. La pornographie nous confronte moins à une œuvre d'art qu'à un support masturbatoire, d'où la recherche de l'effet immédiat par les moyens les plus efficaces : au plan littéraire, les termes de l'organique direct et une description axée sur les diverses phases de l'action sexuelle elle-même ; au plan cinématographique, le gros plan sur les parties génitales concernées par l'action sexuelle. Dans les deux cas, cela suppose la suppression des motivations et des implications affectives. Dans le cadre de l'érotisme, nous sommes face à un travail d'élaboration

13. Entretien avec Catherine Robbe-Grillet, Château Mesnil-au-Grain, 20 avril 2005.

secondaire où il s'agit de suggérer plus ou moins puissamment le sexuel *via* des ressources stylistiques et langagières, de solliciter la contribution imaginaire du lecteur/spectateur par des moyens indirects : au plan littéraire, l'emploi de figures de style telles que la périphrase, la métaphore, l'ellipse, la litote ; au plan cinématographique, le jeu du caché et du dévoilé, du nu et du dévêtu, du dit et du non-dit, de l'esquive. Les alentours du sexuel, comme les circonstances de la rencontre ou bien encore les répercussions de l'étreinte, sont également aussi au cœur des préoccupations, l'action étant moins isolable que faisant partie d'un tout qui lui donne un sens. Par exemple, rien de commun entre la « première » scène dite « érotique » du cinéma français, *Les Amants,* où l'acte sexuel est suggéré par un gros plan sur la main crispée et le visage radieux de l'héroïne[14] (soit par une métonymie) et *Gorge profonde* qui met en scène des sexes en mouvement ! Rien de commun non plus entre les nouvelles d'Anaïs Nin et les petits pornos clandestins et anonymes vendus sous le manteau avant la Seconde guerre mondiale. Cependant, il existe bel et bien aussi une esthétique « porno » et tout est fait aujourd'hui pour montrer que la pornographie est le résultat d'un travail et ne sert plus seulement, comme pour *Gorge profonde,* un projet de libération des corps et des consciences. Il existe en effet une esthétique singulière qui utilise le « gros plan » et la « pleine lumière » afin de révéler sans ménagement le « sale petit secret »[15]. Le souci réaliste est tel qu'il confine à l'obsession naturaliste dans la mesure où la précision excessive et sans fard des postures, des réactions épidermiques, du choc génital donne à voir ce qui reste difficilement visible lorsqu'on se trouve engagé dans une action sexuelle. Dans le même temps, la proximité de l'objet, la fragmentation des corps, la « performance » des « acteurs » et des « actrices », l'éclairage artificiel, la codification des gestes et des postures, au lieu de susciter un effet de réel, déréalisent la représentation du sexuel. Ainsi, malgré le préjugé défavorable qui ôte à la pornographie tout caractère artistique et culturel, il existe une « esthétique » pornographique qui, exemplifiée au plan littéraire par les écrits de Sade[16], se manifeste idéalement dans le « porno ». Que l'on adhère ou pas à celui-ci, il n'en demeure pas moins qu'il est un genre

14. Louis Malle, *Les Amants,* 1958 : avec Jeanne Moreau et Alain Cuny.
15. D. H. Lawrence, *Éros et les chiens,* Paris, Christian Bourgeois, 1969, p. 155.
16. Cf. Alexandra Destais, « Contraintes formelles et imaginaire du vivant », *Elseneur,* n° 21, Presses universitaires de Caen, 2006, p. 165-186.

à part entière fondé sur la représentation d'actes sexuels non simulés, saisis localement et détachés des ressorts affectifs, moraux et psychologiques qui pourraient le motiver et le justifier dans un autre contexte.

Aux hommes, le sexe ? Aux femmes, le sexe *et* l'amour ? Une autre idée reçue serait celle de l'indifférence des femmes à la pornographie et leur prédilection pour l'érotisme mais encore plus, leur choix de l'amour envers et contre tout. On a en effet tendance à prêter aux hommes le domaine de la pornographie de bas étage et aux femmes « une érotique sublime liée à quelque nouvelle liberté d'expression »[17] mais aussi à opposer la pornographie qui appartiendrait en propre « à l'imaginaire de l'homme »[18] et les « romans sentimentaux »[19] qui seraient le comble de l'érotisme pour les femmes. Ceci correspondrait à deux attitudes psychologiques fondamentales : d'un côté, le rêve d'une continuité sentimentale où le plaisir « est médiatisé par le rapport amoureux », où il revêt la forme du don, du dévouement, de l'altruisme, d'où sa nature intrinsèquement moral ; d'un autre côté, la discontinuité d'un plaisir sexuel dissocié de l'amour. Selon Alberoni, ces deux attitudes psychologiques entraînent la coexistence de deux genres littéraires : d'une part, un genre sentimental où l'acte sexuel est l'aboutissement d'un processus de séduction réciproque, la confirmation physique de l'aveu amoureux, la récompense ultime mettant fin à un parcours semé d'embûches et d'autre part, un genre pornographique où la recherche instantanée du plaisir sexuel pur exclut ce qui peut l'entraver et le différer : la cour amoureuse, les résistances morales, la demande sentimentale comme compensation éthique à l'acte sexuel, etc. Tandis que par exemple, *Histoire d'O* mettrait en scène la confrontation abrupte de la pornographie masculine et de l'érotisme féminin, *Emmanuelle* offrirait une synthèse heureuse des deux registres. La division séculaire que Francesco Alberoni isole, bien que caricaturale au regard de nos avancées contemporaines qui brouillent volontiers les repères traditionnels, n'est pas fausse au regard de notre histoire culturelle. Pendant longtemps, en effet, les hommes ont été les uniques instigateurs et bénéficiaires de la porno-

17. Gaëtan Brulotte, *Œuvres de chair. Figures du discours érotique,* Paris, L'Harmattan, 1998, p. 6.
18. Francesco Alberoni, *L'Érotisme,* Paris, Ramsay, 1987, p. 13.
19. *Ibid.,* p. 20.

graphie alors que les femmes cultivaient l'union des cœurs au détriment de l'exploration de leur propre érotisme. Cependant, il s'agissait moins de deux mondes fermés l'un à l'autre que de deux sphères d'attente réagissant l'une par rapport à l'autre. Par exemple, au temps de l'amour courtois, le contre-idéal de la gauloiserie se manifeste comme une réponse toute masculine aux contraintes de l'idéalisme amoureux, aux obstacles imposés par une Dame inaccessible. Ceci est particulièrement visible dans les deux versions de la scène finale du *Roman de la rose.* Dans la version initiale, la dernière scène montre la solitude de l'amant, séparé de l'objet aimé par des contraintes extérieures qui ont empêché la satisfaction érotique. Au contraire, la dernière version met en scène la défloration de la rose. La Nature et Vénus triomphent des entraves sociales :

> Par grande liesse j'ai cueilli
> La fleur du beau rosier feuilli.
> Ainsi, j'ai la Rose vermeille.
> Mais il est jour et je m'éveille.[20]

Cette version profane suscite les griefs de Christine de Pisan qui s'élève au début du XVe siècle contre la misogynie de l'auteur Jean de Meung. La réaction réaliste à l'idéalisme amoureux génère à son tour une critique « féministe » qui conduit à défendre la loyauté du cœur et à faire l'éloge des temps anciens (XIIe-XIIIe siècles) où un amant était capable de donner sa vie pour sa « Dame ». Même rapport de forces au début du XVIIe siècle où une coalition contre la grossièreté s'organise à l'initiative de Mme de Rambouillet. Cette hôtesse mondaine initie en effet la tradition du salon à la française, c'est-à-dire d'un lieu culturel mixte où les hommes, tout cultivés et savants qu'ils sont, doivent obéir à des consignes féminines. Il s'agit pour eux non seulement de se conformer à une étiquette, soit à un comportement policé et galant, mais aussi de réformer le style de leurs œuvres dans le sens d'une suppression de l'obscénité. Par souci d'idéalisme amoureux, ces premières hôtesses se rendent ainsi complices d'une épuration institutionnalisée visant à éliminer sous Richelieu les actions malhonnêtes et les paroles lascives de la scène dramatique française. Une éthique amoureuse se constitue au prix d'un excès d'artifices et au détri-

20. G. de Lorris et Jean de Meung, *Le Roman de la rose*, Paris, L.G.F, 1997.

ment de la moindre ébauche de sensualité. Apparue aux lendemains d'une époque troublée qui s'achève en 1653, la Préciosité constitue de même une réponse féminine, poétique et morale aux désordres de la Fronde où certains ont profité de ce mouvement contestataire pour mettre à mal l'impératif de décence et d'honnêteté du Grand Siècle. Le relâchement des mœurs provoque ainsi non seulement un durcissement répressif mais aussi une réaction « féministe » hostile aux choses du vulgaire. Mme Deshoulières se plaint des anciens frondeurs, auprès desquels elle joua un rôle actif durant sa jeunesse, en les désignant comme des « amants brutaux » qui sont « les plus applaudis » alors qu'« on n'aime plus comme on aimait jadis ». L'émancipation féminine des Précieuses s'arrête donc au seuil de l'alcôve... Si les Précieuses dégrossissent les comportements masculins, civilisent les mœurs et conquièrent l'espace du savoir, c'est donc au prix d'une désaffection de la chair. À la brutalité des instincts, aux appétits des « parties basses » du corps, elles opposent le raffinement de l'esprit, le culte de l'artifice et les plaisirs de la conversation mondaine. La nature matérielle du désir ainsi que la réalité sexuelle concrète sont évacuées de l'art de la conversation de même que son évocation directe dans les écrits :

> Je sentis dans mon cœur je ne sais quelle joie inquiète et je ne sais quel tumulte intérieur dans mon âme que je ne connaissais point du tout, ne l'ayant jamais senti jusqu'alors. Et certes, je suis obligé de dire, pour excuser ma faiblesse en cette rencontre, que peu de cœurs ont jamais été attaqués avec de plus belles ni de plus fortes armes que celles qui blessèrent le mien.[21]

Cette approche désincarnée n'est pas sans entraîner là encore une réaction obscène, comme en témoigne la réponse farouche d'un dénommé Claude dans son sonnet *Les Précieuses.* Il invite en effet ces « putains spirituelles » à venir se divertir au « bordel » ! De même, dans *L'École des Filles,* « le plus célèbre et le plus influent des livres érotiques » de la deuxième moitié du XVIIe siècle (1655), les héroïnes Suzanne et Fanchon, loin d'adopter des détours sophistiqués, se divertissent à définir les termes « besogner », « foutre », « chevaucher », « enfiler », etc. Car selon le narrateur, il n'existe pas de « vilains mots » « entre amoureux ». Enfin, même les poètes

21. Madeleine de Scudéry, *Artamène ou Le Grand Cyrus,* Genève, Slatkine Reprints, 1972, partie III, Livre I, p. 73.

et les écrivains les plus galants de l'âge classique, de Malherbe à Brantôme, s'accordent à reconnaître qu'il faut aussi savoir jouir et passer sa rage.! Ainsi, pendant des siècles, les conditions qui auraient permis l'avènement d'un érotisme proprement féminin ne sont pas réunies. L'amour sous sa facette sublimée apparaît comme l'unique réponse à la décontraction des mœurs masculines. Si cette émulation idéaliste a modelé en effet les hommes, les conduisant à adopter une attitude galante qui se diffusera peu à peu dans les couches bourgeoises et populaires, elle a aussi suscité une surenchère obscène afin de stigmatiser ce mépris de la chair. Cependant, on peut comprendre ces femmes qui cherchaient à fonder leurs relations avec les hommes sur des bases plus égalitaires, à entretenir avec eux un commerce pacifique et enrichissant au plan intellectuel sans se mettre en danger sexuellement, sans se compromettre socialement[22].

Aujourd'hui, les choses ont changé, le paysage a été bouleversé. Après s'être appropriées en masse ce champ autrefois maudit à la suite de grands maîtres (Pierre Louÿs, Apollinaire, Henry Miller, Georges Bataille, André Pieyre de Mandiargues, etc.), les femmes s'emparent du « porno », tentent d'y apposer leur marque propre en complexifiant le scénario et en diversifiant les pratiques afin de mieux mettre en lumière les mécanismes du désir et du plaisir féminins. Au plan littéraire, la reconnaissance d'un érotisme féminin à part entière reste cependant une conquête récente qui s'est heurtée à de nombreux obstacles : la censure officielle en des périodes de rigorisme moral comme après la Seconde guerre mondiale mais aussi l'autocensure, c'est-à-dire les obstacles internes qui empêchent une libre expression de l'imagerie érotique. Selon l'essayiste Christine Planté, les auteures se sont longtemps réfugiées dans le « genre familier », le seul de la hiérarchie sexuelle des genres littéraires qui leur était accessible *via* le mode épistolaire, les journaux intimes ainsi que l'attitude autobiographique. Cela supposait deux exclusions : le comique et l'érotique, jugé pendant longtemps « peu conforme à l'idéal moral féminin de modestie et d'humilité »[23].

Les écrivaines évoquées dans cet essai font partie de celles qui ont contribué à décomplexer une parole sexuelle féminine notamment *via* des

22. Cf. à cet égard Georges Duby, Michelle Perrot, *Histoire des femmes en Occident, XVIe-XVIIIe siècle*, Paris, Plon, 1991.
23. Christine Planté, *La Petite Sœur de Balzac*, Paris, Le Seuil, 1989, p. 227.

récits où elles donnent libre cours à un imaginaire érotique singulier. La palette de l'érotisme littéraire féminin est aujourd'hui extrêmement riche et variée. Toutes les couleurs de l'arc-en-ciel érotique sont représentées : de l'*Éros* noir à l'*Éros* rose, de l'érotisme vindicatif à l'érotisme sublimé. Contrairement à l'antique modèle masculin fondé sur un découplage sévère entre le sexe et les sentiments, l'érotisme littéraire des femmes, malgré ses plus grandes audaces, a encore peine à se passer de la motivation et de la finalité amoureuses. Mais doit-on le déplorer ? Doit-on en effet déplorer ces adhérences amoureuses et convoiter l'alignement du féminin sur le modèle masculin ? Mépriser le pouvoir aphrodisiaque de l'amour ? Doit-on en effet regretter cette belle connivence des registres qui donne du sens aux sens et intensifie les relations humaines[24] : « Il ne savait pas que lorsque l'amour et l'érotisme sont liés chez une femme, ils sont indissociables » ?

Personnellement, je ne le crois pas… même si cela crée toujours d'inévitables malentendus entre les femmes et les hommes…

24. Anaïs Nin, « Elena », dans *Venus erotica*, Paris, Stock, 1969, p. 86.

(1)

L'*Éros* noir féminin

Avant de devenir un mythe moderne promis à une belle postérité puis à une consternante vulgarisation, l'érotisme littéraire a une Histoire. Il a reçu ses lettres de noblesse à la faveur d'écrivains l'ayant théorisé afin de le dégager de la gangue des sentiments et de l'intensité passionnelle. Aux lendemains de la Seconde guerre mondiale, un *Éros* cruel, complice de *Thanatos*, domine le champ de l'érotisme littéraire français. Cet érotisme noir transmet un savoir douloureux sur l'être humain ainsi qu'une vision désenchantée de la sexualité. Son avènement intervient dans un contexte de censure très virulente. La loi du 16 juillet 1949 met l'édition à la merci du bon plaisir des pouvoirs en place *via* la triple interdiction à l'affichage, à la vente aux mineurs et à la publicité. À la sanction judiciaire classique, s'ajoute désormais la sanction administrative. La protection de la jeunesse devient un alibi commode afin de pénaliser des productions réputées nocives pour les mœurs. Cependant, malgré les ruses d'un arsenal juridique de plus en plus perfectionné, l'érotisme littéraire fait son chemin au travers des interdits. En témoignent la mise au jour des œuvres complètes de Sade, la traduction française des livres de Henry Miller[1], la publication des œuvres de Georges Bataille[2], de Jean Genet, de Pauline Réage et le succès rencontré par les romans noirs américains.

1. Henry Miller, *Tropique du Cancer*, Paris, Denoël, 1945 ; *Sexus*, Paris, Éditions de La Terre de feu, 1949.
2. Georges Bataille, *Histoire de l'œil*, Paris, Pauvert, 1953 (1re éd. clandestine : 1928).

L'érotisme de l'après-guerre n'est guère joyeux. Il est moins une solution heureuse offerte aux difficultés de l'existence que le « problème des problèmes »[3]. Les accords harmonieux de la volupté laissent place aux espaces troubles du sexe et de nombreux écrivains se déprennent des rets de l'amour pour prôner la pure jouissance. Jouir sans payer de rançon, tel est leur *credo*. Jamais le versant sentimental de l'amour et le versant érotique de l'amour n'ont été aussi étrangers l'un à l'autre. Avant tout « *cosa mentale* », l'érotisme dissocie le sexe du sentiment mais met également à distance la nature. Rien de plus éloigné alors de l'érotisme que les plaisirs sensuels, considérés comme l'apanage du féminin… Les intellectuels et les écrivains de l'époque sont persuadés qu'une femme est incapable de mettre en mots et en images ses sensations sexuelles. Ce préjugé tenace profite à une approche intellectuelle et désenchantée de l'érotisme des corps. L'adhésion sensualiste au vivant n'est en rien comparable à l'érotisme littéraire de l'après-guerre. Ce dernier est une invitation à dépasser au contraire la *physis*, à rompre avec l'ordre biologique, à disserter sur la chair. Les œuvres de Georges Bataille, de Pierre Klossowski, de Jean Genet prennent l'érotisme au sérieux et l'abordent avec gravité : la littérature érotique n'est plus seulement une littérature érective, turgescente et délirante qui répand un trop-plein de vitalité sexuelle ou chasse le démon de la luxure grâce à un exorcisme scénique répétitif. Elle devient le lieu sophistiqué où se forment de nouvelles interrogations sur la nature humaine, où s'élabore une ontologie qui ne part de la chair que pour mieux la vaincre sur son propre terrain. Dans la littérature érotique de l'après-guerre, l'érotisme, axe poétique de la pensée et de l'écriture, forme un système : homosexuel pour Genet, fétichiste pour Klossowski, sacrilège pour Bataille, masochiste pour Pauline Réage…

La découverte des coulisses tragiques de la Seconde guerre mondiale conduit les intellectuels à s'interroger sur la part maudite de l'être humain, sur les recoins les plus sombres de son âme, sur sa propension à faire le mal. Difficile après la découverte de l'horreur des camps d'extermination et les divers traumatismes de la guerre de perpétuer une vision enchanteresse de l'amour et d'inviter à libérer gaiement ses désirs ! Le surréalisme,

3. Georges Bataille, *L'Érotisme*, Paris, Minuit, 1957.

qui fait du désir une force vive capable de régénérer le monde, semble désormais relever d'un optimisme déplacé. Même les écrivains proches du mouvement comme André Pieyre de Mandiargues se laissent prendre à la séduction des passions mortifères. Celui qui fera l'éloge de l'érotisme solaire d'Emmanuelle Arsan est au début des années 1950 fasciné par les « noces spirituelles du salut et de la damnation »[4]. Plutôt qu'une façon dionysiaque d'être au monde, les partisans de l'érotisme noir privilégient la mise en scène de comportements et de sentiments humains hostiles. Ils relient dans une logique mortifère *Éros* et *Thanatos* en des fêtes souvent sanglantes où le beau se mêle à l'horrible, le plaisir à la douleur, l'interdit à sa transgression. Ainsi, Bataille invite la mort à participer aux fêtes luxurieuses qui se déroulent dans l'intimité des bordels et fait de la nudité un appel non au plaisir mais « au couteau de boucher »[5].

La mort attire également Henry Miller. Dans les premières pages de *Tropique du Capricorne*, il avoue n'avoir jamais connu que le chaos. Depuis son enfance, il n'a d'yeux que pour la Camarde : « Enfant, déjà, et ne manquant de rien, j'avais envie de la mort : j'avais envie de capituler n'ayant aucun sens de la lutte »[6]. Proche du surréalisme[7], Miller est loin de partager l'optimisme amoureux de Breton. Il a recours à un langage dénotatif, dégage le « sexe » de l'amour[8]. Au lieu de réconcilier l'esprit et la chair au sein de l'amour fou pour un être unique, l'écrivain américain fait part de fantasmes où le désir se disperse entre plusieurs « objets ». Il revalorise l'obscénité en lui prêtant une intention noble : « l'essentiel de l'obscénité

4. André Pieyre de Mandiargues, préface à *L'Anglais décrit dans le château fermé*, Paris, Gallimard, 1979 (réédition), p. 18.
5. Georges Bataille, « Préface à *Madame Edwarda* », dans *Romans et Récits*, Paris, Gallimard, « Bibliothèque de La Pléiade », 2004, p. 331.
6. Henry Miller, *Tropique du Capricorne*, Paris, Éditions du Chêne, 1952, p. 15.
7. Admiré par Breton, il participe notamment à l'Exposition internationale du Surréalisme en 1947.
8. Dans sa notice sur *Sexus*, Jean-Jacques Pauvert écrit : « Le mot "sexe" couramment employé en France aujourd'hui, était à peu près inconnu en 1949 dans son acception actuelle (Le Sexe, le monde du Sexe). On le considérait comme typiquement anglo-saxon ». D'ailleurs, Claude-Edmonde Magny en 1950 le confirme : « Lawrence [...] exalte il est vrai dans ses romans le Sexe (comme on dit en anglais) ». Jean-Jacques Pauvert, notice sur *Sexus*, *op. cit.*, p. 178 et Claude-Edmonde Magny, *50 années de découvertes, bilan 1900-1950*, Paris, Le Seuil, 1948.

réside dans le désir de convertir »[9]. Les œuvres de Miller incarnent la voix du sexe qui a longtemps été étouffée et s'érigent contre le sentimentalisme abusif des trop sages romanciers. Même l'auteur de *L'Amant de Lady Chatterley*, D. H. Lawrence, lui paraît insipide. Miller veut renouer avec la réalité de la passion sexuelle, déformée par le culte des sentiments, ce qui n'exclut pas pour autant la quête amoureuse[10].

Sade, qui fascine toute une génération d'écrivains, d'essayistes, de philosophes et d'éditeurs, est la référence centrale de l'érotisme noir. L'époque semble donner raison à Apollinaire : si Sade n'était au XIXe siècle qu'un monstre traînant sur son sillage un « air empesté » et « un son lugubre »[11], le « vieux », tel qu'aimait à le qualifier Flaubert, domine bel et bien le XXe siècle. Il semble d'autant plus difficile d'échapper à cette figure que l'éditeur Pauvert vient de commencer une entreprise sans précédent : publier officiellement les œuvres complètes, non expurgées, de Sade. Les admirateurs de Sade cherchent moins à condamner les crimes abominables mis en scène qu'à débusquer un sens profond derrière la cruauté et la surenchère pornographique. Lors du procès de 1956 contre l'éditeur, les compagnons de route sadiens insistent sur la valeur documentaire de l'œuvre et sur sa valeur de contre-exemple. Selon Bataille et Jean Paulhan, Sade n'incite pas à la violence. Son œuvre constitue plutôt un repoussoir dans la mesure où le spectacle outrancier de la débauche, l'excès même des supplices excitent moins qu'ils n'effraient. Reste que derrière les discours qui visent à contrer la censure, la fascination ambiguë pour l'œuvre sadienne est palpable. Sade semble moins suspect que ceux qui l'admirent. Mais de quel Sade parle-t-on ?

L'exploration de l'univers sadien ne surgit pas dans un contexte vierge, dépourvu de tout savoir sur son œuvre. Dès le début du XXe siècle, Sade

9. Henry Miller, *L'Obscénité et la loi de réflexion*, Paris, Seghers, 1949.

10. L'écrivain est à l'époque l'amant d'Anaïs Nin. Dans leur correspondance, Miller explique sa démarche en ces termes : « Vous… m'avez fait rire en parlant de Casanova. Vous ne savez pas encore ce que sont les hommes, pardon. Je suis tout à fait normal. C'est vrai que je nage perpétuellement dans un océan de sexe, mais le nombre des excursions est assez limité […] je suis toujours prêt à aimer, toujours affamé d'amour. Je parle d'amour, pas seulement de sexe. Et je ne vois aucun inconvénient à ce que mon œuvre en soit saturée – de *sexe*, j'entends –, parce que le sexe ne me fait pas peur […] je suis follement sain ». Cf. Anaïs Nin et Henry Miller, *Correspondance passionnée*, Paris, Stock, 2007, « Lettre du 13 février 1932 », p. 47.

11. Selon les mots de Jules Janin dans *La Revue de Paris* en 1834.

remonte du cachot poussiéreux des bibliothèques pour gagner peu à peu l'avant-scène littéraire. Il n'est plus odieux à tous. Son nom est désormais prononcé, la main ne tremble plus en l'écrivant ou en le lisant. Des extraits de ses romans sont publiés et commentés non sans quelques mesures de précaution (publication partielle, circulation confidentielle, etc.). Des études sur son œuvre paraissent. Une brèche est ouverte. La modernité littéraire s'y engouffre. Au cours du XXe siècle, les approches de Sade se succèdent et diffèrent. Après une lecture à prétention scientifique qui met l'accent sur la toxicité de l'œuvre, la lecture surréaliste prend le relais, non sans naïveté. Paul Eluard, Robert Desnos et d'autres valorisent Sade comme l'émancipateur du désir, le libérateur de l'imagination amoureuse, un héraut briseur de corsets... De monstrueux, l'homme devient étonnant. Il est moins l'aristocrate qui perpétue un féodalisme moyenâgeux que le révolutionnaire, précurseur de temps nouveaux où l'homme civilisé se réconcilierait enfin avec ses instincts primitifs. Il est comme un appel vibrant à une virilité perdue, enfin retrouvée. À l'heure où le mouvement surréaliste brûle de ses derniers feux, une troisième lecture est initiée par une génération qui assume enfin toute la noirceur de l'œuvre. Sade devient la figure du déchaînement, l'antihéros, le point limite de la littérature. Selon Bataille, les surréalistes ont eu le tort de présenter Sade comme un héros de la modernité presque fréquentable. Un gentil garçon en somme ! Mais admirer Sade, c'est le trahir comme le dit Troppman dans *Le Bleu du ciel* : « Ceux qui admirent Sade sont des escrocs »[12]. Il est temps désormais de comprendre cette horreur que l'œuvre inspire et qui semble annoncer le carnage de la Terreur tout comme la barbarie nazie. En effet, le système totalitaire nazi semble faire écho à la société libertine mise en scène dans *Les Cent vingt journées de Sodome*[13]. On cherche à lui dérober son secret. Selon Bataille, par le spectacle intolérable du déchaînement des passions humaines et l'énumération interminable des supplices, Sade a mis au jour le principe de destruction inhérent à la sexualité. Il serait le premier à avoir donné un sens à la frénésie, à avoir donné forme à des mouvements profonds. La référence sadienne se trouve alors soutenue, commentée, interrogée par une approche philosophique attentive à percer tantôt les secrets

12. Georges Bataille, *Le Bleu du ciel*, dans *Œuvres complètes*, Paris, Gallimard, 1971, vol. III, p. 428.
13. Cf. à cet égard, le film de Pasolini, *Les Cent vingt journées de Sodome*.

les plus inavouables de l'œuvre, tantôt le mystère d'un écrivain maudit *via* sa biographie.

Le libertinage cruel de Sade, poussé aux dernières limites du supportable, intéresse également Simone de Beauvoir. On pourrait s'attendre à ce que l'auteure du *Deuxième Sexe* dénonce le sort malheureux réservé aux femmes dans sa vie réelle comme dans son œuvre. Il n'en est rien. Pourtant, l'auteur des *Infortunes de la vertu*[14] et de *l'Histoire de Juliette*[15] ne cesse de proclamer l'infériorité féminine, de mettre en scène des corps féminins dont la beauté appelle la blessure plus que la caresse de l'amant. Sade conforte la domination masculine. Si Juliette fait « carrière » dans le monde, c'est parce qu'elle souscrit corps et âme à une doctrine libertine faite par et pour les hommes. Sade n'est pas tendre avec les femmes, rabaissées au rang de sexe subalterne, d'objets luxurieux, de supports masturbatoires. Chez Beauvoir, la férocité de la plume sadienne est justifiée par des éléments partiels de biographie. Protégée par l'attirail conceptuel de Sartre, Beauvoir atténue la monstruosité de Sade. Il apparaît comme la victime d'une alliance douloureuse entre un fort tempérament sexuel et une délinquance affective. Selon Beauvoir, l'impossibilité de communiquer avec autrui sur le mode du « trouble » aurait suscité le recours à des substituts extrêmes. D'autres y verraient un signe d'impuissance sexuelle… Elle choisit la défaillance du cœur. L'isolement de la conscience sadienne autrement dit son « autisme »[16], expliquerait ses excès. Attentive surtout à débusquer un « aveu vivant »[17] à travers un parcours de vie et des scènes pornographiques où elle reconnaît néanmoins que les femmes sont des jouets, Beauvoir n'effectue pas de critique féministe de l'œuvre sadienne. Se serait-elle intéressée à Sade afin de racheter l'audace inouïe du *Deuxième sexe*?

Le sadisme a donc bonne presse au début des années 1950. La cruauté apparaît comme une catégorie érotique à part entière, structurant l'imaginaire sexuel masculin et exercée à l'encontre de figures féminines fictives,

14. Sade, *Les Infortunes de la vertu*, Paris, Les Éditions du Point du jour, 1946, préface de Jean Paulhan, coll. « Incidences » (1re éd. 1930, avec une préface de Maurice Heine), coll. « Folio classique » (n° 963), Paris, Gallimard, 2007.
15. Sade, *Histoire de Juliette ou les prospérités du vice*, Paris, UGE, 1993 (1re éd. 1947).
16. Simone de Beauvoir, « Faut-il brûler Sade? », *Les Temps Modernes*, janvier 1952, t. I, n° 75, p. 1021.
17. *Ibid.*, p. 1019.

personnages à « effet-prétexte »[18] à qui n'est concédée aucune autonomie narrative. Dans *L'Anglais décrit dans le château fermé*[19], qui n'est pas sans rappeler l'exubérance luxurieuse de Pierre L'Arétin[20] ou bien des *Onze mille Verges,* les expériences sadiques vont *crescendo.* Elles servent à faire bander le maître des lieux dont le vit à l'allure fantastique est « l'objet essentiel du roman »[21]. Montcul a besoin de toutes les sources d'excitation possibles afin de réveiller son membre défaillant. Encore de l'impuissance compensée par la sève imaginative... De même que dans *Les Onze mille Verges,* de nombreux supplices sont décrits non sans heureusement une bonne dose d'humour qui désamorce partiellement l'extrême gravité des scènes : celle de la fillette Michelette jetée dans un aquarium où pullulent des poulpes, celle de la jeune épousée Bérénice Valentin dont le bébé de sept mois est écorché vif face aux yeux épouvantés de sa mère, celle des officiers allemands utilisés comme des « instruments vexatoires » par des juifs. L'empreinte sadienne est présente dans *L'Anglais* que l'auteur lui-même définit comme sadique, scandaleux, non réaliste. L'entrée du narrateur vers un lieu retranché, le pouvoir absolu exercé par Montcul, l'attitude de soumission des personnages féminins dévolus au plaisir sexuel de Monseigneur de Gamehuche et de l'hôte masculin (qui, face à tant de cruauté, finit par prendre ses jambes et son vit à son cou !) rappelent des *Cent vingt journées de Sodome*[22]. À l'instar de Sade, Mandiargues semble se livrer à une forme de conjuration par l'écriture. Dans son cas, il ne s'agit cependant pas de répondre à une situation réelle intolérable par un récit sadique (attaque de l'ordre établi par le spectacle du déchaînement, ou compensation fantasmatique à l'enfermement du corps selon les interprétations données à l'œuvre sadienne) mais d'exorciser une période heureuse par un récit présenté comme un « baiser de paix » donné au principe du mal...

18. Cf. Vincent Jouve, *L'Effet-personnage dans le roman,* Paris, PUF, coll. « Écriture », 1992.
19. André Pieyre de Mandiargues, *L'Anglais décrit dans le château fermé,* Paris, Pauvert, 1953.
20. Pierre L'Arétin, *Sonnets luxurieux,* Paris, Payot, 1996.
21. *Ibid.,* préface à *L'Anglais décrit dans le château fermé,* Paris, Gallimard, 1979, p. 16.
22. Sade, *Les Cent vingt journées de Sodome ou l'École du libertinage,* dans *Œuvres I,* Paris, Gallimard, coll. « Bibliothèque de la Pléiade », 1990. (1re éd. 1931 : tirage confidentiel à 400 exemplaires).

La motivation heureuse à l'origine du récit ne rend pas l'auteur pour autant davantage bienveillant avec la gent féminine[23]. Certes, certaines résidentes de ce donjon marin sont mieux traitées que les victimes sadiennes. Certaines apparaissent en effet comme des complices de Montcul (Viola, Luna) et partagent la table du maître. Mais il n'en demeure pas moins que leur vie est en sursis, suspendue au bon vouloir de ce dernier. Parce qu'elle est la « garce » qu'il a désirée et une « divine putain », l'allemande Luna occupe un statut privilégié dans ce cercle. Elle est la maîtresse officielle du propriétaire du château. Le désir n'est cependant pas l'amour et ce qui l'attend à la fin de son service est bel et bien la mort. Et toute la théorie de Montcul tient en une formule lapidaire qui fait du masochisme des femmes la condition de leur jouissance, alibi exemplaire qui justifie les pires exactions : « Traitez-les comme je fais, elles jouiront comme des chiennes »... Mandiargues accorde aux personnages féminins un sort qui n'est pas plus enviable que celui ayant cours sur l'échiquier sadien. Sur la scène de son théâtre, les acteurs sont plutôt des hommes, les victimes et les figurants plutôt des femmes. Du côté des femmes, les partisanes du vice et de la vertu semblent être logées à la même enseigne. Les femmes sont soit des « putains » ou des « chiennes » bien dressées qui servent les caprices du mâle dominant et le secondent dans ses entreprises cruelles, soit des vierges à dépuceler par tous les orifices et à sacrifier sur l'autel de la luxure. L'image du sexe féminin est singulièrement malmenée dans cette économie sadique commune à de nombreux écrivains de l'époque. Tous les « cons » semblent évoqués avec le même degré de répulsion que ce soit chez Sade, Mandiargues ou Georges Bataille. Le « con » d'une vierge apparaît comme le lieu même de l'ordure dans *L'Anglais décrit dans le château fermé* et le « vagin baveux » de la putain Luna qui sent le foutre et l'alcool n'a rien à envier à la prostituée *Madame Edwarda* dont le sexe béant ressemble à une « pieuvre dégoûtante »[24]. Les figures féminines font volontiers les frais d'une conception masculine où il est moins question

23. « Le manuscrit de *L'Anglais,* rédigé pendant les années 1951 et 52 de la petite écriture serrée que j'avais en ces années-là, temps pour moi d'un bonheur si entier et si pur que je le sentais peu durable », préface à *L'Anglais, op. cit.*, p. 11.
24. « Madame Edwarda », dans Jean-Jacques Pauvert, *Anthologie historique des lectures érotiques,* « De Guillaume Apollinaire à Philippe Pétain », Paris, Stock/Spengler, 1995, p. 945.

de s'adonner aux joyeusetés de la chair que de se complaire aux délectations moroses et cruelles. Le sexe de la femme est diabolisé, apparaissant comme le foyer incandescent où convergent la peur des hommes et leur désir sexuel. Bref, il ne fait pas bon d'être un personnage de sexe féminin dans ces œuvres où *Éros* est un dieu noir implacable.

***

À l'époque où *L'Anglais décrit dans le château fermé* paraît clandestinement, le sadomasochisme est appréhendé comme un tout où les plaisirs de la douleur infligée vont de pair avec les plaisirs de la douleur éprouvée. Cependant, comme l'analyse Gilles Deleuze[25], la mise en relation des deux termes « sadisme » et « masochisme » est trompeuse. Il existe en réalité deux univers distincts. Le sort malheureux de Michelette, le destin éprouvant de la vertueuse Justine, la séquestration des victimes anonymes des *Cent vingt journées* ne sont en rien comparables au parcours initiatique de l'héroïne de Pauline Réage, au rôle joué par la soumise Anne dans *L'Image*, à l'obéissance passionnée du narrateur de *La Vénus à la fourrure* ou bien du Sébastien de *Cérémonies de femmes*[26]. D'un côté, nous avons des victimes qui n'ont pas choisi de l'être, des proies faciles, corvéables à merci, souffrantes, prisonnières d'un ordre au sein duquel elles n'exercent aucune prise, condamnées à une mort certaine ; de l'autre, des esclaves consentant-e-s qui ont choisi en toute connaissance de cause de se soumettre à un ou plusieurs individus par le biais d'un contrat et qui, au sein de leurs tourments, éprouvent du plaisir ou bien ont l'extraordinaire faculté de transfigurer la douleur en extase. Dans la fiction sadienne ou bien chez Mandiargues, il est plus jouissif de se situer du côté des scélérats plutôt que des innocent-e-s et d'adopter les manières des loups plutôt que celles des agneaux. C'est le spectacle de la pure violence qui fascine les compagnons de route de Sade. En revanche, l'engouement cesse au seuil du masochisme surtout lorsque ce dernier prend la forme d'un esclavage sexuel volontaire et plus encore, d'une adoration amoureuse du supplice, comme ose le mettre en scène Pauline Réage. Pour un écrivain, il vaut mieux au

25. Gilles Deleuze, *Présentation de Sacher-Masoch : le froid et le cruel*, Paris, Minuit, 1981.
26. Jeanne de Berg, *Cérémonies de femmes*, Paris, Grasset, 1985.

début des années 50 s'inscrire dans la veine sadienne que de choisir le camp du masochisme. Ce dernier a en effet moins fière allure ! Et surtout, le désir d'esclavage est considéré comme une attitude bien plus anormale que le plaisir sadique. Après tout, l'homme est un loup pour l'homme mais qui peut accepter l'idée que le condamné vienne de son plein gré poser sa tête sur le billot du boucher ou bien sous le couperet de la guillotine ?

Le « sadisme » est à ses débuts très connoté péjorativement, désignant « une aberration épouvantable de la débauche », un « système monstrueux et antisocial qui révolte la nature »[27], une perversité intolérable et, à ce titre, condamnable. Puis, il fait l'objet d'une revalorisation progressive à la faveur notamment de la redécouverte de Sade que l'on sait à l'origine du mot. La négativité du terme est peu à peu réduite. Freud l'envisage certes comme une déviance qui éloigne de l'hétérosexualité à visée procréative mais il la juge somme toute plus proche du but sexuel normal que le masochisme. Au sein du vaste champ des perversions sur lesquelles aiment à s'attarder les scrutateurs de la psychologie humaine, le masochisme a la plus mauvaise part. Il est la perversion la plus disqualifiée de même que la source littéraire d'où le mot est issu : *La Vénus à la fourrure*[28]. Alors qu'il connût un beau succès public à la fin du XIXe siècle, ce récit est désormais relégué au rang des vieilleries bavardes. Mandiargues considère Sacher-Masoch comme « l'un des plus mauvais écrivains », « l'un des plus sots, des plus ridicules, qui se puissent trouver dans la seconde moitié du XIXe siècle »[29]. Qu'est-ce qui peut donc expliquer ce mépris du masochisme autrement dit de la complaisance à l'horreur ou bien à son simulacre ? La réticence de toute une génération d'intellectuels à l'égard d'une attitude qui exagère la composante passive de la psyché humaine ne doit-elle pas se comprendre comme un refus du féminin y compris du féminin tapi dans chaque homme, y compris chez l'auteur des *Cent vingt journées* que l'on préfère décidément appréhender comme un maître apathique plutôt que comme une victime bêlante à la manière de Justine ? À moins que le plaisir éprouvé au sein même de la douleur ne constitue un thème trop sensible après une

27. Article « Sadisme », *Dictionnaire historique de la langue française, op. cit.*, p. 1859.
28. Léopold Von Sacher-Masoch, *La Vénus à la fourrure*, Paris, Minuit, 1967.
29. André Pieyre de Mandiargues, « Les fers, le feu, la nuit de l'âme », *Critique*, juin 1955, t. XI, p. 510-51.

période où l'idéologie fasciste a fait des millions de victimes innocentes et a suscité, autant que la résistance armée, des comportements de soumission volontaire et de complaisance servile... Décrypter l'attitude du bourreau semble finalement plus abordable que de s'évertuer à comprendre cette délinquance relationnelle qui offre une image dévoyée du contrat sexuel. Pourtant, c'est par le biais du masochisme volontaire que les écrivaines font une entrée discrète puis de plus en plus affirmée dans le champ de l'érotisme littéraire. Au début des années 1950, il n'y a guère que Paulhan et Beauvoir pour se soucier de ce qui apparaît aux yeux de tous comme le *verso* méprisable du sadisme. Paulhan établit un rapprochement inédit entre Sade et Justine dans sa préface aux *Infortunes de la vertu*[30] et inaugure l'image d'un écrivain victime d'un ordre social injuste. Beauvoir fait quant à elle du masochiste un être non dénué de volonté puisqu'il est animé du souci de se perdre »[31] au sein d'un univers magique et fétichiste où il peut se transformer en chose inerte. Cependant, cette empathie à l'égard de la posture victimale est assez rare. Il faut attendre près de vingt ans pour trouver chez la critique littéraire des propos qui qualifient positivement l'expression littéraire du masochisme :

> Le masochisme est moins enfantin que le sadisme, et il est profondément motivé par un généreux souci d'arriver à une connaissance intime de la bassesse, de la souffrance, du mal et de la mort. Son triomphe est dans une sorte de retournement, qui permet de remonter plus haut que le point de départ, et d'apercevoir le bien, l'amour et généralement toutes les catégories positives de la vie dans leur état de pureté originelle. Ainsi compris, le masochisme est une expérience mystique.[32]

Comme le montre cette note critique de Mandiargues datée de 1968, le masochisme n'est plus considéré comme une fantaisie méprisable mais comme une modalité d'expérience digne d'intérêt. Le succès d'*Histoire d'O* n'est pas étranger à cette revalorisation d'une attitude autrefois méprisée.

30. Sade, *Les Infortunes de la vertu*, Paris, L.G.F, 1970.
31. Simone de Beauvoir, « Faut-il brûler Sade ? », *Les Temps Modernes*, janvier 1952, n° 75, p. 1027.
32. André Pieyre de Mandiargues, « La Mort mithridatisée », article de 1968 repris dans *Troisième Belvédère*, Paris, Gallimard, 1971.

Depuis le début du XXe siècle, le masochisme est volontiers associé au féminin. Freud en fait « l'essence même de la féminité ». Colette, dont l'adolescence est racontée dans *Mes apprentissages*[33], est exemplaire de cette tendance juvénile à se mettre sous la coupe d'un homme d'âge mûr, exerçant un effet « pygmalion » Au plan philosophique, le point de vue essentialiste d'Hélène Deutsch réduit la femme à un ensemble de caractéristiques biologiques et psychologiques dont le masochisme est partie intégrante[34]. De même, Beauvoir reconnaît qu'il s'agit là d'une tendance qui concerne davantage la femme, surtout la femme jeune et inexpérimentée. Il existerait en effet un masochisme spontané de la jeune fille. Selon l'auteure du *Deuxième Sexe*, la femme véritablement masochiste est celle qui, se sentant coupable d'avoir cédé au désir masculin et incapable d'éprouver du plaisir, se venge en redoublant son humiliation et sa servitude. Le masochisme n'est qu'une solution de fuite et un dysfonctionnement nuisible puisqu'il entrave l'épanouissement normal et heureux de la sexualité féminine. Le masochisme n'est pas une solution, il est une propension forte à combattre. On ne peut bien entendu que se réjouir d'une telle injonction qui conduit Beauvoir à recommander en lieu et place de cette dérobade mortifère le don de soi positif ou bien la recherche hédoniste de son propre plaisir. Beauvoir a fort à faire en la matière puisque comme nous le verrons, le masochisme féminin est la porte d'entrée de l'érotisme féminin, une sorte de *leitmotiv* que l'on retrouve dans de nombreux récits érotiques féminins des années 50 et 60. Ce que recommande Beauvoir prendra des années à intégrer le champ de l'érotisme littéraire féminin et, par là, l'imaginaire érotique des femmes. Il en restera néanmoins toujours quelque chose, sous forme d'adhérences et de traces.

Le masochisme est à l'époque un horizon indépassable de la *psyché* féminine ce qui donne lieu à penser que l'émancipation érotique féminine n'en est qu'à ses premiers balbutiements. En dépit de la prophétie d'Apollinaire, Justine bien plus que Juliette, donne la mesure de l'identité féminine en cette première moitié du XXe siècle. Comme l'écrit l'auteure juive Etty Hillesum dans son journal rédigé de 1941 à 1943 :

33. Colette, *Mes apprentissages*, Paris, Fayard, 2004 (1re éd. 1936).
34. Hélène Deutsch, « Le Masochisme féminin », dans *La Psychologie des femmes*, t. 1, *Enfance et adolescence*, Paris, PUF, coll. « Quadrige », 1987 (1re éd. 1949).

« Peut-être la vraie, l'authentique émancipation féminine n'a-t-elle pas encore commencé. Nous ne sommes pas tout à fait encore des êtres humains, nous sommes des femelles. Encore ligotées et entravées par des traditions séculaires. Encore à naître à l'humanité véritable ; il y a là une tâche exaltante pour la femme »[35]. Dans ce journal tenu par une jeune femme qui choisit volontairement la déportation au camp de Wasterbruck comme O choisit volontairement l'esclavage sexuel à Roissy, le conflit intérieur entre liberté et dépendance amoureuse, entre tentation du chaos et discipline intérieure, entre amour d'un seul homme et amour de l'Homme est particulièrement prégnant. La jeune femme est d'ailleurs fascinée par une certaine imagerie masochiste notamment par celle relative au martyr chrétien :

> Tout à coup j'ai fort bien compris les moines qui se flagellent pour dompter une chair impure.[36]

Il n'y a cependant pas que Beauvoir qui condamne la tendance masochiste des femmes. Trois ans avant la publication d'*Histoire d'O*, la féministe marxiste Françoise d'Eaubonne s'érige contre cette « prétendue clef de voûte de la sexualité féminine »[37]. Celle-ci recommande de traquer les moindres manifestations de cette « perversion qui menace encore la vie quotidienne de la femme adulte »[38]. Recherche volontaire de la souffrance pour la souffrance, le masochisme est considéré par d'Eaubonne comme une entrave à la quête du bonheur. Cette tendance délétère s'enracine selon elle dans l'univers social. La société a une responsabilité car elle nourrit par le biais de représentations régressives l'inconscient collectif, nuisant ainsi à une pleine émancipation féminine :

> L'idéalisation [des types féminins violemment régressifs] en littérature, au cinéma, dans les courriers du cœur des journaux dits « de midinettes », constitue le danger le plus pernicieux, parce que le plus caché contre une totale émancipation féminine qui ne pourra jamais faire vivre concrètement

35. Etty Hillesum, *Une vie bouleversée suivi de Lettres de Westerbork*, Paris, Le Seuil, 1995.
36. *Ibid.*, p. 14.
37. Françoise d'Eaubonne, *Le Complexe de Diane*, Paris, R. Julliard, 1951.
38. *Ibid.*, p. 225.

> ses conquêtes sociales et économiques si la mentalité collective ne se transforme pas parallèlement.[39]

Un autre mode relationnel est disqualifié aux lendemains de la seconde guerre mondiale : l'amour, sous sa double facette sentimentale et passionnelle. Selon Montcul, anti-héros du récit clandestin de Mandiargues, l'amour est moins méprisable en soi qu'il n'est galvaudé. L'érotisme noir serait-il alors une façon de restituer à l'amour tout son sens et sa portée, de le revivifier en mettant en valeur la mécanique violente qui le fonde ? L'amour ne serait-il donc que sexuel et destructeur ? Le code sentimental de l'amour ne serait-il qu'une invention de la civilisation des mœurs pour bâillonner l'instinct sexuel et le code passionnel une idéalisation aberrante des rapports entre les femmes et les hommes ? L'intérêt fasciné pour l'univers sadien est la partie exhibée de l'iceberg. La face cachée semble être le rejet de l'*ars amatoria* avec lequel les femmes entretiennent une longue complicité historique et culturelle. Hormis dans *Aline et Valcour*[40], il n'y a pas d'amour chez Sade. Un matérialisme hédoniste peut à la rigueur s'accommoder de la palette d'émotions et de sentiments qui motive, accompagne ou clôt l'acte sexuel à partir du moment où l'affectif ne compromet pas l'accès au plaisir. Chez Sade, point d'entraves. L'hédonisme sadien est foncièrement pessimiste, égocentrique et anti-humaniste. Le plaisir est le fruit d'une machine performante, dressée à jouir pour son seul profit. L'accès à une jouissance sans frein suppose de passer outre les sentiments humains et les contraintes de la loi. Dans une telle économie, l'amour d'un être ne peut être qu'un frein. Les victimes n'ont pas d'existence propre, ne sont pas complices du libertin à la conscience apathique, n'ont pas signé de contrat de réciprocité avec ce dernier. On leur a fait signer à leur insu un pacte avec la mort. Au contraire du sadique, le masochiste n'agit pas sans passion. Le narrateur de *La Vénus à la fourrure* est un homme amoureux dont la faiblesse éloigne peu à peu la belle Wanda qui aspire à être dominée. Il est bien plus proche

39. *Ibid.*
40. *Sade, Aline et Valcour*, dans *Œuvres complètes*, Paris, Jean-Jacques Pauvert, 1954-1970, tome XI. Dans ce récit écrit à la Bastille un an avant la Révolution, les amours contrariées de deux jeunes gens, Aline, une belle jeune fille de 19 ans dont l'esprit est décrit par Déterville comme « le plus tendre et le plus agréable » et l'âme comme « la plus déliée et la plus sensible » et Valcour, jeune homme de bonne naissance mais sans fortune, forment l'intrigue principale.

de l'amoureux transi que le sadique au regard froid et à la conscience apathique, préalables nécessaires à la débauche. Il va sans dire que la dévalorisation de l'amour fou et le mépris général pour l'attitude masochiste ne préparent guère la critique à accueillir un livre comme *Histoire d'O* où le masochisme sexuel prête ses formes extrêmes à l'expression de l'amour fou. Masochisme sexuel et amour fou, voici là un alliage qui ne peut que profondément déranger un monde des Lettres qui attaque l'amour du côté du cœur et met le code sadique de l'érotisme noir sur le devant de la scène...

La deuxième moitié du XXe siècle sonne le glas de l'amour fou. Le mythe passionnel s'essouffle. Deux études majeures en témoignent : celle de Denis de Rougemont dont la première édition de *L'Amour et l'Occident* date de 1939[41] et l'essai de 1953 de Claude Elsen : *Homo eroticus*[42]. Chez le premier, l'érotisme est conçu comme une forme dégradée du mythe passionnel. *Via* des auteurs comme D. H. Lawrence[43] et Henry Miller, l'idéalisation dont bénéficiait autrefois le sentiment amoureux aurait été reportée sur l'instinct sexuel désormais glorifié. Cette sublimation de l'instinct sexuel, manifeste dans l'érotisme du XXe siècle, aurait remplacé le culte du sentiment[44]. Claude Elsen distingue quant à lui l'érotisme du code passionnel de l'amour c'est-à-dire des « absurdes oripeaux de la passion » en le situant du côté de l'esprit et non du « cœur »[45]. Bien qu'il considère l'amour-passion comme une « vaine sublimation » selon un préjugé matérialiste dénoncé par Denis de Rougemont, Elsen en arrive à la même conclusion. Après avoir examiné les variantes du mythe de l'amour fou et fait de l'érotisme un mythe en pleine éclosion[46], il en appelle à un amour vrai, « partagé, réciproque, impliquant un don constant de soi à l'Autre et un perpétuel *consentement* à l'Autre, nourri par la merveilleuse vertu de sympathie ». Et cet amour vrai est exemplifié par l'amour conjugal « qui

41. Claude Elsen, *Homo eroticus*, Paris, Gallimard, 1953.
42. Denis de Rougemont, *L'Amour et l'Occident*, Paris, Plon, coll. « Présences », 1939 et *L'Amour et l'Occident*, Paris, Plon, 1972 (édition définitive).
43. D. H. Lawrence, *L'Amant de Lady Chatterley*, Paris, Livre de poche, 1991, n° 5830 (1re éd. française 1932).
44. Denis de Rougemont, *op. cit.*, p. 232.
45. Claude Elsen, *op. cit.*, p. 18.
46. *Ibid.*, p. 125.

exclut aussi bien la passion que la "chasse" érotique »[47]. Chez ces deux essayistes, l'amour-passion, qu'il soit conçu comme une chimère absurde ou bien comme un dérèglement des sens, ainsi que l'érotisme des corps se trouvent discrédités au nom d'une conception plus conformiste des rapports humains, organisée autour du pivot conjugal. George Bataille est autrement plus audacieux. Contrairement à Rougemont, il ne fait pas de l'érotisme un avatar du mythe passionnel pour promouvoir *in fine* le couple conjugal. De même, il ne suit pas Elsen lorsque ce dernier distingue divers registres : érotisme, obscénité, pornographie, amour, etc. Au contraire, Bataille voit en la sexualité un thème constant qui prend diverses formes dont celles de l'obscénité et de l'« amour idyllique ». À la base de tous ces « attraits », il existe donc un même noyau sexuel. Avec Bataille, l'érotisme hérite des caractéristiques autrefois prêtées à la passion amoureuse et apparaît de même que ce mythe des temps anciens comme une folie mortifère.

Quelle place occupe l'érotisme littéraire féminin dans un tel contexte qui désacralise l'amour fou, valorise le code sadique de l'érotisme noir et transforme l'érotisme en nouveau mythe ?

L'érotisme féminin est le parent pauvre de l'époque. De nombreux critiques dénient l'existence d'un équivalent féminin à l'univers sexuel d'un Miller, d'un Bataille, etc. Et pour cause ! L'érotisme féminin serait profondément motivé par le code sentimental de l'amour. Il n'y aurait pas d'érotisme féminin autonome, créatif, imaginatif, dissocié de la motivation amoureuse. Selon Claude Elsen, l'érotisme féminin, indissociable de l'amour, serait aux antipodes d'un érotisme masculin qui suppose le découplage du sexe et du sentiment mais aussi la victoire de l'esprit, de l'imagination et de l'intelligence sur le libre jeu des forces sensuelles, sur la conjonction des sexes livrés à eux-mêmes, sur la voix de la Nature. Il est volontiers considéré comme une forme inférieure d'érotisme. Infériorité notamment en raison de la parenté des registres, amoureux et érotique, là où réside au contraire toute sa richesse. Infériorité aussi en raison de son caractère imitatif. Le désir féminin n'aurait pas d'existence en soi. Il naîtrait par contagion :

47. *Ibid.*, p. 133.

> Pour nous résumer : l'érotisme féminin apparaît, par nature ou par adaptation profonde : 1° essentiellement passif, tendant à faire de la femme l'objet d'un désir d'où naîtra le sien propre.[48]

L'érotisme féminin est « rare », « mal définissable », plus limité. Tantôt la nymphomane, tantôt la prostituée l'incarne. L'érotisme féminin n'est donc appréhendé que comme un excès, une déviance, une anormalité. Chez Bataille, il n'existe pas. Sollicitée par le désir sexuel de l'homme, la femme se dérobe, fuit d'instinct comme un petit animal craintif. Elle apparaît comme un objet désirable mais non désirant. Quant à Julien Benda qui s'inscrit dans la continuité de Schopenhauer, il argumente en faveur du postulat naturaliste : « la biologie [...] commande la sociologie ». Selon lui, le fonds de commerce de nombreux romanciers et dramaturges masque un secret de nature :

> Les mœurs des rapports entre les sexes sont le plus souvent celles de la guerre, chacun y combattant avec ses armes spéciales et essayant de tirer de l'autre le plus qu'il peut en donnant le moins possible. Ces mœurs, dont la peinture est éminemment propre à frapper leur imagination et à faire battre leur cœur, sont la denrée des romanciers, des dramaturges et de leurs chalands. Elles ne forment toutefois que la surface de ces rapports. Le fond de ceux-ci – mais l'artiste n'a que faire de ces gravités – c'est l'union, sinon l'amour, pour l'élevage de l'enfant et le maintien de l'espèce.[49]

Dans aucune de ces analyses, la femme n'est perçue comme sujet d'un désir propre, indépendant du sentiment amoureux et de l'homme qui le suscite, apte à une jouissance autonome et à un imaginaire érotique. Dominant, l'argument de nature fournit une image préconçue du « deuxième sexe » comme objet du désir d'autrui, complice des forces instinctives de la nature et, par conséquent, incapable de sublimation[50].

Cependant, dès la fin de la guerre, des femmes écrivent et franchissent peu à peu la frontière qui sépare l'art d'aimer de l'érotisme littéraire au

48. *Ibid.*, p. 108.
49. Julien Benda, « Situation de la femme », *La Nef*, décembre-janvier 1950, p. 110-114.
50. Objet construit pour susciter le désir des hommes, Marilyn Monroe incarne pleinement cette conception alors qu'elle était une femme de chair et de sang en demande affective permanente.

grand dam de certains critiques garants de la moralité de la jeunesse et de la Nation. Certaines intellectuelles osent également parler de la sexualité des femmes non sans faire scandale. C'est le cas du *Deuxième Sexe* qui connaît un retentissement sans précédent au point que dès la première année, vingt-deux mille exemplaires de l'ouvrage sont vendus[51]. Comme Colette, Beauvoir constitue un modèle d'exemplarité pour les femmes de sa génération. Elle fait partie de ces écrivaines qui incarnent l'idéal moderne de la femme non liée, dans la mesure où elle concilie l'indépendance intellectuelle, économique et amoureuse, avec l'affirmation publique d'un statut d'écrivain à part entière. Dans son essai fondateur, Beauvoir s'intéresse à l'érotisme des femmes à travers leur vécu sexuel, leurs expériences concrètes. L'érotisme féminin reste selon elle une conquête difficile à mener dans la mesure où diverses contraintes pèsent sur les femmes. La phrase-clef, « On ne naît pas femme : on le devient »[52] est une révolution conceptuelle qui invite à quitter les rivages confortables de l'explication biologique. Elle vaut aussi pour l'intimité érotique. Le destin sexuel de la femme est une construction, beaucoup plus ardue que celui de l'homme. Selon l'auteure du *Deuxième Sexe*, les contraintes pesant sur les femmes ne sont pas uniquement sociales mais ont leur source dans l'expérience érotique féminine elle-même. La femme est confrontée à un conflit intérieur. La découverte de son rôle passif dans la vie sexuelle se heurte à son désir agressif de possession qui remonte à l'enfance, d'où des tensions, des inhibitions, des dérobades. À la même époque, Françoise d'Eaubonne encourage les femmes à ne pas mépriser un rôle passif nécessaire à leur plaisir et qu'elle distingue soigneusement de la tendance masochiste. C'est l'abandon qui forme la condition de la volupté et il est mesquin de vouloir accéder à une maîtrise qui n'a pas sa place dans l'intimité érotique. Au contraire, Beauvoir invite à dépasser cette passivité découverte à l'orée de l'âge adulte afin d'initier un nouveau rapport à l'homme, fondé sur une « réciproque générosité de corps et d'âme »[53]. Cela suppose, comme chez les théoriciens de l'érotisme littéraire, de mettre à distance la nature. La

51. Sylvie Chaperon, « Le scandale du *Deuxième Sexe* », dans *Les Années Beauvoir, 1945-1970*, Paris, Fayard, 2000, p. 169.
52. Simone de Beauvoir, « Enfance », dans *Le Deuxième Sexe*, Paris, Gallimard, 1949, p. 13, t. II.
53. *Ibid.*, p. 801.

« volupté devra être conquise contre l'élan spontané de la sensualité » écrit Beauvoir. L'érotisme féminin tel que le définit l'essayiste est donc effort, conquête et ambivalence. Au lieu du don de soi qui lui est traditionnellement associé, la femme est fortement encouragée à devenir un sujet actif. La pensée de Beauvoir est donc résolument moderne. Tandis que les féministes d'avant-guerre s'intéressent peu à la sexualité féminine, elle envisage l'épanouissement érotique des femmes comme un enjeu fondamental au même titre que leur indépendance économique. On reprochera d'ailleurs à Beauvoir d'accorder une place trop importante à la libération sexuelle et d'inviter les femmes, y compris les « affranchies », au bonheur amoureux au détriment de leur accès à la sphère politique, économique, culturelle. Et c'est dans la foulée de cette invite à ce que le « deuxième sexe » se libère des contraintes traditionnelles et conquiert son autonomie que l'acte de naissance de l'érotisme littéraire féminin est signé *via* un récit d'esclavage volontaire écrit par une femme !

Cinq ans après la parution du *Deuxième Sexe*, une auteure inconnue, Pauline Réage, ose mettre en scène la passion amoureuse comme aucune écrivaine n'a osé le faire avant elle. Non pas en utilisant les formes poétiques traditionnelles afin de célébrer un désir charnel ardent, telle Louise Labé, non pas en racontant l'histoire d'un amour impossible ou d'un désir contrarié telle Madame de la Fayette dans *La Princesse de Clèves* mais en s'abreuvant à la source même de l'érotisme masculin pour donner à la passion amoureuse ses formes incarnées les plus extrêmes.

Un jour, après une promenade au Parc Monceaux, une jeune femme est emmenée par son amant dans un mystérieux hôtel particulier situé non loin du village paisible de Roissy. Lors du trajet en voiture, la jeune femme est dévêtue afin que les parties sexuelles de son corps soient nues sous sa jupe et sous sa chemise. Accueillie par des filles curieusement habillées, O est dénudée, lavée, fardée, coiffée et parfumée puis présentée à un cercle de quatre hommes qui la violent, la fouettent et l'instruisent sur la dure discipline du château. Pendant quinze jours, la jeune femme, que son amant a momentanément laissée aux « soins » des affiliés de Roissy, est battue, forcée, contrainte au silence et à la soumission absolue. Paradoxalement, elle acquiert une sérénité qui ressemble à celle des recluses et une délirante absence à elle-même qui la rapproche de la mort. Puis, O revient à Paris où elle reprend le fil de ses activités ordinaires dont son travail de photographe de mode. Elle tombe amoureuse d'un mannequin Jacqueline qui lui préfère René et dont la petite sœur, Nathalie, voue une admiration sans bornes à la belle esclave. O consent à être prêtée par René à un homme bien plus redoutable, lord anglais aux yeux gris : Sir Stephen. O accepte d'appartenir aux deux hommes et subit de nouveaux outrages. Elle est marquée au fer rouge comme signe d'appartenance à Sir Stephen. Son esclavage la comble. Le sentiment de honte se mue en fierté. Lors d'une soirée élégante dans le midi de la France, elle apparaît nue, masquée, triomphante dans ses chaînes. C'est l'apogée de son parcours initiatique. La suite de l'histoire est présentée comme une alternative entre la mort désirée comme dernière preuve de l'amour fou et la « chute » dans une maison de prostitution où O n'est plus une élue mais une prostituée de bas-étage, une esclave commune, appartenant à tous les hommes. Telle est la trame d'*Histoire d'O*...

Les lecteurs et les lectrices esquissent volontiers une moue de dégoût lorsqu'on évoque *Histoire d'O*. Le livre n'a en rien perdu de sa force révulsive. Il crée inévitablement un sentiment de malaise surtout chez les lectrices pour lesquelles O est, à juste titre, un modèle d'identification impossible, un contre-exemple féminin, une référence-repoussoir. Il n'en reste pas moins que l'œuvre, pionnière, constitue une référence incontournable qui a conduit à leur tour de nombreuses écrivaines à donner forme à leur érotisme : Catherine Robbe-Grillet, Emmanuelle Arsan, Régine Deforges... Aujourd'hui, *Histoire d'O* est considéré comme un grand classique de l'érotisme littéraire mais aussi comme un récit anti-féministe, archaïque, délibérément attentatoire au corps des femmes. La première approche domine. En témoigne par exemple, en 2008, l'exposition de référence de la Bibliothèque nationale « L'enfer de la bibliothèque : Éros au secret » consacrée aux ouvrages interdits. La dette du récit envers Sade est clairement énoncée : « Marqué par l'imaginaire sadien, mais d'une écriture d'une grande retenue, le manuscrit d'*Histoire d'O* conquiert Jean-Jacques Pauvert dès la première lecture. Il le publie en 1954 ». Dans cette phrase, c'est non seulement l'héritage sadien qui est mis en évidence mais aussi ce qui fonde son originalité par rapport au discours pornographique :

la décence de l'écriture. La succession des supplices infligés à la victime, depuis les coups de fouet jusqu'au marquage au fer rouge en passant par le viol collectif, justifie pleinement un rapprochement avec les références les plus noires de l'érotisme littéraire. D'ailleurs, plusieurs commentateurs, lors de la parution du livre au grand jour en 1954, ont considéré qu'il s'agissait d'un « Sade inversé », d'un « Sade femelle »[54], d'un récit « à la manière sadienne », façon d'inscrire *Histoire d'O* dans la catégorie des écritures de l'extrême. Cependant, il serait trop simple de considérer le rapport de forces mis en scène dans *Histoire d'O* comme le *verso* des récits sadiens. Car nous ne sommes pas dans une économie sadique. Le récit n'offre pas le spectacle d'une confrontation brutale entre un nouvel avatar de Justine et des libertins cruels assoiffés de chair tendre. Certes, il y a beaucoup de larmes dans *Histoire d'O*, presque autant que dans *Les Infortunes de la vertu*. Les supplices que O subit – viols, flagellation, esclavage, marquage au fer rouge – en font une chair suppliciée, malléable à merci, gémissante. Cependant, O en extrait des gratifications inconcevables : un sentiment de dignité, une sérénité, un voluptueux abandon qui la délivre d'elle-même. Cependant, le masochisme est trop voyant pour qu'il fournisse la clef explicative de l'ensemble du récit. Certes, dès l'ouverture, un contrat implicite de servitude volontaire est noué. Puis, alors même que O s'est acquitté de sa mission en se soumettant à tous les caprices des affiliés de la société de Roissy, elle est de nouveau sollicitée par son amant. Un nouveau contrat est noué, cette fois explicite. Il fixe de nouvelles épreuves auxquelles O, après quelques résistances, décide de consentir. Cette importance du contrat élimine l'hypothèse sadique. Le consentement de O est le préalable nécessaire à l'histoire. O a déjà accepté le contrat de servitude lorsque son amant la conduit au château de Roissy. Puis c'est sur la base d'un nouveau pacte et donc en toute connaissance de cause qu'elle se lance dans de nouvelles aventures non plus cette fois au sein d'une société secrète mais dans son environnement familier. L'attitude sadique masculine apparaît finalement très secondaire par rapport à la quête d'une héroïne qui, telle Schéhérazade, cherche à retenir l'attention de l'homme. Cependant, O et la fille du grand vizir n'utilisent pas les mêmes ressources. Schéhérazade mise sur le pouvoir narratif, la capacité de captation des contes. Lucide stratège,

54. André Berry, « Chambre rouge et chambre des supplices », *Combat*, 14 mars 1955.

elle sait que le sultan assassine chacune de ses épouses à la fin de la nuit de noces et qu'il faut le retenir par d'autres moyens que les belles courbes de son corps. De plus, Schéhérazade est d'autant plus lucide qu'elle n'est pas une « fille amoureuse ». Elle est motivée par le souci de libérer toutes les filles promises à un dur châtiment parce qu'elles sont nées femmes et qu'elles sont toutes considérées comme infidèles à l'image de l'épouse et de la sultane adultère. Le courage, la sagesse, l'intelligence et la mémoire incroyable de la jeune fille dont les contes sont inépuisables la sauvent d'une mort certaine de même que ses consœurs. Au contraire, O poursuit une quête individuelle. Elle se soucie peu du sort des autres femmes prêtées par leurs amants à des inconnus et prend même plaisir à fouetter l'une d'entre elles. O manque de lucidité en raison de l'amour jusqu'au-boutiste porté à l'amant et de la haute idée qu'elle se fait de l'Amour qui réclame selon elle encore et toujours plus de preuves. O veut éviter une mort symbolique, la fin de l'amour, et choisit la mort réelle pour cela. Si la belle orientale veut éviter la mort pour elle-même et les autres jeunes filles, ce n'est pas le cas de O, surtout guidée par l'appel de la Camarde.

Que l'amant s'appelle René ou bien Sir Stephen, peu importe. O a besoin d'un homme unique à aimer de toutes ses forces et mieux vaut que celui-ci soit inébranlable, à l'image du lord anglais car le goût du martyre d'amour nécessite un sacrificateur dénué de faiblesse. Le vrai scandale d'*Histoire d'O* est moins dans le chapelet de sévices auquel O adhère, dans cette fameuse « complaisance » à l'horreur que dans une croyance erronée : celle qu'en se donnant sexuellement plus, elle obtiendra amoureusement plus. Cette quête est vouée à l'échec comme le montre le deuxième dénouement d'*Histoire d'O,* qui offre la perspective tragique d'une mort volontaire :

> Il existe une seconde fin à l'histoire d'O. C'est que, se voyant sur le point d'être quittée par Sir Stephen, elle préféra mourir. Il y consentit.

Il y a aussi *Retour à Roissy* considérée comme une dégradation de l'histoire et que l'auteure a choisie de publier seulement quinze ans après la première parution d'*Histoire d'O* avec une introduction : *Une fille amoureuse.*

Ce n'est pas innocent si l'un des premiers critiques, Claude Elsen, rapproche *Histoire d'O* du mythe passionnel, c'est-à-dire de *Tristan et Iseult* dont l'issue tragique marque le triomphe de la mort sur l'appétit de vie des amants[55]. La grande nouveauté historique du récit de Pauline Réage est que cette histoire d'amour fou, poussée jusqu'à ses ultimes conséquences, est figurée par des éléments de l'érotisme noir, d'où une charge mortifère intense. Il n'y a rien d'hédoniste dans *Histoire d'O*. La parenthèse homosexuelle, qui pourrait apparaître comme un refuge voluptueux, est vite récupérée par l'amant. O ne s'appartient plus et ne cherche plus à s'appartenir. C'est pourquoi certains critiques caractérisent le livre de « mystique » mettant l'accent sur « les progrès d'une femme », sur son cheminement spirituel, sur sa volonté de mater la chair pour atteindre un au-delà du corps. Par exemple, avant de considérer en 1975 que ce livre est un grand classique de l'érotisme littéraire, André Pieyre de Mandiargues décèle une dimension transcendante à l'instar d'autres critiques par ailleurs mal à l'aise face à ce courant irrationnel qui porte O aux confins de la passion amoureuse : Claude Elsen, Jean-Louis Bédouin[56], etc.

Mandiargues est l'un des premiers critiques à avoir écrit sur *Histoire d'O* et surtout le seul à en avoir parlé aussi longuement dans son article « Les fers, le feu, la nuit de l'âme »[57]. Du côté des détracteurs du roman, seuls la Commission du livre, « Valentine de Coincoin » (Pierre Châtelain-Tailhade) et François Mauriac réagissent à chaud à la première parution d'*Histoire d'O*. Il faut patienter ensuite jusqu'en 1958 pour que Pierre de Boisdeffre déplore, dans son *Histoire de la littérature d'aujourd'hui*, qu'« une femme ait couvert de son nom un récit digne de Sade », récit qu'il nomme plus loin « musée des horreurs »[58]. Des admirateurs de l'œuvre ayant osé parler du livre, Pauline Réage, s'en souvient en ces termes dans son entretien avec Régine Deforges en 1975 :

> Je me souviens d'un article de Claude Elsen dans *Dimanche-Matin*, qui a disparu depuis, et puis bien sûr de l'article de Mandiargues dans *Critique*, très

55. Claude Elsen, « L'Amour fou », *Dimanche-matin*, août 1954.
56. Jean-Louis Bedouin, « Éros et l'instinct de mort », *Médium*, janvier 1955, p. 23-26.
57. André Pieyre de Mandiargues, « Les fers, le feu, la nuit de l'âme », *Critique*, juin 1955, Tome XI, p. 510-514.
58. Pierre de Boisdeffre, *Une histoire vivante de la littérature d'aujourd'hui (1939-1964), op. cit.*, p. 495.

> tôt, et celui de Bataille dans *La Nouvelle Revue française*, un peu plus tard, et c'est à peu près tout.[59]

Claude Elsen, Georges Bataille et Mandiargues forment le noyau dur essentiel de la première réception du livre de Réage. Ce trio de base est révélateur des alliances intellectuelles qui se sont formées autour de Paulhan depuis le milieu des années quarante et qui bénéficient directement à *Histoire d'O*. Car de même que *Les Temps Modernes*, la *NRF* est le lieu centrifuge à partir duquel se met en place un système relationnel où « rédacteurs officiels et collaborateurs fidèles » échangent continuellement avec « un esprit commun et une affinité d'habitus »[60]. L'article de Mandiargues est l'article incontournable. Il est publié dans la revue de Georges Bataille, *Critique*, en juin 1955[61]. Que ce livre « d'un auteur inconnu » fasse l'objet d'un article dans *Critique* souligne implicitement son importance dans le domaine de la création littéraire. Mandiargues démontre la valeur ajoutée d'*Histoire d'O* par rapport à une littérature érotique qu'il appréhende sur un mode hédoniste. L'érotisme littéraire est présenté comme un domaine homogène, régi par ses propres lois de fonctionnement. Le maître-mot est le sexuel dont dépendent l'action, les caractères et le contexte de l'histoire. Il est à la fois le « feu sensuel » à la base de l'intrigue et les « fins voluptueuses ». Au plan formel, la répétition de séances « à peine interrompues, çà et là, par des péripéties étrangères au fait charnel et sans le secours desquelles elle cesserait d'être lisible » mime dans le tissu du texte la « multitude d'instants déchirants et splendides, sans passé ni futur et parfaitement déliés les uns par rapport aux autres ». Mandiargues considère ce principe de répétition comme la condition même de l'œuvre « vraiment érotique ». Parmi les autres caractéristiques attribuées au récit érotique, figurent également le vocabulaire brutal de l'érotologie classique, le moralisme des livres érotiques ainsi que l'implication prudente de ses auteurs :

59. Régine Deforges, *O m'a dit*, entretiens avec Pauline Réage, Paris, Pauvert, 1975, p. 13.
60. Anna Boschetti, *Sartre et Les Temps Modernes*, Paris, Minuit, 1985, p. 199. Cf. aussi Laurence Brisset, *La NRF de Paulhan*, Paris, Gallimard, 2003.
61. Cf. Sylvie Patron, *Critique 1946-1996 : une Encyclopédie de l'esprit moderne*, IMEC, Paris, 1999.

> Ils ont su réserver leur personne en se plaçant sur le terrain privilégié du dandysme, en bourrelant des victimes qui leur sont étrangères, en usant de l'humour, de la fantaisie, en se ménageant des issues secrètes par où ils pourront quitter le jeu, à l'aube, sans trop s'être salis, ou compromis.

Confronté à cette description, *Histoire d'O* n'est pas considéré comme un livre érotique. Cette exclusion du champ de l'érotisme littéraire sert l'œuvre et son auteure. Car cela permet de déjouer la censure en atténuant la dangerosité du récit et de déplacer l'attention sur sa valeur littéraire. En effet, *Histoire d'O* est considéré comme un roman véritable dans la lignée de Proust ! Le primat du principe spirituel sur le principe charnel, l'amoralisme de l'auteure, son degré d'implication dans l'histoire, son statut narratif ainsi que son écriture pudique constituent des qualités distinctives par rapport à un domaine plutôt discrédité. Cependant, la portée spirituelle du récit de Réage est surévaluée au détriment de l'examen de la dimension charnelle des « sujets traités », passée sous silence comme pour marquer son caractère méprisable. Car le récit de Réage gêne. Sans doute Mandiargues minimise le rôle de la chair dans *Histoire d'O* parce que cette façon mortifère d'être au monde dérange sa lecture vitaliste d'une sexualité poursuivant des fins voluptueuses, reliée aux forces naturelles de la vie alors que lui-même s'adonne volontiers dans ses œuvres à la mise en scène de passions mortifères. Surtout, c'est une femme qui s'approprie les figures extrêmes de l'érotisme noir pour les mettre au service de ce qui lui est habituellement étranger : l'amour fou. Qu'une femme instrumentalise ainsi les ressources de l'érotisme noir, qui a bénéficié jusqu'ici de références exclusivement masculines, ne peut que créer un sentiment d'inconfort chez un lecteur aguerri de Sade, de Pierre Louÿs et de Bataille… Ainsi, en 1955, *Histoire d'O* apparaît comme un objet littéraire isolé qui n'a pas encore trouvé de terre générique d'accueil. Car la dénomination « mystique », si séduisante soit-elle, ne permet pas d'insérer *Histoire d'O* dans un corpus solide de l'Histoire littéraire. Il s'agit moins d'un genre littéraire que d'une attitude existentielle exemplifiée par de nombreuses femmes : Sainte-Thérèse d'Avila, la Religieuse portugaise, Catherine Emmerich. Si l'image de l'œuvre s'en trouve féminisée, ce n'est pas au point de reconnaître l'existence d'un érotisme féminin à part entière. Un long chemin reste encore à parcourir.

Ceux qui admirent l'œuvre à sa parution voient tout de suite que le récit déroge aux règles du genre, non seulement en raison de sa dimension

« mystique » mais aussi en raison d'une écriture qui jette un voile sur la réalité sexuelle la plus crue. De plus, la narratrice épouse les pensées de son « héroïne », sait se glisser aux pires moments dans la peau du personnage, d'où un sentiment de très forte proximité. De là à faire peser sur l'œuvre le soupçon autobiographique, il n'y a qu'un pas que certains écrivains et critiques franchissent allègrement ! Ainsi, François Mauriac, vigile attentif de la pudeur française et des mœurs littéraires, s'érige contre ce récit sexuel considéré comme les « confidences d'une belle » tout en avouant dans sa correspondance avec Paulhan qu'il ne l'a pas lu… D'autres pensent que le récit a été écrit par un homme, en l'occurrence le préfacier du livre : Jean Paulhan. Cette légende tenace concernant *Histoire d'O* est aussi un *leitmotiv* récurrent lorsque les critiques abordent les œuvres érotiques féminines. Belle façon de dénier une quelconque autonomie narrative et érotique… Il est en effet probable que Paulhan ait suggéré des modifications mineures, mentionné des corrections à effectuer comme le montre l'éditeur Pauvert dans ses Mémoires, *La Traversée du livre*[62]. Mais Paulhan est surtout l'amant-complice auquel on adresse *via* l'écriture ses songes érotiques. Deux textes le montrent tout particulièrement : *Une fille amoureuse*, écrit alors que Paulhan est sur le point de mourir et les entretiens avec Régine Deforges, *O m'a dit*. Dans ces entretiens, Pauline Réage, autrement dit Dominique Aury, explique que « ce voulait être un moyen de séduction sur un homme déterminé ». Jean Paulhan n'est pas cité mais nous savons désormais, grâce notamment aux travaux de Angie David[63], qu'*Histoire d'O* est bel et bien une lettre d'amour fou adressée par Dominique Aury à Jean Paulhan. En 1954, Jean Paulhan est alors rédacteur en chef de la *Nouvelle Revue Française* qui accueille les contributions de Georges Bataille, Maurice Blanchot, Mandiargues, encore peu connus. Quant à Dominique Aury, elle est la secrétaire de rédaction de la revue. Connue pour sa réserve, elle est une figure importante de l'édition parisienne, et ne dédaigne ni les mondanités ni l'érotisme. Elle est aussi la seule femme à être admise au comité de lecture des Éditions Gallimard et à le rester pendant vingt-cinq ans[64]. Malgré

62. Jean-Jacques Pauvert, *La Traversée du livre* « Mémoires », Paris, Éditions Viviane Hamy, 2004.
63. Angie David, *Dominique Aury*, Paris, Léo Scheer, 2006.
64. En réalité, Dominique Aury est déjà un pseudonyme, celui d'Anne Desclos. Née le 23 septembre 1907 à Rochefort-sur-Mer, elle reçoit une éducation bilingue. Elle

ses nombreuses qualités, Dominique Aury ne se sentait pas suffisamment séduisante pour retenir durablement l'attention de son amant Jean Paulhan, avec lequel elle entretenait une liaison semi-clandestine depuis dix ans. Ce dernier était marié et grand coureur de jupons. Afin de le surprendre, elle « coucha » sur le papier ses rêveries nocturnes, autre facette d'elle-même, dont personne ne pouvait se douter en raison de son extrême discrétion. L'amant ne croyait pas possible qu'une femme et surtout sa maîtresse puisse écrire ce genre de récits. Dominique Aury releva le défi. Elle écrivit sur le papier les fantasmes qui l'habitaient depuis sa jeunesse et susceptibles de plaire au lecteur de Sade qu'était Paulhan. Dominique Aury n'avait pas imaginé une seule seconde que cela pût être publié. Reste que le récit n'aurait sans doute jamais vu le jour si Dominique Aury n'avait pas été alors amoureuse d'un homme de lettres charismatique, friand d'érotisme et complice de lecture...

Histoire d'O signale véritablement l'entrée des femmes dans le champ de l'érotisme littéraire. On a souvent reproché à ce livre d'être un calque sans grande originalité des fantasmes masculins. En réalité, la configuration offerte par ce récit est totalement inédite. Bien sûr, il y eut avant Louise Labé, dite la « belle cordière ». Bien sûr, il y eut l'audacieuse Colette. Cependant, pour la première fois, une femme donne résolument tort à un préjugé tenace qui leur ôte toute faculté à intellectualiser leur rapport au sexe[65].

découvre très tôt Kipling, Virginia Woolf, Shakespeare, *Les Liaisons dangereuses* et Fénelon mais ne se confronte à Sade qu'à l'âge de trente ans. Elle est la première fille inscrite dans une classe de khâgne au lycée Condorcet et décroche, à la Sorbonne, une licence d'enseignement d'anglais. Juste avant la guerre, en 1939, elle collabore à l'ouvrage de Thierry Maulnier, *Introduction à la poésie française* en procédant au choix des textes puis pendant l'Occupation allemande, elle distribue les *Lettres françaises* clandestines. Dominique Aury a déjà été mariée avec Raymond d'Argila, homme colérique et violent, dont elle divorce en 1933 après être tombée follement amoureuse de Thierry Maulnier. C'est en proposant son *Anthologie de la poésie religieuse* (publiée en 1943) à la *NRF* qu'elle fait alors la connaissance de Paulhan, de 15 ans son aîné. Elle est secrétaire de rédaction après 1944 aux *Lettres françaises*, à *L'Arche* puis entre au comité de lecture de Gallimard en 1950. Lectrice fervente, elle est aussi traductrice, préfacière et critique littéraire. Son recueil *Lectures pour tous* est couronné en 1958 par le Grand prix de la critique littéraire. En 1963, elle devient également membre du jury du prix Femina. Ce n'est qu'en 1994 dans *The New Yorker* que Dominique Aury révèle être l'auteure du seul récit qu'elle écrivit : *Histoire d'O*.

65. Sarane Alexandrian, *Histoire de la littérature érotique*, Paris, Seghers, 1989.

Au contraire, chez Réage, l'érotisme forme un tout mental cohérent, s'offre comme un système, informe l'ensemble de l'œuvre sans ménager de pause au lecteur pris dans les filets de l'histoire. Comme O, le lecteur se trouve enchaîné, contraint de lire l'histoire jusqu'au bout et les longues phrases du récit semblent de subtiles chaînes autour du désir de lecture. Pour la première fois aussi, un sujet extrême est mis en mots *via* une écriture exempte de mots crus. Pour la première fois surtout – là sans doute est l'essentiel – il y a confrontation brutale entre les ressources de l'érotisme masculin et le code sentimental de l'amour à l'origine de nombreux récits féminins. Le récit tend à montrer le fossé qui sépare les sexes. En effet, les hommes utilisent la demande d'amour féminine pour assouvir leurs fantasmes tandis que la femme se plie aux fantasmes masculins pour obtenir l'Amour. Quels sont les bénéficiaires de ce troc ? Les femmes ou les hommes ? O ou Sir Stephen ? Selon Régine Deforges, c'est O qui manipule son monde afin d'accomplir sa quête amoureuse. Les hommes ne seraient que des jouets entre ses mains. Il est vrai que les deux amants semblent vite dépassés par la résistance d'O. Le visage livide de Sir Stephen au moment du marquage au fer rouge semble indiquer qu'un seuil a été franchi. La détermination de O finit par lasser le cruel amant. Sir Stephen s'apprête à la quitter et la mort consentie apparaît finalement plus douce que l'abandon. La mort de l'héroïne ou bien sa déchéance au sein du bordel de luxe dans *Retour à Roissy* semble montrer qu'ici-bas, les hommes sont incapables de donner un écho digne de ce nom à l'exigeante éthique amoureuse portée par les femmes…

D'amour, en revanche, il n'en est guère question dans *L'Image* de Jean de Berg (Catherine Robbe-Grillet)[66] ou alors à pas feutrés avant un dénouement qui révèle la femme amoureuse derrière l'inébranlable Claire… Pourtant, malgré sa violence (ritualisée), le livre est présenté comme une « histoire d'amour ». Ceci n'est pas faux à condition que l'on fasse sienne l'idée que le contrat masochiste qui relie un maître/une maîtresse et un-e-esclave relève aussi de l'entente amoureuse. Car si le contrat masochiste apparaît à première vue à rebours de l'art d'aimer, il est cependant plus proche du code sentimental de l'amour que l'exercice sadique. En effet, le contrat masochiste est fondé sur un lien de réciprocité qui implique le plein

66. Jean de Berg, *L'Image*, Paris, Minuit, 1956.

consentement d'un ou d'une esclave, celui-ci ou celle-ci se mettant au service d'une dominatrice ou d'un dominateur. Le temps de la séance sadomasochiste, une relation exclusive se noue entre deux personnes *a contrario* du libertinage et de ses configurations multiples. Si d'autres participants se greffent à ce binôme, c'est à titre secondaire en tant que témoins et/ou « assistants ». Rien à voir non plus avec le caractère instable, spontané de l'aventure sexuelle saisie au coin de la rue. Catherine Robbe-Grillet choisit savamment. Il y a élection du partenaire comme le montre *Cérémonies de femmes* où une maîtresse avertie élit un jeune homme, Sébastien, dont la beauté et les prédispositions masochistes le distinguent des hommes « ordinaires ». Une relation passionnelle s'instaure qui augmente le plaisir de celui ou de celle qui inflige en proportion de la ferveur douloureuse affichée par autrui. Dans une telle optique, le contrat masochiste relève d'une conception idéaliste qui place le partenaire au cœur de la relation au lieu de l'annuler. Il ne s'agit pas de consommer des corps sexuels, de mettre en œuvre une performance et de chercher la jouissance. En raison de l'existence d'un contrat, du caractère différé du plaisir sexuel (parfois purement cérébral), du thème de l'épreuve, de l'importance de la ritualisation et de l'attente, la maîtresse de cérémonies n'est pas si éloignée en fin de compte de la dame de l'amour courtois qui exerce les pleins pouvoirs sur son soupirant, "dame en son donjon" qui accorde ou non des faveurs excluant parfois l'acte sexuel » ou tout du moins le différant. Cependant, un désir amoureux authentique sait se passer de ces artifices et de ces jeux de rôles alambiqués qui encombrent l'accès à l'essentiel ou cherchent à le masquer. En repoussant les limites du corps afin d'éprouver plus intensément les sensations sexuelles ou même plus simplement afin d'en éprouver tout court, le vécu masochiste peut aussi être perçu comme un bel aveu déguisé de frigidité ou bien d'impuissance ordinaire...

L'Image paraît en 1956 Le pseudonyme « Jean de Berg » désigne en réalité l'épouse du « pape du nouveau roman » : Alain Robbe-Grillet. Le deuxième livre de Catherine Robbe-Grillet publié en 1985, *Cérémonies de femmes* [67], est signé d'un pseudonyme cette fois féminin : Jeanne de Berg. L'usage d'un pseudonyme ou le recours à l'anonymat est fréquent

67. Jeanne de Berg, *Cérémonies de femmes*, Paris, Grasset, 1985.

à l'époque. Les auteur-e-s choisissent tantôt de se désolidariser complètement de leurs œuvres, tantôt d'attribuer à un nom fictif leurs aveux intimes ou bien la mise en scène de leurs fantasmes. Se dissimuler derrière un nom créé de toutes pièces est une façon de se protéger des assauts d'une censure particulièrement offensive. Mais la censure n'explique par pourquoi certain-e-s écrivain-e-s érotiques ont persisté pendant des décennies à brouiller les pistes alors même que le regard collectif devenait plus tolérant. Pour de nombreuses écrivaines, le choix du pseudonyme n'est pas seulement une protection face au monde extérieur à l'image de l'animal qui épouse les couleurs de l'arbre contre lequel il se love pour éviter d'être repéré par des prédateurs. Il est aussi un geste d'affirmation de soi face au corset social. De nombreuses écrivaines affirment ainsi leur autonomie à l'égard du nom du père ou du mari de même qu'elles évitent par ce biais d'être stigmatisées par leur entourage[68]. George Sand opte pour le travestissement masculin du nom légal car cela lui permet non seulement de dissimuler sa véritable identité mais aussi de s'approprier les signes d'une indépendance masculine qu'elle envie. C'est aussi le cas de Dominique Aury, de son nom d'état-civil véritable Anne Desclos, qui choisit un prénom fictif mixte « Dominique » afin de faciliter son insertion dans le monde des Lettres[69].

D'une écrivaine à l'autre, les raisons du pseudonyme diffèrent. En adoptant le pseudonyme de « Pauline Réage », Dominique Aury tient à se protéger du jugement de ses proches. De même, au-delà de son « impérieuse réserve », elle souhaite par ce biais séparer ses activités littéraires diurnes

68. Nathalie Heinich, *États de femmes, L'identité féminine dans la fiction occidentale,* Paris, Gallimard, 1996, p. 309.

69. Ce qui guide le choix d'un pseudonyme féminin chez un auteur érotique n'est pas tout à fait de même nature. Il y a là une volonté ludique de se servir d'un pendant imaginaire féminin pour aiguiser la curiosité du lecteur, de brouiller les genres pour mieux se désolidariser de l'œuvre, de se ménager des issues secrètes par où on peut quitter le jeu sans s'être trop salis. C'est le cas par exemple de ces récits du XVIIIe siècle recueillis par Maurice Lever et intitulés « Les Grivoises ». Présentés comme des mémoires de femmes engagées dans le libertinage, ces récits sont en réalité écrits par des hommes. Selon Maurice Lever, « ce serait méconnaître l'esprit du temps que d'imaginer une femme suffisamment affranchie des préjugés de l'opinion pour oser la défier sur le terrain de la littérature licencieuse ». Deux siècles seront nécessaires pour que ce défi soit relevé. Cf. « "Les Grivoises" ou l'érotisme au féminin », dans *Anthologie libertine, Le XVIIIe siècle,* Paris, Robert Laffont, 2003, p. 3-8.

de la part nocturne d'elle-même. La couverture imaginaire autorise la révélation intime tout en évitant la séparation radicale de l'auteure avec son œuvre. De plus, le choix de ce nom fictif participe de l'entreprise de séduction érotique élaborée par Dominique Aury pour capter l'attention de son amant[70]. Dans le cas de Catherine Robbe-Grillet, on pourrait parler de dévoilement progressif. Le masque fictif masculin laisse place au masque fictif féminin puis à l'identité véritable ou plutôt maritale (son vrai nom étant Rstakian). Les premiers lecteurs de *L'Image* appartiennent à un cercle restreint d'amateurs éclairés. Connaisseurs de l'érotisme littéraire, ils sont pour la plupart familiers de ces esquives identitaires qui brouillent les pistes. À y regarder de près, la démarche n'a rien de très novatrice. Car dans l'hypothèse d'une identité féminine tapie sous le masque masculin, cette pratique ne renvoie somme toute qu'à une mesure classique de précaution face à l'opprobre pesant sur l'expression féminine. Le choix d'un pseudonyme relevant de l'autre genre est en effet une quasi-constante chez les écrivaines qui précèdent l'entrée des femmes dans la modernité et ne vaut pas seulement pour des œuvres érotiques. Et l'hypothèse d'une identité masculine véritable qui coïnciderait avec le « je » narratif, outre le soupçon autobiographique que cela suscite, ne bouleverse pas l'idée communément partagée d'une littérature placée sous le sceau des hommes. Chez Catherine Robbe-Grillet, le choix du pseudonyme s'explique par le sentiment d'avoir une double personnalité. Alors qu'il n'y avait plus lieu de se protéger de la censure, elle continua à utiliser un nom fictif qu'elle féminisa afin de séparer deux sphères d'activité et deux facettes de sa personnalité : celle qui écrit et organise des cérémonials sadomasochistes et celle qui partage la vie d'un écrivain reconnu.

Le jeu identitaire, l'importance du thème masochiste et le caractère distingué de l'érotisme noir inscrivent *L'Image* dans le sillage d'*Histoire d'O*. Cette filiation est suggérée dès la préface signée « P.R » comme pour signi-

70. Dans *Une fille amoureuse*, elle explique que si l'idée du nom de Réage vient d'un cadastre, le prénom « Pauline » lui a été suggéré par deux « célèbres dévergondées » : Pauline Rolland et Pauline Borghese. Le pseudonyme marque ainsi le récit du sceau d'une féminité audacieuse. En cela, Anne Desclos va plus loin que George Sand puisque l'identité féminine neutralisée par le premier nom fictif à vocation sociale « Dominique Aury » est pleinement assumée dans l'ordre de l'intime. Cf. p. 206.

fier que l'auteure de ce texte liminaire est Pauline Réage. De plus, le livre est dédié à « Pauline Réage ». En réalité, cette fausse attribution vise à attirer l'attention du lectorat et à profiter de la notoriété d'*Histoire d'O*. *L'Image* s'offre en effet comme une réplique au récit de Réage et elle a le mérite de nourrir le débat et d'apporter une réponse à la question essentielle posée par *Histoire d'O* : « Les femmes n'aiment-elles que dans l'esclavage ? ». La problématique du récit de Réage est réinvestie et la préface de « P.R » (en réalité d'Alain Robbe-Grillet) s'offre comme un droit de réponse à celle de Paulhan. La première phrase de la préface en témoigne : « Qui est Jean de Berg ? ». Ce n'est là que reprendre la célèbre phrase de Jean Paulhan dans sa préface à *Histoire d'O* : « Qui est Pauline Réage ? ». Les écrivains de l'époque aiment décidément les devinettes et conduire leurs lecteurs à des suppositions sans fin sur l'identité réelle d'un-e- auteur-e. Il ne faut pas sous-estimer le fait que la censure de l'époque n'est pas seulement source de contraintes mais qu'elle est aussi un beau prétexte pour jouer avec ces entraves, pour introduire un espace ludique propice à l'activité interprétative. À travers ces deux récits adeptes de l'*Éros* nocturne, les amateurs éclairés de passions mortifères se répondent autour de la question fondamentale de l'esclavage amoureux volontaire. Pour Paulhan, il ne fait pas de doute que les femmes sont naturellement portées à l'asservissement et que la liberté en amour n'est qu'une utopie :

> L'amour, c'est quand on dépend – je ne dis pas seulement dans son plaisir, dans son existence même, et dans ce qui vient avant l'existence : dans l'envie même qu'on a d'exister – de cinquante choses baroques : de deux lèvres (et de la grimace ou du sourire qu'elles font), d'une épaule (de certaine façon qu'elle a de monter ou de descendre), de deux yeux, d'un regard un peu plus humide, ou plus sec, enfin de tout un corps étranger, avec l'esprit ou l'âme qu'il porte – d'un corps qui peut à chaque instant devenir plus éblouissant que le soleil, plus glaçant d'une plaine de neige.[71]

Le préfacier et l'auteure de *L'Image* considèrent également qu'il n'y a pas d'amour véritable sans chaîne réelle ou bien symbolique et que le bénéficiaire de ces jeux érotiques n'est pas celui que l'on croit. La femme serait la détentrice du vrai pouvoir que ce soit dans *Histoire d'O* ou bien

71. Jean Paulhan, préface à *Histoire d'O*, *op. cit.*, p. 18.

dans *L'Image* où Claire initie son amoureux aux plaisirs des chaînes et du fouet, à l'humiliation, aux tortures. *L'Image* est le lieu d'une difficile bataille contre les tentations de l'abandon amoureux. On touche là à une différence essentielle avec le récit de Réage. Le personnage féminin, Claire, dompte ses sentiments jusqu'à la fin du récit. Il est hors de question pour elle de dévoiler son trouble amoureux. Le durcissement soudain des traits, l'insistance autoritaire du regard, l'élévation de la voix sont autant de remparts dont la dominatrice Claire s'entoure. Son air d'étrangère un peu hautaine en découragerait plus d'un ! Masqué par le rite, le désir de Claire pour le narrateur Jean se dévoile parfois mais il est vite réprimé par un redoublement du supplice. Sur la « petite fille » Anne qui se laisse faire, est détournée avec brutalité, à grand renfort de gifles, l'énergie érotique adressée en réalité au narrateur :

> Je l'ai embrassée, effleurant à peine ses lèvres, puis prenant toute la bouche, qui commençait à s'amollir... « Laissez-moi », s'est-elle écriée soudain, se dressant à son tour. Comme exutoire à cette émotion, qui ne figurait pas à son programme, elle s'est rabattue sur la fille agenouillée. Elle a saisi le fouet pour lui cingler les cuisses, [...].[72]

Jusqu'au dernier chapitre au titre évocateur « Tout rentre dans l'ordre », le rapport de forces profite essentiellement au personnage de Claire. C'est elle qui est la maîtresse de cérémonies, fixe les épreuves et les rendez-vous, les commencements et les interruptions, initie le narrateur. Celui-ci est tout d'abord un témoin privilégié des jeux érotiques entre Claire et Anne. Il est l'élément second qui se greffe sur le couple de femmes, fournissant le prétexte à des scènes où Claire peut exprimer et renforcer sa domination sur Anne. En cela, cette configuration érotique répond à l'une des règles essentielles de l'art érotique énoncée par le maître *ès erotica* Mario dans *La leçon d'homme* d'Emmanuelle Arsan : « Le triangle, rachetant la banalité de la paire [...]. La place naturelle de l'amant est au milieu du couple »[73]. Puis Jean est l'initié qui se trouve instruit par une femme apparemment inébranlable. Cependant, Claire, le bourreau, la prêtresse, la dominatrice, domine

72. *L'Image, op. cit.*, p. 166.
73. Emmanuelle Arsan, *Emmanuelle,* « Livre I : La leçon d'homme », Paris, La Musardine, 1999, p. 233.

en attendant d'être dominée à son tour. Claire fabrique son propre maître. Le narrateur Jean cherche la possession physique de Claire et à travers cette possession, l'appropriation du pouvoir phallique que celle-ci exerce à l'égard de sa jeune victime, Anne, en la battant, l'humiliant et la pénétrant. Les deux quêtes ont tout lieu de se compléter… D'abord proie privilégiée de Claire, Anne devient peu à peu un objet intermédiaire entre les mains de Claire et de Jean. Elle n'est en rien comparable à O. Muette et docile, elle demeure imperméable à l'investigation du narrateur, ne poursuit aucune quête, reste réduite à l'état de « petite fille » sans qu'intervienne la moindre progression. Son absence à la fin du récit est nécessaire à la constitution du couple. Elle est le personnage sacrifié sur l'autel sado-maso du couple en formation. Il faut que Jean viole Anne pour que Claire comprenne que l'initiation de Jean est terminée. Commence alors une autre histoire…

Le livre de Jean de Berg (Catherine Robbe-Grillet) finit là où *Histoire d'O* commence. Tandis que le dénouement officiel du récit de Réage est un dénouement tragique qui signale la rupture définitive entre les sexes, *L'Image* rétablit une économie duelle mais inégalitaire entre un homme dominant et une femme dominée. Anne est évacuée à la fin du récit. Cette fin pourrait paraître conventionnelle si elle ne puisait pas son origine, comme dans *Histoire d'O,* dans la servitude volontaire du personnage féminin. Cette servitude volontaire ne relève plus du jeu de rôles préalablement institué mais est ici présentée comme l'expression d'un masochisme authentique. Les masques tombent et c'est une Claire offerte qui clôt le récit :

> Elle a répété : « Je vous aime », ajoutant qu'elle était mon esclave et que je pouvais la battre à mort, si cela m'amusait.[74]

Le livre de Jean de Berg est formé d'un univers mental cohérent qui développe ses propres règles de fonctionnement. L'érotisme y est *cosa mentale,* dénégation de la nature sensuelle et conquête d'une maîtrise de soi. Le sadisme ludique et le masochisme se manifestent comme des jeux de rôle et résultent de l'exercice de la volonté contre les mouvements naturels du

74. *L'Image, op. cit.,* p. 182.

corps. *L'Image* témoigne de la réappropriation féminine de la branche sado-masochiste. Cette fois, c'est une jeune femme qui initie son futur amant. Cependant, elle ne l'initie pas à des tortures auxquelles il s'abandonnerait par amour pour elle mais à son rôle de futur maître. Le dénouement semble fournir un argument de plus à l'idée d'un masochisme naturel des femmes. Au lieu d'inviter à la reconquête de soi, il tend à conforter cette propension « naturelle » au grand dam d'une émancipation féminine en marche. Car après s'être montrée d'une cruauté sans précédent, l'héroïne, pâle et défaite, rend les armes. « Tout rentre dans l'ordre »... Un ordre éminemment masculin.

***

Dans un article récent, Nancy Huston constate que « les hommes et les femmes, ce n'est pas pareil »[75]. Car seuls les hommes s'entretuent et agressent des inconnus, organisent et préméditent leurs déprédations, donnent libre cours à leur « instinct » guerrier, s'adonnent à des orgies sanglantes, au massacre des femmes et des enfants, c'est-à-dire des innocents. Selon l'écrivaine, même si une femme peut tuer, une femme « ne charcute jamais des inconnus ». Et pourtant... Un exemple historique suffit à contrarier cette vérité de genre à condition que l'on accepte pour telles les données historiographiques et que l'on considère que la femme en question a réellement commis tous les crimes décrits et n'a pas été l'objet d'une déformation mythique. Cette femme, c'est Erzsébet Bathory.

À partir du milieu des années 1950, des écrivaines créent de toutes pièces des héroïnes diaboliques ou bien s'emparent de figures féminines réputées sadiques qu'elles dérobent à la trame souterraine de l'histoire. Dans *Fort Frédérick,* Françoise des Ligneris met en scène un duo d'exception[76]. Un meurtrier réfugié dans un château fortifié subit les pires outrages de la part d'une amazone sanguinaire. De même, dans *La Satyre* de Virginie des Rieux, une prêtresse cruelle plie ses victimes à sa volonté[77]. Plus important est le récit de Valentine Penrose, *La Comtesse sanglante,* qui s'appuie sur l'historiographie d'une femme hors-normes et profondément contrariante

75. Nancy Huston, « On ne naît pas homme », *Le Monde,* 16 mai 2009.
76. Françoise des Ligneris, *Fort Frédérik,* Paris, Grasset, 1957.
77. Virginie des Rieux, *La Satyre,* Paris, Buchet-Chastel, 1965.

pour tous ceux et toutes celles qui perpétuent une image angélique de la féminité[78] ! Cinquante ans avant que l'écrivaine surréaliste ne s'empare de cette figure, une autre Valentine ose en 1912, dans une réplique au *Manifeste du futuriste* de Marinetti, appeler ses consœurs à viriliser leurs comportements[79]. Valentine de Saint-Point, arrière-petite-nièce de Lamartine, appelle les femmes à réveiller leur énergie guerrière endormie par un sentimentalisme abusif, à façonner des héros pour les sacrifier à l'héroïsme, notamment à la guerre qui, en 1912, n'est pas loin de pointer le bout de son fusil. Chez elle, les vraies femmes sont les guerrières, les amantes fougueuses et les destructrices qui couronnent le vainqueur sans aucune pitié pour le vaincu. Valentine évoque un passé mythique où les femmes exercent une réelle ascendance sur les mâles et ne sont pas dénuées de cruauté : les Amazones, les Erynnies, Messaline, Cléopâtre, Caterina Sforza, etc. Elle réclame de ses vœux l'avènement d'une « sur-femme », d'une nouvelle Ève qui ne se laisserait pas abuser par les bons sentiments, ne se laisserait pas détourner de sa vraie nature. Car selon l'écrivaine futuriste, la véritable nature de la femme n'est pas bonne. Elle ne devient vertueuse et sentimentale que par un long conditionnement culturel qui, en l'amoindrissant, affaiblit la société tout entière. C'est l'excès qui est le plus conforme à la vraie nature de la femme. Au panthéon des « sur-femmes » citées par Valentine et qui manquent totalement de mesure, nous pourrions ajouter la comtesse hongroise habitée par la passion de l'excès et l'instinct de mort. En voilà une qui s'adonne à des orgies sanglantes, s'enivre du sang de centaines de jeunes filles sans éprouver la moindre once de remords…

Selon l'éditeur et spécialiste de la littérature érotique Jean-Jacques Pauvert, le livre de l'écrivaine surréaliste Valentine Penrose mérite pleinement d'être considéré comme une lecture érotique au même titre que les œuvres de Sade. Ce récit est présenté comme l'histoire véridique d'une femme très belle, appartenant à l'une des plus illustres familles de Hongrie. Cette aristocrate vécut à la fin du XVe siècle à Csejthe à l'époque où la Hongrie était sans cesse menacée par l'invasion des Turcs et dominée par le pouvoir fanatiquement catholique des Habsbourg. Époque encore obs-

78. Valentine Penrose, *Erzsébet Bathory, la Comtesse sanglante*, Paris, Mercure de France, 1962.
79. Valentine de Saint-Point, *Manifeste futuriste de la luxure*, Paris, Les Mille et une Nuits, 2005 (1re éd. 1913).

cure pour ce pays où l'esprit de la Renaissance et la raison balbutiante n'ont pas encore conquis des mentalités superstitieuses, craintives, pénétrées d'occultisme, de sorcellerie et d'alchimie. C'était l'époque sombre où la classe paysanne était corvéable à merci, où l'assassinat d'une jeune fille issue des couches humbles de la société ne pouvait pas porter préjudice à une noble Dame sûre de son droit et issue d'une extraordinaire filiation marquée par la bravoure au combat, par les tares héréditaires, le goût de la luxure et de la cruauté. Valentine Penrose choisit de suivre pas à pas la montée en charge de la cruauté de cette épouse (puis veuve) et mère de trois enfants, secondée de nourrices et de sorcières, éprise de luxe et obsédée par son physique qui fascine et effraie plus qu'il ne séduit.

Pauvert rapproche le livre de Penrose de celui de Bataille, *Le Procès de Gilles de Rais* publié en 1959. Ce maréchal de France, compagnon d'armes de Jeanne d'Arc et dont le sadisme sensuel est hanté par l'image des désordres voluptueux du monde romain, génère un regain d'intérêt dès la fin du XIXe siècle. Des écrivains, des auteurs dramatiques, des poètes mais aussi des médecins, des historiens, des journalistes se penchent sur cette figure centrale de l'*Éros* nocturne, friande de petits garçons qu'il aurait massacrés par centaines. L'intérêt pour Rais coïncide avec la lente montée de Sade vers le grand jour au nom du combat pour la connaissance et de l'avènement d'une modernité dont le « vieux » de Flaubert serait l'inspirateur...[80] Dans son livre, Penrose conduit un parallèle très intéressant entre ces deux personnages. Toute la personne d'Ershébet Bathory se confond avec un *Éros* noir, primordial et féminin. Au contraire de Gilles de Rais, la comtesse hongroise apparaît coupée de la vie, tout entière vouée aux forces des ténèbres, au pouvoir apathique de la lune, soumise à un appétit

80. Les deux figures criminelles de Gilles de Rais et d'Erzsébet Bathory, qui ont réellement existé et continuent à irriguer l'imagination populaire, semblent avoir été traitées avec un même degré d'intérêt historique et fictionnel. Dans les deux cas, la partialité et la nature du procès dont ils ont fait l'objet rendent les preuves suspectes car elles ont été extirpées sous la torture ou les menaces de torture. Dans les deux cas, rien n'est réellement exclu et rien n'est réellement prouvé. Reste que domine l'image du féodalisme le plus intraitable, celui fondé sur l'exercice pur de la violence, sur le pouvoir absolu exercé à l'égard de sujets ravalés au rang de bêtes de somme et dont la vie n'a aucune valeur. Deux figures historiques, nobles et cruelles, éminemment antipathiques...

macabre. Elle relève finalement moins de la divinité primordiale qu'est *Éros* que du *Chaos*. L'auteure hésite sur les motivations de la comtesse sanglante. Elle apparaît surtout comme une femme pleinement sadique qui éprouve du plaisir à faire souffrir et à saigner ses servantes jusqu'à une mort dont elle goûte le spectacle et qui lui procure une félicité ambiguë. Tour à tour qualifiée de louve, de sorcière, de bête, elle apparaît comme l'émanation d'un *Éros* noir jusqu'au-boutiste. Là aussi, le pacte noir est accepté jusque dans ses ultimes conséquences. Au regard de cette noble Dame aux passions mortifères, Gilles de Rais apparaît sous la plume de Penrose comme un barbare presque attachant ! Non halluciné mais poursuivant, selon Penrose, un rêve d'orientale barbarie et de pourpre romaine, libertin exhibitionniste ayant besoin d'un public, auteur de « forfaits bien ordonnés », il reste, malgré ses monstruosités, un humain. Car Rais est sujet aux larmes et aux lamentations. Son repentir lui rend son humanité. Au contraire, Bathory ne se livre à aucun examen de conscience. Elle persiste à « vivre du côté fatal des choses », sans éprouver le moindre remords, sans chercher à regagner la communauté humaine même une fois condamnée à la réclusion à perpétuité dans la chambre nauséabonde de son château…

Le livre de Penrose est-il un récit érotique ? Dans la littérature érotique ordinaire et non dans les œuvres d'exception qui ne se rattachent à aucune formule déterminée (comme *Histoire d'O*), la luxure intervient en général comme un simple assaisonnement et se trouve mêlée à des considérations étrangères. Dans *La Comtesse sanglante*, la luxure apparaît comme le ressort fondamental. Si sous son masque d'oiseau nocturne, O vient, selon le critique surréaliste Jean-Louis Bédouin, de beaucoup plus loin que le christianisme, il en est de même d'Erzsébet Bathory. On pourrait d'ailleurs reprendre tel quel le commentaire du critique dans la revue *Médium* au sujet du personnage de Réage :

> Elle est en quelque sorte la nuit originelle où règnent seules les puissances du sexe et du sang qui engendrent et détruisant dans un même acte sacrificiel. Ce sont des puissances que la religion ne contrôle plus.[81]

81. Jean-Louis Bedouin, « Éros et l'instinct de mort », *Médium*, janvier 1955, p. 23-26.

La suite de la phrase ne pourrait être reprise car Bédouin impute à ces puissances l'irrésistible attraction entre les sexes que l'on nomme « l'amour » : « Dépouillé de ses prétextes sentimentaux et autres, l'amour est transmutation en valeur humaine de ces forces obscures qui continuent à gronder dans notre inconscient ». Or la comtesse hongroise est dans l'incapacité d'aimer et si sa beauté exceptionnelle fascine, elle n'attire pas pour autant l'amour. L'autisme amoureux de ce personnage la distingue de la fille amoureuse de Réage. Elle paraît moins comme une O inversée dont la cruauté se déploierait dans le cadre d'un contrat de réciprocité avec autrui que comme un Sade féminin incapable de penser le rapport aux autres autrement que sur le mode de la violence gratuite. Le château fortifié dans lequel Erzsébeth garde au frais son stock de victimes avant de se livrer à des tortures raffinées, les comparses dont elle s'entoure afin d'alimenter sans cesse son grenier à jeunes filles, les cruautés qu'elle administre à des beautés jeunes et vierges la rapprochent de Sade. Mais chez Erzsébéth, il n'y a pas construction délibérée d'une société libertine afin de se livrer à des turpitudes avec des complices d'égale valeur. D'ailleurs, lorsque la comtesse sanglante envisage de rejoindre l'un de ses parents en Transylvanie pour continuer en toute impunité ses exactions, ceci reste à l'état de projet. La mégalomanie cruelle de ce personnage introverti n'a pas d'autre issue que l'immense solitude. Erzsébeth est moins la « Bête », soit cet être vivant au-dessous des humains comme se plaisent à la nommer les villageois de Csejthe, qu'une « sur-femme » délibérément fermée aux sentiments humains : « Entre elle et les autres, même pour l'amour, le fossé n'avait jamais été franchi ». Elle est la grande prêtresse solitaire d'un culte païen cruel et sanglant à l'image du culte de Kali en Inde et de Moloch chez les Carthaginois. Fermée à l'amour mais perméable au plaisir ? Rien n'est moins sûr. Selon Nancy Huston, « les femmes semblent moins obsédées par la mort, et incapables de jouir en étant furieuses ; la colère n'est pas pour elles un stimulant sexuel et le danger ne déclenche pas chez elles un pic hormonal »[82]. Dans la scène où Erzsébet torture Doricza, sa dernière victime, elle crie, rit comme une folle, profère des menaces, en proie à une folie furieuse. Aucun attouchement sexuel, aucune marque de plaisir orgasmique ne sont décrits. Dans l'ensemble du

82. Nancy Huston, *op. cit.*

récit, les tortures savantes sont dispensées sur plusieurs parties du corps mais à aucun moment, le sexe des jeunes filles n'est considéré comme une cible. Il est d'autant plus difficile de déterminer la part des motivations sensuelles et des fins voluptueuses que l'écrivaine hésite sur ce qui motive Bathory : la volupté, le spectacle de la mort, la délivrance d'elle-même, le souci de préserver coûte que coûte sa beauté ? Il est possible de la considérer comme une héroïne érotique seulement si l'on considère que la sorcière, en cherchant à capter les forces primordiales par la préparation de breuvages et des rites sacrificiels, est une figure éminemment érotique. De quel *Éros* parle-t-on ? Sûrement pas de l'*Éros* hédoniste ! Reste que dans ce récit, les scènes sexuelles sont rares. L'érotisme ne fait pas système. De longues digressions nous donnent accès à l'histoire de la Hongrie et situent l'histoire tragique individuelle dans un contexte plus large de féodalité et de lignée marquée du sceau de la dégénérescence. La volupté sadique poursuit en réalité autre chose.

Dans le livre de Penrose, la comtesse apparaît assez peu motivée par la recherche du plaisir sexuel pur au contraire de Rais qui, lorsque le juge Pierre de L'Hôpital l'interroge sur le motif des crimes, répond à plusieurs reprises que ce fut « seulement pour son plaisir et sa délectation charnelle ». Les historiens n'ont pas eu la chance de recueillir les propos même de la comtesse lors du procès puisque celui-ci n'eut pas lieu. Le palatin de Hongrie a préféré qu'elle soit condamnée à la prison à vie dans la chambre de son château plutôt que de la convoquer à un procès en vue d'une condamnation et d'une exécution. Cette absence de témoignages de l'accusée, malgré l'apport de quelques lettres, donne davantage prise à des interprétations fantaisistes sur ses motifs d'autant plus qu'elle est une femme et qu'elle déroge à l'image traditionnelle de la femme, être empathique, non violent, voué par nature à l'affection des siens[83].

Hormis la figure exceptionnelle d'Erzsébet Bathory telle qu'elle est mise en scène dans le livre de Penrose et quelques rares récits aujourd'hui oubliés de l'Histoire littéraire, les premières œuvres féminines de l'*ars erotica*

83. Cf. à cet égard l'adaptation cinématographique du récit de Penrose par Julie Delpy qui motive les exactions de la comtesse par un chagrin d'amour.

tendent à montrer que les femmes ont une propension nette à l'esclavage amoureux volontaire. Comme si elles ne pouvaient aimer sans se soumettre, sans se démettre, sans se mettre en danger. La femme des débuts de l'*ars erotica* féminine n'est pas contre l'homme mais bel et bien tout contre, à ses risques et périls. Même l'inébranlable Claire n'échappe pas à cette pente malgré tous les remparts, provisoires, dont elle s'entoure. Cette posture de soumission est la plus flagrante dans *Histoire d'O*. Elle est sans cesse exemplifiée par le consentement réitéré aux sévices, que ces derniers soient infligés par la foule anonyme dans le cadre d'une sexualité de groupe ou bien par un amant inflexible. Selon Catherine Robbe-Grillet, la femme, « fausse » victime, « sexe bizarre », objet, « n'adore que ce corps écartelé, tour à tour caressé et battu, ouvert à toutes les hontes » et dans le même temps n'a conscience que d'elle-même et jouit de contempler sa propre image. Serait-ce là un geste jusqu'au boutiste de rébellion et un pied-de-nez aux représentations traditionnelles qu'une anti-héroïne comme O ne confirmerait qu'en apparence : « voyez, je suis femme, mon sexe peut tout, voyez ses pouvoirs... » semble chuchoter O entre deux coups de cravache. Les hommes semblent pris à leur propre piège, dépassés par les événements, dans l'incapacité de répondre à la demande absolutiste formulée par la fille amoureuse. Cependant, O tout comme Claire sont de mauvaises élèves de Simone de Beauvoir et des contre-exemples pour l'émancipation des femmes. Beauvoir souhaite l'avènement d'une femme indépendante, qui s'émancipe de la tutelle masculine, maîtrise sa sexualité, ose devenir une Lilith montant de son propre gré sur le corps masculin afin de tirer du frottement des organes la plus grande jouissance. O est la femelle ancestrale qui préfère au contraire rester couchée sous l'homme ou plutôt s'agenouiller devant lui dans une prière « fellatrice » qui sacralise l'inégalité ente les sexes. Même chez les écrivaines qui n'appartiennent pas au versant noir d'*Éros* et ne considèrent pas l'érotisme comme un problème, nous retrouvons cette tendance des femmes à préférer, à l'exercice d'une maîtrise à visée hédoniste, l'abandon dans les bras d'un homme fort. Ainsi en est-il par exemple de l'écrivaine américaine Anaïs Nin. Se définissant comme « sexuellement passive », convoitant le plaisir de l'autre plutôt que le sien, Nin attend de son amant qu'il prenne des initiatives et soit responsable de son propre désir. Au lieu de cela, Henry Miller est un homme passif, cherchant à faire adopter à sa compagne un rôle qui révolte sa féminité : « je suis destinée à être l'amant – moi – quel destin tragique »[84]. Il en est de même du mari, Hugh Guiler, dont la passivité de caractère met l'écrivaine « au supplice »... Dans certains passages de son journal, Anaïs Nin semble rêver d'un abandon amoureux aussi extrême que O, auprès d'un mâle puissant, capable de guider, d'initier et de protéger. Mais dans le même temps, la peur de l'expérience et la crainte de ne plus s'appartenir l'empêchent de céder à cette tentation, une tentation bien envahissante... Y aurait-il donc une propension des femmes au masochisme où le plus haut degré du plaisir dépendrait du plus haut degré d'abandon voire d'asservissement ? Y aurait-il un peu de O dans chaque femme ? Les premières œuvres féminines de l'*ars erotica* font la part belle à l'érotisme masculin avec ses fantasmes guerriers et sa mécanique pornographique bien huilée. Il semble qu'il faille en passer par là comme si les femmes devaient puiser au fond du connu masculin pour trouver leur propre vérité sexuelle. Le récit érotique est aussi un acte de séduction. Séduire, n'est-ce pas amener l'autre vers soi ? La stratégie érotique de Pauline Réage consiste à plaire à son amant en lui racontant un conte de fées pour adultes qui flatte son imaginaire érotique et où il occupe la meilleure place : celle de spectateur privilégié de la joute sexuelle. En visant un homme en particulier, cet exercice de séduction parvient à en convoquer d'autres tant il existe à l'époque un imaginaire érotique masculin commun centré sur l'objectivation cruelle du corps féminin. Et il réussit aussi à interpeller les femmes en reliant de façon inédite le sexe et l'amour, d'où sa puissance d'impact. Cependant, si avec ce coup d'éclat qu'est *Histoire d'O,* l'*Éros* féminin n'est plus au début des années 1950 le grand absent de l'érotisme littéraire, il demeure encore sous tutelle...

84. Anaïs Nin, *Journal de l'amour,* « journal inédit et non expurgé des années 1932-1939 », Paris, LGF, 2003.

(2)

L'érotisme solaire féminin

Histoire d'O est un événement littéraire décisif qui clôt une période particulièrement austère en matière d'érotisme littéraire et donne le coup d'envoi à sa féminisation. Il ouvre une brèche. Point limite de l'*Éros noir*, il est considéré tantôt comme une référence-modèle, tantôt comme une référence-repoussoir par des écrivaines désireuses désormais de mettre elles aussi en mots et en images leur sexualité, réelle ou fantasmée. Parce que le livre de Réage confronte brutalement le féminin et le masculin, le sexuel et le spirituel, un sujet amoral et une écriture pudique, il ne ressemble à aucun autre livre érotique. Produit d'une époque, *Histoire d'O* fournit une belle matière à rébellion pour les auteures en quête de nouveaux modèles identitaires féminins en phase avec les aspirations féministes. D'autres écrivaines préfèrent quant à elles briser les vieux sortilèges amoureux et poser un regard lucide sur les choses de l'amour sans pour autant promouvoir le code érotique. Reste que les femmes qui écrivent, quel que soit leur registre, accordent à l'érotisme une attention croissante.

Au début des années 1950, l'identité féminine ne va plus de soi. Elle est réinterrogée à la lumière notamment de la phrase-clef de Beauvoir « on ne naît pas femme, on le devient » qui introduit une véritable révolution conceptuelle. Pour beaucoup, l'identité féminine constitue un « problème » particulièrement délicat et difficile auquel de nombreux dossiers et articles sont consacrés. Que l'identité féminine soit un « problème » n'est pas nouveau. En effet, au début du XXe siècle, le « problème » féminin est aussi sur le devant de la scène. Cependant, face aux mouvements de femmes naissants, l'image d'un éternel féminin est couvée précieusement. L'Exposition Universelle de 1900, organisée à Paris, consacre l'un de ses pavillons à l'éternel féminin. Le « Palais de la Femme » valorise notamment les arts féminins ainsi que la coquetterie naturelle des femmes. Le féminin, surtout lorsque la figure de la courtisane l'incarne, nourrit alors les fantasmes des hommes de même que l'imaginaire poétique des artistes, des poètes et des écrivains. Dans les années 1950, une démarche volontariste initiée par des intellectuelles, des écrivaines, des journalistes vise à créer de nouveaux modèles, à déconstruire des notions tenues pour évidentes telles que « la féminité », « la virilité », à dissocier le féminin des attributions naturelles qui lui sont traditionnellement attachées : passivité, masochisme, amour, etc. Les femmes semblent reprendre en main leur destin et posent un regard critique sur les discours convenus quant aux rôles sexués. « Ni putes, ni soumises » semblent-elles déjà dire à grand renfort d'arguments à leurs adorateurs et aux misogynes de tout acabit. Ces intellectuelles éclairées ont fort à faire car les modèles classiques féminins ont le vent en poupe dans un contexte qui encourage la natalité et le retour de la femme au foyer. Des images régressives sont abondamment diffusées dans les magazines qui contrarient l'émancipation féminine en marche en proposant des figures de midinettes éplorées, douces, sensibles, rêvant d'un accomplissement domestique auprès d'un maître du logis implacable. Cependant, force est de constater que le statut traditionnel de la femme est remis en cause ainsi que les vieux mythes qui l'innervent. Les certitudes d'hier se muent en interrogations nouvelles…

La nouvelle génération militante influencée par Beauvoir partage deux préoccupations majeures : la réforme des régimes matrimoniaux, alors discriminatoires pour les femmes, ainsi que la libéralisation de la contraception. L'image du bonheur au foyer s'effrite. Le malaise du confinement conjugal est souligné. Le cycle répétitif des grossesses non désirées, la lourdeur des tâches ménagères qui incombent quasi exclusivement aux femmes (ce qui change à menus pas…) et la conscience d'avoir sacrifié ses études ou bien une carrière naissante minent l'image rassurante du bonheur en foyer, de plus en plus envisagé comme un leurre. Si le travail n'est pas un « gros mot », il n'apparaît pas non plus comme le remède à tous les maux. Car il peut aussi accentuer le degré de contrainte. Ce « corset invisible »[1] est douloureusement ressenti par certaines françaises des années 50 confrontées au cumul des obligations et des frustrations. L'heure n'est pas encore à ce concept-phare de l'« articulation des temps de vie », encore moins à l'idée d'une conciliation égalitaire entre le temps professionnel et le temps familial/privé. C'est l'émancipation intime de la femme qui constitue alors l'enjeu fondamental. Car, pour devenir pleinement un sujet libre et responsable, maîtrisant chaque aspect de sa vie, il ne suffit pas de s'engager dans la cité et de gagner son pain par une activité salariée parfois d'ailleurs très mal rémunérée. La maîtrise rationnelle d'un destin librement choisi suppose avant tout la maîtrise de la fécondité, *condition sine qua non* à une vie sexuelle enfin dissociée de ses conséquences irréversibles. Car la perspective de grossesses non voulues ne peut que jeter de l'ombre sur la vie sexuelle des femmes et entraîner une dramatisation de la sexualité en lieu et place du rapport désinvolte promu par l'érotisme masculin. Le fossé est d'ailleurs immense entre l'image utopique d'un érotisme féminin délivré de l'angoisse tel que le met en scène la littérature érotique masculine et le vécu sexuel des femmes. Certes, la gravité n'est pas exempte de l'érotisme littéraire masculin, hanté à l'époque par les passions mortifères. La femme est autrement hantée, par le spectre des grossesses, des accouchements qui la dépouillent de sa force vitale, des enfants à éduquer, etc. Car à quoi sert en effet de singer la « femme nouvelle et libre » des récits de Françoise Sagan, si l'exercice de cette liberté est assombri par la perspective d'une grossesse subie? La libération sexuelle de la femme n'est qu'un vain mot tant que la crainte de l'enfant à venir pèse sur les nuits de la jeune fille amoureuse ou de la femme mariée.

Un grand débat sur la régularisation des naissances est amorcé dans les années 50, préparé par des travaux synthétiques destinés au grand public. Ce débat conduit à la remise en cause notamment par le mouvement protestant, des francs-maçons, des médecins et le milieu enseignant, de l'abusive loi du 31 juillet 1920 qui interdit l'avortement, l'usage des contraceptifs et toute propagande anticonceptionnelle. Grâce à l'action militante de la « Maternité heureuse » qui deviendra plus tard le « Mouvement pour le

1. Eliette Abécassis, Caroline Bongrand, *Le Corset invisible*, Paris, Albin Michel, 2007.

planning familial » [2] et à ses divers réseaux de soutien, la campagne amorcée en 1956 en faveur de l'usage légal des contraceptifs comme moyen de lutte contre l'avortement aboutit le 28 décembre 1967 à la loi Neuwirth. Celle-ci abroge les articles 3 et 4 de la loi de 1920 réprimant la propagande anticonceptionnelle. Cependant, l'avortement demeure toujours illégal. Grâce à ce débat, la maternité est de moins en moins pensée comme une fatalité biologique. L'être féminin ne se confond plus nécessairement avec sa vocation maternelle. Il y a là un désengagement progressif des femmes par rapport aux déterminations naturelles qui rythment leur « destin ». Une brèche est ouverte. Si la femme peut enfanter, elle peut aussi désormais s'adonner à la sexualité pour elle-même, c'est-à-dire pour les gratifications physiques qu'elle procure, rupture radicale dans l'histoire des femmes. Fruit d'une éducation répudiant les plaisirs de la chair, l'incapacité des femmes à accéder à la jouissance était quelque peu admise. Son plaisir était jusqu'alors soit nié, soit interprété comme une réplique en mineur de celui de l'homme, comme un écho faible de la puissance désirante masculine. « Petite » sexualité heureusement compensée par les joies de la maternité ! Face à la révolution intime que constitue le droit des femmes à disposer de leur propre corps, les défenseurs du « dessein divin » de la femme crient au scandale. Il leur est déjà difficile d'admettre qu'une femme puisse sortir de chez elle, travailler, gérer elle-même son compte, acquérir l'indépendance économique et la liberté de mouvement qui la soustraient à la mainmise du mari et de ce fait la rendent accessible au désir des hommes. Les tenants de la morale sont inquiets, terrifiés même pour certains par le spectre d'une flambée d'érotisme. Ils imaginent avec horreur la femme mariée allant le cœur en joie et le corps en feu sur son lieu de travail et frottant son être de chair aux hommes qui croisent son chemin, la femme mariée ravalée à une bête de luxure, se livrant à toutes sortes de turpitudes. Abstinence et méthodes naturelles, voilà les propositions alternatives des curés de tout acabit ! Les communistes ne valent pas mieux et dissimulent leur inconfort moral sous l'argument démographique : le risque d'un déficit de bébés français, vivier futur du combat révolutionnaire. Selon eux, une trop grande liberté amoureuse fait perdre de vue le grand enjeu collectif. Pourtant,

2. Mouvement français pour le planning familial, *Liberté, sexualités, féminisme*, Paris, La Découverte, 2006.

ces tenants d'une morale traditionnelle auraient dû être rassurés. Le culte d'*Éros* n'était pas encore d'actualité. Leur crainte est en effet disproportionnée par rapport aux aspirations effectives des défenseur-e-s du droit à la conception. Car le but poursuivi est moins d'inciter les femmes à vivre pleinement leur sexualité qu'à créer un nouvel équilibre au sein du couple *via* la possibilité d'espacer les naissances. Même si certaines intellectuelles déplorent l'inégalité de la pratique amoureuse entre les hommes et les femmes, elles ne font pas du droit à la contraception un droit érotique strictement individuel, dégagé de tout devoir familial. Ainsi, Colette Audry intègre la lutte pour l'émancipation sexuelle féminine dans la lutte plus globale en faveur de la libération des deux sexes[3]. C'est le sort de la famille tout entière et du couple qui est en jeu non le bonheur sexuel de l'individu féminin. Les valeurs familiales l'emportent sur les valeurs individualistes...

Et puis les femmes sont loin d'avoir renoncé à leur vocation maternelle. La maternité reste difficilement envisageable en dehors du lien sacré du mariage et la féminité érotique difficilement séparable du vécu conjugal. Le bonheur domestique plus que le désordre des sens reste le rêve féminin par excellence. Pour satisfaire leurs sens, les femmes ont moins recours à la rencontre érotique spontanée au coin de la rue qu'aux ressources imaginaires des romans-feuilletons[4]. *Belle de Jour* ne fait pas rêver les femmes. Le code sentimental de l'amour reste le principal vecteur des émotions érotiques. La presse féminine n'encourage pas la liberté sexuelle des femmes, considérée comme dangereuse. À l'amour libre, est préféré l'idéal d'un amour réciproque, durable et légitime délivré de l'angoisse de l'enfant non désiré. Les nouvelles aspirations érotiques des femmes émergent sur un fond de vieux mythes tenaces et de pratiques séculaires qui empêchent la revendication d'un véritable droit érotique individuel. La liberté amoureuse et sexuelle des femmes reste encore un bastion à conquérir. Reste que le tabou est levé. Le questionnement peut désormais favoriser certains « désancrages ». Face à l'intérêt contemporain pour

3. Colette Audry, « Le parti communiste et la maternité contrôlée », *Les Temps Modernes*, juin 1956, p. 1889 ; « Dix ans après le *Deuxième Sexe* » *in* « La Française d'aujourd'hui », *La Nef*, octobre-décembre 1960, n° 4, p. 127.
4. Joseph Kessel, *Belle de jour*, Paris, Gallimard, 1928 (1re éd.), adaptation cinématographique : Luis Buñuel, *Belle de jour*, 1967.

le « problème » féminin, à la dissociation en marche entre sexualité et procréation, à la tension que suscite la cohabitation des vieux schémas rassurants et des nouvelles perspectives égalitaires, l'érotisme féminin ne peut plus être seulement imaginé à travers le prisme masculin de l'assujettissement sexuel des femmes. Il devient peut-être désormais possible d'envisager un rapport ludique, joyeux, décomplexé à la sexualité, de libérer les consciences en même temps que les corps, en tout cas, d'apporter un certain vent de légèreté.

***

De nombreuses œuvres féminines des années 50 rendent compte d'un nouveau regard porté sur l'érotisme des cœurs : regard critique, lucide, sans complaisance. Après des siècles de complicité culturelle avec le code sentimental de l'amour, les femmes s'en détachent peu à peu. À plusieurs reprises, au cours du XXe siècle, l'avant-garde intellectuelle réglait la question de l'amour en évacuant tout bonnement sa source d'inspiration : les femmes. Par exemple, le mouvement futuriste considérait que parce que les femmes suscitent le désir et l'amour, elles doivent à ce titre être éloignées de l'homme afin que ce dernier se consacre exclusivement aux valeurs guerrières[5]. La luxure et le sentiment, apanage des femmes, étaient alors rejetés avec le même geste méprisant et destructeur. Désormais, ce sont les femmes elles-mêmes qui veulent s'attaquer au « problème » amoureux et trouver une alternative à une dépendance émotionnelle nuisible à leur émancipation voire à la démission de leur être dont O est le symbole par excellence. Elles ne veulent plus souffrir par amour.

La littérature féminine postérieure à *Histoire d'O* s'attaque à deux mythes : non seulement à l'amour passionnel – en cela, les écrivaines prolongent le mouvement de désacralisation initié par Rémy de Gourmont, Freud, Denis de Rougemont, Claude Elsen, etc. – mais aussi au mythe

5. On le sait encore aujourd'hui à la faveur de ce préjugé selon lequel un sportif se doit de ne pas faire l'amour avant une compétition afin de préserver sa force ou des réactions suscitées par la présence non souhaitable des compagnes des joueurs lors de la coupe du monde de football. Le sportif, guerrier des temps modernes, est appelé lui aussi à s'éloigner momentanément de l'attrait du féminin.

de la femme-objet, en vigueur dans l'érotisme littéraire et à l'œuvre dans la culture de masse naissante. Un érotisme d'appât, réduit à la séduction pure des signes érotiques, se diffuse dans le cinéma et la publicité. Les stéréotypes féminins se diversifient à travers divers types modernes. Après les « avatars de la Garce[6] » dont l'érotisme glacé révélerait la frigidité, le cinéma promeut la « baby-doll » ainsi que la « good-bad girl », « étonnante synthèse » entre « la pureté d'âme » de la femme amoureuse et l'intensité érotique de la prostituée[7]. Dans ce nouveau « grand archétype féminin moderne », le sentiment se mêle au sexe sur un mode bien plus édulcoré qu'*Histoire d'O* où est poussée à l'extrême la synthèse de la prostituée et de la grande amoureuse. Les auteurs féminins refusent désormais de souscrire à ces deux mythes un peu essoufflés. L'idéalisme amoureux, fine fleur de la civilisation, comme la servitude sexuelle sont repoussés car dans l'un comme dans l'autre, les femmes n'y trouvent pas leur compte, ne s'y reconnaissent pas. Car ce sont des mythes conçus par des hommes désireux tantôt de préserver une image désincarnée de la femme, tantôt de la ravaler au rang de bête luxurieuse au service des appétits masculins. Baudelaire d'ailleurs a su magistralement mettre en mots ces deux volets du féminin *via* un amour angélique d'une part et un amour luxurieux d'autre part.

La volonté de forger de nouveaux modèles, de donner forme à de nouvelles aspirations, de prendre part au débat sur l'émancipation des femmes entraîne une affluence d'écrivaines, affluence attribuée pour certain-e-s à une stratégie médiatique. La condition féminine, fond de commerce des éditeurs ? Elle est en tout cas d'une brûlante actualité. La presse commente non un événement exceptionnel et singulier mais un véritable phénomène collectif soit l'avènement d'une nouvelle famille d'écrivaines concourant à un objectif commun par le recours à des moyens identiques : explorer les zones troubles de la vie jusque-là réservées à l'investigation masculine. Cette littérature féminine contemporaine se distingue par sa liberté de ton, son immoralité avouée, l'audace des situations exploitées, sa terrible lucidité. Car les auteures écrivent moins des romans d'amour que des livres sur l'amour ou « contre l'amour ». Elles interrogent ses mécanismes,

6. Georges Legman, « Avatars de la garce », *Les Temps Modernes*, août 1950, n° 58.
7. Edgar Morin, « La promotion des valeurs féminines », *La Nef*, octobre-décembre 1960, Cahier n° 4, p. 85.

révèlent ses dessous, démontent ses faux-semblants. Aux mouvements du cœur, elles préfèrent désormais la liaison des sens. Par exemple, l'héroïne de Françoise Sagan, Cécile, revendique son goût de la liberté et du plaisir procuré par des amours sans lendemain : « Cette conception me séduisait : des amours rapides, violentes et passagères. Je n'étais pas à l'âge où la fidélité séduit »[8]. Ancré dans le réel, profondément lucide, cherchant à vivre ses premiers émois sexuels en dehors de toute tutelle, le personnage de Cécile bouleverse l'image lisse de la jeune fille de bonne famille et propose un nouveau modèle de comportement féminin libre mais irresponsable. Chez de nombreuses écrivaines de l'époque, le mythe de la passion mystique et fatale, si séduisant pourtant pour les caractères fascinés par les destins romantiques, a vécu. Délivré de sa pesanteur tragique, l'amour est délivré dans le même temps de sa valeur sacrée. Mieux vaut se livrer à l'examen minutieux des réalités amoureuses contemporaines et s'adonner au plaisir physique, matériel et tangible, plutôt qu'à une abstraction poétique ! La nouvelle Ève se veut une héroïne lucide et libre mais apparaît surtout comme une femme non liée, en mal de repères affectifs et moraux, tiraillée entre des aspirations contradictoires et, par conséquent, peu encline au bonheur. La souffrance psychologique transparaît notamment à travers la « tristesse » des héroïnes de Sagan, la solitude de *La Femme rompue*[9], l'étouffement de la « mal mariée » en quête de délivrance des *Stances à Sophie*[10]. Cette autre forme du désespoir diffère de l'amour réciproque malheureux dont l'issue tragique trahit le refus du bonheur amoureux et l'attirance pour la mort. Il contraste de même avec l'optimisme hédoniste promulgué officiellement et diffusé par la culture de masse. Celle-ci est au début des années 1960 plutôt souriante et transforme le bonheur en impératif catégorique. C'est dans ce contexte que Beauvoir, Christiane Rochefort et Claire Etcherelli[11] mettent en scène des héroïnes pour lesquelles la réalité ne va plus de soi, qui se débattent dans des situations inextricables. Douloureux, ces livres témoignent de la difficulté existen-

8. Françoise Sagan, *Bonjour tristesse*, Paris, Julliard, 1954, p. 18.
9. Simone de Beauvoir, *La Femme rompue*, Paris, Folio, Gallimard, 2000. Cf. aussi Anne Ophir, *Regards féminins. Condition féminine et création littéraire*, Paris, Denoël/Gonthier, 1976.
10. Christiane Rochefort, *Les Stances à Sophie*, Paris, Grasset, 1963.
11. Claire Etchelli, *Élise ou la vraie vie*, Paris, Denoël, 1967.

tielle commune aux femmes et aux hommes de vivre dans une société moderne, de plus en plus industrialisée, envahie de « belles images », en perte de signification. Ils rendent compte tout spécialement de la difficulté qu'ont les femmes à se détacher des affiliations traditionnelles afin de profiter d'une liberté somme toute moins enivrante qu'angoissante. Désormais, les auteures se livrent à un examen critique de la société à partir de leur condition d'être concret singulièrement situé. L'adhésion à un univers féminin traditionnel, structuré et soigneusement délimité, où chacune est à sa place, laisse place à état de crise, de révolte ou de flottement. Le ton est tantôt désabusé, tantôt révolté. Dans les récits de Sagan, qui marquent selon Robert Poulet l'avènement du « roman-jeune fille[12] », l'analyse lucide des rapports humains offre une vision désenchantée des relations entre les femmes et les hommes. L'homme est un être faillible qui ne mérite plus d'être adoré comme un Dieu, l'amour est voué inexorablement à l'échec, l'étreinte charnelle est un remède à l'ennui, un divertissement pascalien, une compensation décevante. Même les intellectuels ayant désacralisé le thème amoureux déplorent que les romancières s'attaquent à ce dernier car par tradition, les femmes incarnent les valeurs sentimentales et passionnelles, d'où le désarroi de la critique masculine...

L'idéal d'un amour réciproque, durable, légitime et délivré de l'angoisse est très peu concrétisé dans les œuvres féminines de cette période. Ce sont plutôt les mal mariées qui sont légion. Le mythe de Grisélidis[13], l'héroïne la plus connue du *Décaméron* de Boccace, retrouve un nouveau souffle. Grisélidis est la femme obéissante qui accepte, en s'armant de patience et d'une fidélité sans faille, de se soumettre à diverses épreuves imposées par son mari afin que ce dernier évalue son mérite : « Grisélidis jura devant l'autel à son seigneur et maître de l'aimer et de l'honorer, de ne lui jamais faillir et de toujours lui obéir. »[14] Elle est le symbole de la soumission féminine et ses efforts ne seront jamais payés de retour. Par ce biais, les écrivaines dénoncent la servitude féminine au sein du mariage. Par exemple, le personnage beauvoirien de *La Femme rompue* réactive ce mythe. Épouse

12. Robert Poulet, « Romanciers et surtout romancières ne nous parlez plus d'amour », *Carrefour,* 5 avril 1961, p. 23.
13. Évelyne Sullerot, *Histoire et Mythologie de l'amour : Huit siècles d'écrits féminins,* Paris, Hachette, 1974, p. 14.
14. *Ibid.*

aimante, mère dévouée, ayant sacrifié sa carrière pour faire un mariage d'amour, Monique se trouve soudainement confrontée à l'adultère de son époux, à la séparation et à la solitude. Son journal intime révèle un apprentissage difficile de la lucidité. Monique voit clairement l'échec de son mariage et s'obstine à s'aveugler sur ses raisons. L'héroïne de Christiane Rochefort est autrement plus révoltée. Dans *Les Stances à Sophie*, l'auteure dénonce les mécanismes d'envoûtement et de manipulation amoureux dont les femmes sont victimes. L'amour est défini comme un « champ de manœuvres » qui assujettit l'être féminin. Car loin d'être un allié, l'amant et futur époux est le produit d'une société qui assure son bon fonctionnement sur un certain degré d'assujettissement des femmes. Il fait croire à la femme qu'elle est faite avant tout pour être aimée. Il lui propose un idéal trompeur, comparé ironiquement par l'auteure au « Carmel ». Dans ce récit, ce n'est pas la femme qui porte un message d'amour mais l'amant : « Il y a pourtant dans l'abandon total à l'amour que tu refuses si farouchement de grandes joies. »[15] Là où l'amant voit le summum du bonheur, la femme y décèle un risque de dépossession de soi.

La déception conjugale pourrait entraîner la femme à rechercher les joies de l'amour dans l'adultère au nom de cette belle nostalgie passionnelle que Denis de Rougemont analyse dans *L'Amour et l'Occident*[16]. Cependant, grande nouveauté par rapport aux siècles précédents : la promesse romanesque ne réside plus dans l'adultère lyrique et ses conséquences le plus souvent tragiques mais dans l'indépendance, la séparation radicale avec l'autre et surtout le divorce ! C'est ce que met particulièrement en évidence *Les Stances à Sophie*, roman d'une liberté choisie contre l'aliénation du mariage :

> Il s'agit d'un roman de désapprentissage du mariage, exaltant le renoncement effectif et définitif à cette part de la féminité qui aspirerait encore à la stabilité du lien matrimonial, à l'ordre traditionnel des états de femme.[17]

15. Anne Ophir, *op. cit.*, p. 119.
16. Denis de Rougemont, *L'Amour et l'Occident*, Paris, Plon, coll. « Présences », 1939 et *L'Amour et l'Occident*, Paris, Plon, 1972 (édition définitive).
17. Nathalie Heinich, *États de femmes*, Paris, Gallimard, 1996, p. 312.

Parallèlement au désapprentissage du mariage, il y a aussi le refus en amont de tout contrat marital. Certaines héroïnes sont de toutes jeunes femmes qui refusent d'emblée cette expérience traditionnelle, préférant une vie sexuelle libérée ou bien la fréquentation d'un groupe d'ami-e-s. Surtout, c'est l'amour comme emprise, comme illusion, comme « piège » qui est refusé. Pour de nombreuses auteures, quelle que soit sa forme officielle ou officieuse, l'amour entraîne une démission de l'être féminin et entrave son accès à l'autonomie. Mais comme il est dans le même temps difficile de se passer complètement des délices amoureux, le lien avec l'autre peut être assoupli en des relations contingentes, éphémères, sans grande conséquence. Dans ce cas de figure, l'individu, au lieu de perdre son temps et son énergie à rechercher sa deuxième moitié, demeure un être discontinu. C'est ce que montre déjà Colette en 1910 dans *La Vagabonde* où la solitude défensive – « se garder contre tous ! » – devient une solitude pleinement assumée mais qui a un prix, le renoncement à l'amour :

> Elle construit son renoncement à l'acte d'amour, d'où elle tire la force de son nouveau moi. Elle ne se laisse désormais ni abuser ni entraver, elle est enfin pleinement la vagabonde, c'est-à-dire celle qui échappe à qui veut la fixer.[18]

L'ultime désir de *La Vagabonde* est de posséder les beautés du monde par le regard. Colette était une écrivaine gourmande du monde, à l'affût de ses parfums, de ses couleurs, de ses gens. Il y avait chez elle, soigneusement cultivée, une érotique de la sensation et une gourmandise sensuelle qui compensaient le désenchantement amoureux. Cette réappropriation heureuse du monde par un regard et un corps féminins qui donne matière à l'écriture fait défaut dans la plupart des livres de femmes des années 50. La solitude née d'une liberté choisie aboutit plutôt au sentiment de vide et de néant ce que la voie érotique comble difficilement…

***

18. Hélène Ferrier-Caverivière, préface à *La Vagabonde*, Paris, Albin Michel, 1990, Poche n° 283.

Les écrivains masculins ont longtemps été les seuls habilités à parler de sexe. Ils sont les principaux détenteurs du discours théorique en matière d'érotisme. Là encore, de même que dans les œuvres fictionnelles, la femme est pensée davantage comme l'objet premier du plaisir masculin plutôt que comme partenaire privilégiée de la joute érotique. Tout change à l'aube des années 1950. Quelques intellectuelles osent se confronter à la question sexuelle et explorer leur continent noir avec toutes les armes de la raison. À cet égard, on ne peut évidemment pas faire l'impasse sur une référence devenue classique et pionnière en son temps : *Le Deuxième sexe*. Ce livre décisif dévoile, sans gaze, l'origine du monde. Tandis que le *Rapport Kinsey*, publié en France en 1948[19], s'intéresse à la sexualité des hommes et que l'érotisme littéraire est passé au tamis de la fantasmatique masculine, le livre de Beauvoir s'intéresse à la sexualité des femmes et notamment à leur douloureuse accession à la sexualité. Nul besoin de revenir sur l'immense scandale déclenché par cet essai majeur et sur les propos misogynes les plus éculés sur la personne de son auteure. L'œuvre qui en a choqué plus d'un, en raison notamment de la transparence avec laquelle Beauvoir (une femme!) traite du sexe, a été considérée à tort comme une lecture érotique voire pornographique par ses nombreux détracteurs. Loin de Beauvoir de vouloir viser un tel effet! Appréhendé par Beauvoir, l'*Éros* féminin fait plutôt pâle figure. Plutôt qu'un destin érotique heureux, Beauvoir décrit un itinéraire sexuel semé d'épines, lourd de frustrations et d'entraves. La jeune femme vit en effet des débuts érotiques difficiles. Elle n'a rien de la Juliette sadienne qui commence tambour battant sa vie sexuelle. En proie au conflit intérieur, la « débutante » doit négocier une agressivité sexuelle innée issue de l'enfance et une propension naturelle à la passivité. Sa conception en matière sexuelle n'est guère attractive et dissuaderait toute jeune fille innocente de se lancer dans une telle aventure! Plutôt le Carmel que ce chemin jalonné d'embûches? Non car le grand mérite de Beauvoir est de faire de l'épanouissement érotique de la femme un enjeu décisif au même titre que son indépendance économique. Selon elle, l'égalité entre les hommes et les femmes doit franchir le seuil de l'alcôve. Beauvoir n'oppose pas la sphère sociale au sein de

19. Cité par Jean-Jacques Pauvert, « De Eisenhower à Emmanuelle », dans *Anthologie historique des lectures érotiques*, *op. cit.*, p. 351.

laquelle il est possible d'agir et la sphère privée sourde aux changements. C'est sous les draps que les femmes doivent s'émanciper, conquérir leur dignité de sujet, acquérir une maîtrise consciente de leurs désirs. Ce n'est pas l'abandon béat à la volupté qui est encouragée mais bien plutôt la lutte contre les tendances naturelles qui placent la femme en position subalterne. La passivité est une fatalité originelle que Beauvoir invite à surmonter. Tout est à conquérir. Et il revient aux femmes d'atteindre par cet esprit de conquête un épanouissement « normal » et heureux de leur sexualité. En lieu et place du rapport érotique inégalitaire théorisé et mis en scène par les écrivains masculins de l'époque, Beauvoir invite les femmes à instaurer un rapport de réciprocité dans un climat d'amour, de tendresse partagée et de sensualité. Le code sentimental de l'amour est érigé en composante essentielle d'une rencontre érotique positive. Dans le même temps, Beauvoir enjoint les femmes à devenir plus offensives dans leur vie sexuelle, à ne pas attendre passivement le plaisir charnel, à « viriliser » leurs comportements en prenant des initiatives. Est-ce à dire que Beauvoir souhaite que chaque femme devienne une maîtresse accomplie et serve la quête hédoniste des hommes ? En réalité, l'injonction de Beauvoir est bel et bien au service des femmes : celles-ci sont invitées à se ressaisir, à exercer leur conscience libre au sein même d'un acte qui a tendance à les fragiliser, à les déposséder, à les aliéner en les cantonnant à une attitude contemplative. Grâce à Beauvoir, la conception machiste portée par la psychanalyste Hélène Deutsch qui réduit la femme à un ensemble de caractéristiques biologiques et psychologiques figées (passivité, masochisme, narcissisme)[20] est malmenée. Accepter l'idée d'une différence des sexes irréductible sans chercher à la dépasser ne peut que servir ceux qui souhaitent mettre sous tutelle la gent féminine. Mieux vaut prôner pour l'heure un certain alignement du féminin sur le masculin. Ce n'est pas encore le temps d'une approche positive de la différence des sexes... L'homme est perçu comme un loup pour la femme dont la féminité est une construction culturelle interprétée à tort par le commun des mortels et des mortelles comme un destin biologique.

20. Hélène Deutsh, « Le Masochisme féminin », dans *La Psychologie des femmes*, Paris, PUF, coll. « Quadrige », 1987, t. I., « Enfance et adolescence », chapitre VII, p. 207-239.

Malgré tout ce qui les sépare, *Histoire d'O* est au domaine fictionnel ce que *Le Deuxième Sexe* est au domaine théorique : une référence pionnière qui met en question l'intime et nécessite d'autres réponses. L'essai de Beauvoir suscite d'autres contributions théoriques chez les écrivaines et intellectuelles de cette période charnière. *Le Complexe de Diane*[21], aujourd'hui presque oublié, prend directement position par rapport à la thèse développée dans *Le Deuxième Sexe.* Amie de Beauvoir, militante féministe, écrivaine, Françoise d'Eaubonne propose dans son livre une éthique sexuelle plus attrayante mais encore chargé d'adhérences traditionnelles. D'Eaubonne revalorise l'*Éros* féminin et cherche à déculpabiliser la chair. Cet « optimisme », conscient néanmoins des combats féminins qui restent à mener, ne puise pas son origine dans un vécu privilégié. Marquée par une « chienne de jeunesse » comme elle le dira elle-même, D'Eaubonne développe très tôt un regard aiguisé, critique et militant sur le monde. Elle assiste d'abord en témoin impuissant aux effets physiques désastreux de la première guerre mondiale sur son père atteint par les gaz dans les tranchées, à l'arrivée des républicains espagnols en exil et au retour des rescapés juifs à la Libération. Puis elle s'engage au sein du Parti communiste français avant de co-fonder en 1971 le Front homosexuel d'action révolutionnaire. A l'heure où la question sexuelle féminine est encore taboue, D'Eaubonne la considère comme fondamentale. Déjà, en 1949, dans *Le Figaro littéraire,* en réponse à une enquête initiée par Mauriac sur le caractère nocif ou pas de l'érotisme, D'Eaubonne avait condamné le caractère dépassé de la terreur de la chair sans pour autant souscrire à toutes ces « histoires de pénis » qui occultent selon elle l'essentiel. Fort de sa suprématie intellectuelle, Mauriac avait alors réprimandé cette « petite fille émancipée » qui osait dire en public des « gros mots »[22]. Il en ferait sans doute aujourd'hui de même pour *Fifty Shades of Grey*...

L'un des grands mérites de Françoise D'Eaubonne à une époque où il n'est pas de bon ton pour une femme de parler de sexe est de dénoncer l'archaïsme d'une morale tout entière axée sur la notion de Faute. Il est

21. Françoise d'Eaubonne, *Le Complexe de Diane,* Paris, Julliard, 1951.
22. François Mauriac, « Demande d'enquête », *Le Figaro Littéraire,* 4 juin 1949 ; « Notre enquête près de la jeunesse intellectuelle : conclusions », *Le Figaro littéraire,* 6 août 1949, n° 172, p. 1-3.

légitime selon elle que les femmes se réalisent au double plan social et amoureux. Au plan social, l'essayiste invite les femmes à adopter un comportement actif et un mode de penser viril. Puisque ce sont les hommes qui dominent le monde, mieux vaut que les femmes s'adaptent au monde masculin et cultivent leur *animus*. Il faut donc que les femmes partent à la conquête de l'univers social d'où elles ont longtemps été exclues. Ce comportement actif en société n'est pas à reproduire dans le champ de l'intimité mais est censé compléter de la plus heureuse façon leur érotique singulière. Contrairement à Beauvoir, D'Eaubonne n'invite pas les femmes à bousculer leur pente « naturelle » en virilisant leurs comportements. Tandis que Beauvoir insufflait l'esprit de conquête jusqu'au fond du lit conjugal, D'Eaubonne s'arrête sur le seuil de la chambre à coucher. Il existe une féminité naturelle qu'il s'agit non pas de contrarier mais d'assumer dans la sphère de l'intimité sexuelle. Il n'est pas inconciliable pour une femme d'être pleinement active dans sa vie professionnelle et de s'abandonner érotiquement à l'homme qu'elle aime. L'erreur de Beauvoir est de vouloir que la femme soit un sujet actif en pleine possession de ses moyens jusque dans sa vie sexuelle où on n'a que faire des catégories figées qui structurent la vie sociale. Il est même mesquin de vouloir acquérir une maîtrise là où elle n'a pas lieu d'être. Car l'abandon érotique est la condition même de la jouissance féminine. Au contraire, lorsque la femme contredit sa différence originelle en étant plus offensive, elle perd son potentiel de jouissance. À l'heure où l'idéal de performance érotique touche les deux sexes, où les femmes sont invitées à devenir des maîtresses accomplies maîtrisant toutes les subtilités de l'art sexuel[23], la pensée de Françoise D'Eaubonne peut sembler à première vue comme plus datée que celle de Beauvoir. Car elle fait reposer le bonheur érotique féminin sur des caractéristiques « innées » comme la propension naturelle des femmes à la passivité sexuelle. L'érotique féminine est selon elle une érotique singulière qui échappe, hormis le masochisme, à toute démarche volontariste. Les termes mobilisés sont révélateurs de la persistance d'une approche passée de mode du rapport entre les sexes. La femme agissante, indépendante, conquérante, demeure dans l'intimité un objet de désir et la servante de l'espèce. La vie sociale et la vie privée n'obéissent pas aux mêmes lois. Ce

23. Gérard Leleu, *L'Homme (nouveau) expliqué aux femmes*, Paris, Leduc. S Éditions, 2006.

qui est conçu dans la vie sociale comme une hiérarchie inégalitaire entre les sexes contre laquelle il faut s'armer de toutes ses forces est perçu dans la vie privée comme une différence favorable au sexe féminin. Mais dans le même temps, elle fait de l'expérience érotique une dimension heureuse de l'existence et prête à la femme une capacité de jouissance supérieure. En cela, D'Eaubonne pose les jalons d'un *Éros* moderne, hédoniste et féminin. En réalité, la passivité est moins à comprendre comme une invite à un corps atone que comme une réceptivité charnelle à l'égard d'un amant librement choisi et doté de l'expertise amoureuse nécessaire à un bonheur sexuel partagé.

La passivité telle que l'entend D'Eaubonne n'est donc pas à confondre avec le masochisme qui est au contraire à combattre car il est une « perversion » menaçant encore la vie quotidienne de la femme adulte et non la prétendue « clef de voûte » de la sexualité féminine. Cependant, développée en 1951, la pensée de D'Eaubonne en matière sexuelle a ses limites. La peur de la puissance dévastatrice d'*Éros* domine encore sa pensée, *Éros* étant une force asociale qu'il faut dompter. Surtout du côté des femmes non enjointes à devenir complètement décomplexées dans leur vie sexuelle. Un zeste de pudeur est au contraire le bienvenu. Deux écueils seraient à éviter pour que les femmes se réalisent sexuellement : l'inhibition et le dépouillement de toute réticence instinctive. La bonne mesure entre pudeur et audace sexuelle semble être la condition d'un bon érotisme et ce, d'autant plus que la femme, dotée d'un potentiel orgasmique supérieur, peut se laisser détourner de plus nobles tâches. La juste mesure prônée par D'Eaubonne n'est pas sans rappeler les discours de l'époque à l'œuvre dans les écrits féministes et les magazines féminins pour lesquels la maîtrise de la sexualité par les femmes doit générer un meilleur équilibre dans le couple et non pas du libertinage. La différence est que D'Eaubonne craint moins le désordre des sens que l'emprise de la satisfaction sexuelle et du bonheur amoureux. La mainmise amoureuse peut détourner la femme des justes combats grâce auxquels elle peut se dépasser et conquérir son statut plein d'être humain. La femme amoureuse est donc à elle-même sa propre ennemie et loin de menacer les activités de son compagnon, ce sont ses propres conquêtes, sociales et économiques, qui sont compromises par la douceur d'aimer. Héritière de la pensée marxiste, D'Eaubonne ne perd pas de vue que ce sont les modifications du cadre socio-économique qui permettront à la femme de devenir un être humain pleinement actif, indépendant et ne recherchant plus chez l'homme que des gratifications affectives et sexuelles. Seul un cadre socialiste donnera naissance à une nouvelle morale sexuelle favorable aux femmes. Car à partir du moment où les femmes pourront s'assumer socialement comme des êtres à part entière, où la société les déchargera de certaines contraintes, les femmes attendront des hommes, en lieu et place des avantages sociaux et économiques, rien d'autre qu'un épanouissement érotique et psychique.

Une autre écrivaine a l'audace de contrarier de façon significative Beauvoir vingt ans après la parution du *Deuxième Sexe* et ce, dans un essai dont le titre affiche d'emblée une mise à distance critique : *Le Malentendu du deuxième sexe*[24]. Au contraire de la « mère spirituelle » Beauvoir et de sa devancière D'Eaubonne, Suzanne Lilar développe une pensée réconciliatrice de tendances antagonistes. Prôné par Beauvoir, malmené chez D'Eaubonne, l'alignement du féminin sur le masculin est complètement décrédibilisé chez Lilar. Ceci n'est pas à première vue une prise de position exceptionnelle. En effet, nous sommes à l'heure où la pensée purement égalitaire s'essouffle, où la différence entre les femmes et les hommes est revalorisée, moins pour légitimer les servitudes anciennes que pour affirmer l'existence positive du féminin, présent en chacun de nous y compris chez les hommes… Lilar récuse à la fois le féminisme égalitaire de Beauvoir et l'image d'Épinal de l'éternel féminin. Ni réductible à ses ovaires, ni asexuée, la femme est à saisir dans sa double dimension humaine et sexuée. Chez Lilar, l'être humain précède l'être sexué. L'humanité de la femme ne fait donc pas l'objet d'une conquête à mener. Elle est le point d'ancrage et le préalable nécessaire à toute entreprise ultérieure. Elle préexiste à l'identité sexuée. De plus, les composantes sexuelles se répartissent chez un même individu en traits masculins et féminins, d'où un élargissement à une triple dimension structurante : humaine, féminine, virile. Lilar se montre réfractaire à l'antique séparation entre masculin et féminin qui, selon elle, fonde leur opposition et l'inégalité traditionnelle. La cloison entre privé et social, masculin et féminin, est abolie chez Lilar. Il faut au contraire relier et syn-

24. Suzanne Lilar, *Le Malentendu du deuxième sexe*, Paris, PUF, 1969.

thétiser « tous les éléments de l'amour, du sexe, du sentiment, de l'esprit » qui « mettent en jeu les énigmes de la vie et de la mort, de la chair et de l'esprit, de la perdition et du salut »[25]. Lilar se situe à égale distance de la négation de la différence entre l'homme et la femme et d'une réduction de la femme à son être sexué. Afin de dépasser la différence sans pour autant la nier, Lilar a recours au concept de bisexualité. Sa thèse s'appuie sur les dernières recherches en sciences naturelles et anticipe sur les découvertes scientifiques ultérieures qui confirmeront l'existence d'une bisexualité hormonale et psychique. La féminité que Lilar restitue et revalorise n'est pas une féminité originelle qui définit la totalité de l'être. Il y aurait plutôt un conditionnement biologique partiel dû aux gênes, une féminité donnée certes avec le sexe, représentée dans chaque cellule de la personne de sexe féminin mais qui ne l'affecterait qu'en partie. Cette conception laisse donc une belle marge de manœuvre à une démarche volontariste tout en faisant la part au déterminisme biologique. Il s'agit là d'une position à mi-chemin entre l'idée d'une fatalité biologique et celle d'une liberté mythique. La pensée de Lilar, au lieu d'être mise au service d'un matérialisme hédoniste, sert un arrière-plan métaphysique. Elle accorde en effet une valeur sacrée à l'expérience érotique. Très critique envers l'érotisme masculin qu'elle juge volontiers pauvre et obscène, Lilar prône une érotique réconciliatrice des forces opposées et motivée par l'amour car : « si le sexe donne son sens à l'amour, c'est l'amour qui donne son sens au sexe dont il vient combler la division et effacer l'antagonisme. Les séparer, c'est priver *Éros* de ses implications essentielles. »[26]

Ainsi, après une période de fondation d'un féminisme moderne, égalitaire et hostile à l'enfermement des femmes dans le « biopsychologique », Lilar perpétue la croyance en l'existence d'un ensemble de lois de fonctionnement qui informent en partie l'attitude érotique féminine. En cela, elle rejoint la tendance de ses contemporains à vouloir combler l'écart entre culture et nature. Cependant, à l'heure où les valeurs passionnelles et amoureuses sont discréditées au profit des valeurs érotiques, où l'orgasme est appréhendé comme un facteur de libération individuelle, la pensée

25. *Ibid.*, p. 264.
26. *Ibid.*, p. 253.

de Lilar apparaît quelque peu anachronique ! Moderne par sa méthode (elle s'appuie sur des preuves scientifiques), Lilar reconnaît qu'elle est porteuse d'une pensée en désuétude. Peu tendre avec l'érotisme masculin, elle ne l'est pas davantage avec l'érotisme littéraire féminin naissant à qui elle reproche sa pauvreté, son absence d'autonomie et le geste de défi qu'il constitue :

> En me proposant de situer l'érotisme dans la ligne du Masculin, je n'entends pas nier l'existence d'un certain érotisme féminin [...] encore que la pauvreté de la littérature d'érotisme due aux femmes soit impressionnante [...] il ne faudrait pas méconnaître la part de l'émulation dans le défi jeté à l'homme par des femmes qui, prétendant à l'égalité, commettent l'erreur de s'aligner sur lui et, se comportant plus que jamais en être relatif, s'adonnent à une véritable littérature de prouesse et de jactance.[27]

***

Même si elle n'a pas inventé les idées féministes[28], Beauvoir reste la grande défricheuse de toute une génération. Elle a notamment conduit des intellectuelles à recourir elles aussi à l'arme romanesque afin de déconstruire une identité féminine mythique et d'offrir de nouvelles matrices identitaires. Dans les récits de Beauvoir, le sexe fait des incursions limitées. L'érotisme ne s'intellectualise ni en éthique ni ne se spiritualise en religion de même qu'il ne s'incarne pas dans des scènes sexuelles minutieusement décrites. L'amour physique se manifeste surtout comme une réalité hostile et succombe sous le poids du regard sans complaisance de Beauvoir. Par exemple, dans le triptyque *La Femme rompue*, l'héroïne du « monologue » a pris le sexe en dégoût. Ni les hommes ni les femmes ne sont épargnés :

> C'est elle qui l'a harponné au cours de gymnastique et elle se l'est envoyé crado comme elle était ça n'avait rien de ragoûtant de se la farcir mais avec les hommes qui lui étaient passés sous le corps elle devait en connaître des

27. *Ibid.*, p. 198.
28. Séverine Auffret, *Sapphô et compagnie. Pour une Histoire des idées féministes*, Paris, Éditions Labor, 2006.

> trucs et des machins c'était le genre à se mettre à cheval sur le mec je la vois d'ici c'est tellement dégueux la façon dont les bonnes femmes baisent.[29]

Dans le dernier volet du triptyque, la femme trompée a recours à l'érotisme d'appât, notion particulièrement à la mode dans les années 1960. Afin de récupérer un mari qui désire une femme aux antipodes de l'image de la femme au foyer, l'héroïne tente de se conformer aux diktats des magazines féminins et aux conseils d'une amie pour laquelle la seule façon de sortir indemne de l'épreuve est de rester compréhensive, gaie et amicale. La femme trompée en vient à adopter une attitude fausse, contraire à son tempérament introverti. L'érotisme ici se limite au culte des « belles images » nées d'une culture de masse qui nivelle les attitudes de séduction. Cet érotisme d'appât est vu comme une pression sociale et médiatique qui frustre les femmes authentiquement amoureuses de leurs compagnons. Par exemple, les couples dans les boîtes de nuit obéissent à des rôles préétablis qui les dépersonnalisent. Le rituel de séduction érotique est réduit à des clichés. Une ambiance de séduction impersonnelle règne dans ces endroits où les femmes « bien habillées, parées, coiffées, maquillées » « riaient en montrant leurs dents soignées par d'excellents dentistes » pendant que « l'homme allumait leur cigarette, leur versait du champagne »[30]. Ces poupées sont néanmoins moins dangereuses que la maîtresse qui cumule les distinctions. En effet, celle-ci incarne la femme non liée, indépendante, carriériste (Noémie est avocate) et sexuellement active. Alors que pendant longtemps, parce qu'elle avait été élue officiellement par un homme, l'épouse formait l'état de femme le plus convoité, c'est désormais la légitime qui envie le statut de maîtresse soit celle qui autrefois était exclue des réseaux de sociabilité bourgeoise et vouée à l'ignominie. C'est la valeur érotique de cet électron libre à la fois objet sexuel consentant et femme émancipée économiquement qui apparaît comme le vrai danger du couple structuré traditionnellement au sein d'une société moderne à l'érotisation galopante.

Dans d'autres récits, l'héroïne est bien plus désinvolte et n'hésite pas à reprendre à son compte le comportement offensif de l'homme. Par

29. Simone de Beauvoir, « Monologue », *La Femme rompue*, *op. cit.*, p. 105.
30. Simone de Beauvoir, *op. cit.*, p. 217.

exemple, la féministe Françoise Parturier crée un nouveau modèle identitaire féminin, dégagé des servitudes et des mythes :

> Elle invente ainsi une héroïne qui prend son plaisir en fonction de ses caprices et se comporte de la manière la plus désinvolte avec un amant de passage qu'elle utilisera comme objet au gré de ses désirs et de ses fantaisies.[31]

Cette nouvelle Ève ne joue pas ici un rôle transitoire dans l'attente de trouver un maître à sa mesure. Dans *Lettre ouverte aux hommes,* l'auteure défend pour les femmes le droit à un comportement juanesque guidé par une éthique hédoniste. Cet avatar moderne d'une garçonne décomplexée est aussi à l'œuvre dans *Le Lieu commun*[32] où l'héroïne vit parallèlement à un amour unique des relations contingentes. De même, dans *La Sensitive*[33], le droit féminin à la conquête sexuelle est revendiqué et l'acte sexuel privilégié sur les considérations romantiques : « l'amour ce n'est rien, faire l'amour c'est autre chose ». Cependant, si ces auteures font éclater le schéma monogame et attribuent à la femme l'initiative de la rencontre érotique, elles ne bouleversent pas pour autant l'image d'une réceptivité sensuelle intrinsèquement liée à la féminité. Dans *L'Amant de cinq jours*[34], c'est à l'homme que revient le soin de caresser, de pétrir, de masser le corps féminin comme une pâte malléable afin de lui arracher la jouissance :

> Il me déshabillait [...] il me soumit à un rythme rapide, amoureux [...]. Il me tournait, me retournait, me pétrissant, me massant jusqu'à ce que mon corps fût tendu comme un arc.[35]

Dans la tradition littéraire, le pouvoir salvateur de l'amour s'exerce le plus souvent au bénéfice de la figure érotique de la prostituée[36]. L'érotisme littéraire féminin naissant inverse cette donne[37]. Chez Christiane Rochefort,

31. Françoise Parturier, *Lettre ouverte aux hommes,* Paris, Albin Michel, 1968.
32. Suzanne Allen, *Le Lieu commun,* Paris, Gallimard, 1966.
33. Michèle Perrein, *La Sensitive,* Paris, Julliard, 1956.
34. Cité par Claudine Brécourt-Villars, *Écrire d'amour, Anthologie de textes érotiques féminins (1799-1984),* Paris, Ramsay, 1985
35. *Ibid.,* p. 272.
36. Cf. *La Dame aux camélias* et aussi le film contemporain *Pretty Woman.*
37. Christiane Rochefort, *Le Repos du guerrier,* Paris, Grasset, 1958.

c'est le personnage féminin qui s'évertue à « sauver » son homme. À première vue, le dévouement jusqu'au-boutiste de l'héroïne pour un amant alcoolique, déchu, voué à l'échec, fait songer à une transposition profane de l'*agapé* chrétienne, à une forme moderne de la charité envers son prochain. Mais ce qui est d'abord perçu par l'héroïne avec une parfaite mauvaise foi comme une série d'actes charitables envers un être humain à la dérive se révèle être le masque subtil d'un amour dont le plaisir physique forme le ressort essentiel. C'est parce que Renaud l'a fait jouir – « j'éclate de la fierté d'être une femme »[38] – alors qu'elle se croyait frigide que l'« aventure stupide » se poursuit. L'amant sait redonner à la jouissance physique sa juste place dans leur histoire. Cependant, l'héroïne est victime d'un « délire d'interprétation romantique » qui lui fait confondre les « longs éblouissements du plaisir » avec l'expression d'un amour authentique. Le pouvoir d'envoûtement du « je t'aime » est démystifié par l'amant : « c'est une forme noble de la reconnaissance du ventre. »[39] Alors même que l'alcoolisme du personnage masculin devrait lui ôter toute lucidité, c'est lui qui dénonce pourtant le discours mythique perpétué par sa « sauveuse ». Tandis que dans *Histoire d'O*, l'asservissement sexuel du personnage est motivé par une conception absolue de l'amour, l'asservissement amoureux de l'héroïne du *Repos du guerrier* s'explique par une dépendance sexuelle. L'enchaînement psychologique de l'héroïne du *Repos du guerrier* n'a pas besoin, comme le souligne Denise Bourdet, des chaînes véritables d'*Histoire d'O* : « Les chaînes véritables que laissent river sur elles les femmes dans *Histoire d'O*, sont figurées ici comme le sceau de la possession par ces humiliations consenties. »[40] Le plaisir physique dispensé par l'amant justifie toutes les humiliations et les servitudes. Le grand danger pointé du doigt par Françoise D'Eaubonne, soit la trop grande aptitude des femmes à la jouissance, trouve ici une illustration anti-féministe déroutante...

Chez d'autres auteures de cette même période, l'affirmation sensuelle est encore plus nette, pleinement assumée. Car la nouvelle lucidité amoureuse n'entraîne pas seulement des livres vindicatifs contre l'amour, attentifs à briser ses charmes. Elle suscite aussi une revalorisation de cette vérité

38. *Ibid.*, p. 81.
39. *Ibid.*, p. 76.
40. Denise Bourdet, « Christiane Rochefort », dans *Visages d'aujourd'hui*, Paris, Plon, 1960, p. 35.

charnelle essentielle, présidant à toute sympathie humaine et brimée par la société de convenances. La dénonciation de l'illusion amoureuse entraîne alors un basculement de l'intérêt vers ce qui demeure lorsque tous les oripeaux de la sentimentalité ont disparu : le noyau sexuel. Selon l'auteure de *La Mauvaise Conscience*, récit interdit dans sa réédition de 1968, « toute affection a une base charnelle »[41] ce qui n'est pas rappeler la conception de Remy de Gourmont au début du XXe siècle pour lequel le noyau dur de tout amour est sexuel[42]. Dans *L'Île du dedans*, la narratrice se plaît à débusquer sous l'étoffe des apparences une chair palpitante dont le désir est le moteur censuré. La passion est remplacée par le culte du désir qui justifie la relation amoureuse tant qu'il dure. La narratrice du *Lieu commun* avoue qu'elle est faite non pour l'intensité passionnelle mais pour « l'émotion brute, violente et brève après laquelle on peut se retrouver intact[43] ». Au contraire de la passion qui dépossède, le désir est conçu comme une affirmation exaltante du vivant. C'est cette fois une femme qui en prend la mesure et s'affirme dans son statut de sujet désirant. La femme reconquiert l'autonomie de son regard posé sur l'homme. La réalité concrète du corps sexuel de l'amant est digne de recevoir les hommages autrefois dévolus au corps féminin. Ce n'est pas seulement en raison des gratifications physiques que le corps de l'amant procure mais aussi en raison de ses pouvoirs étonnants de métamorphose. Cependant, loin d'être réduit au phallus, le corps masculin est considéré comme un nouveau continent à explorer. La femme-objet n'est plus seule à former la condition de la mise en scène érotique. Cette nouvelle donne ne sert pas seulement un projet militant soucieux d'égalité entre les sexes. Elle vise à reconnaître dans le corps érotique de chaque sexe la différence positive qui fonde la véritable rencontre.

***

41. Suzanne Allen, *L'Île du dedans*, Paris, Gallimard, 1960. Cité dans *Anthologie de textes érotiques féminins*, *op. cit.*, p. 273.
42. Alexandra Destais, « Remy de Gourmont et les amazones », dans *Modernité de Remy de Gourmont*, Paris, PUF, 2010, p. 119.
43. Suzanne Allen, *Le Lieu commun* cité dans Jean-Jacques Pauvert, *Anthologie de textes érotiques féminins*, *ibid.*, p. 293.

Certes, il semble difficile de réunir en un tout solidaire des œuvres féminines hétéroclites. Les auteures n'ont pas décidé de lancer un manifeste par lequel elles s'entendent sur les objectifs poursuivis et les moyens utilisés. Cependant, la critique masculine a tôt fait de pointer sur un mode dépréciatif le foyer de convergence de ces œuvres : le fort intérêt porté à la sexualité. L'historien de la littérature Pierre de Boisdeffre signale l'émergence d'un champ littéraire féminin principalement axé sur la représentation d'une sexualité « dévoyée »[44]. De même, en 1961, Robert Poulet salue l'émergence des nouvelles héroïnes de la littérature féminine en ces termes cavaliers : « les petites coucheuses »[45]. Nostalgique de « la gravité sensuelle » d'une Louise Labé « profondément dépendante de l'être aimé », Jean Duché regrette que les débordements de la passion où la femme n'est pas « indépendante au sens des revendications d'aujourd'hui »[46] soient d'un autre temps. Il n'y aurait plus que des femmes cherchant à rivaliser avec les hommes dans tous les domaines y compris dans celui de l'expression érotique. C'est la nouveauté majeure de cette littérature de « romancières [...] surtout attirées par le caractère sexuel du problème qu'elles soulèvent »[47]. Pourtant, ces récits ne répondent pas à une intention explicitement érotique qui consisterait à vouloir troubler les sens du lecteur. Le sexe ne constitue pas le ressort fondamental de l'action et les conséquences des interactions entre les personnages sont loin d'être voluptueuses... Rancuniers à l'égard d'une littérature qui brise le lien sacré des femmes avec l'*ars amatoria*, les critiques mettent l'accent tantôt sur le déficit passionnel, tantôt sur l'excès luxurieux. C'est dire que forts de leur horizon d'attente déçu, les commentateurs offrent une image tronquée et réductrice de cette production littéraire.

Ce qui dérange également la critique est le rapport de ces auteures au langage, bien plus décomplexé qu'auparavant. Elles rompent avec une

44. Pierre de Boisdeffre, *Une histoire vivante de la littérature d'aujourd'hui, 1938-1958*. Paris, Le Livre Contemporain, 1958.
45. Robert Poulet, « Romanciers et surtout romancières ne nous parlez plus d'amour », *Carrefour*, 05/04/1961, p. 23.
46. Jean Duché, « L'évolution de la femme dans les lettres françaises », *Conferencia*, mars 1963, p. 55.
47. Georges Piroué, « Le roman revendicatif féminin », *La Table Ronde*, mars 1956, p. 65.

longue tradition de décence verbale que même des récits « érotiques » aussi audacieux qu'*Histoire d'O* et *L'Image* perpétuent. Ce ne sont donc pas les auteures estampillées « érotiques » qui brisent le carcan du beau langage mais celles qui sont en prise directe avec le réel et interrogent la place de la femme dans la société moderne. Ainsi, dans *Le Monologue,* l'amour sexuel est nommé par des formules abruptes et des expressions familières : « se la farcir », « baisent », « bandait comme un cerf ». C'est comme si les livres traitant de l'amour ne pouvaient plus être supportés par une approche métaphorique du sexe. Le climat intellectuel de l'après-guerre y est pour beaucoup. L'existentialisme sartrien, le mode de « l'organique direct », les œuvres anglo-saxonnes (Miller) ainsi que le succès rencontré par la littérature de témoignage ont assoupli le rapport au langage. Méfiantes envers les choses de l'amour, les écrivaines ne veulent plus être dupes non plus du pouvoir mystificateur d'un langage marqué du sceau du masculin, de ses rets séduisants, de ses mots captivants. Les auteures sont à la recherche d'un autre vocabulaire pour dire l'incommunicabilité entre les sexes et affirmer leur liberté de pensée. Ce qui est alors considéré volontiers comme « grossier », « vulgaire », « obscène » par la critique hostile à ce tournant de la littérature féminine signale en réalité une volonté de transparence dans le regard porté sur autrui et dans le retour sur soi. Les auteures ont trouvé l'antidote au discours mythique, générateur d'illusions. Elles se frottent à présent sans préambule ni concession au monde réel tout en conservant ce petit coin de conscience, témoin des choses éprouvées. Pour cela, elles allient une approche intimiste à la mise à distance clinique. Cette formule mixte crée un inconfort immédiat chez la critique et le retour des sempiternels préjugés sur la littérature féminine.

Pendant longtemps les auteures n'avaient à leur disposition que les « petits genres » du moi afin d'explorer l'intime. Ce qui renvoie à une hiérarchie construite des genres littéraires et à une attribution culturelle inégalitaire est considéré par la critique comme une aptitude naturelle. La physiologie commande même le roman féminin contemporain selon Georges Piroué :

> Les caractéristiques de la littérature féminine : aptitudes à enregistrer, à analyser ; inaptitudes à inventer, à recréer. Égocentrisme, repliement sur soi et sur le passé, minutie, absence d'élan, de lyrisme, sinon intimiste et familier.

> Tout se passerait comme si la femme était marquée dans son génie par son attitude érotique strictement réceptive.[48]

Le rapport des auteures à la création littéraire est ici directement relié à une caractéristique jugée essentielle de leur érotisme. À la réceptivité du corps sexuel, correspond le pouvoir d'absorption de la conscience. Le défaut d'inventivité érotique des femmes trouve un écho dans leur absence d'inventivité littéraire. Le critique oublie ici qu'il a toujours été de mauvais ton pour les femmes d'exprimer leur désir sexuel de même que le registre érotique a longtemps été jugé peu conforme à leur sexe. Tout ceci est en réalité le fruit d'une longue éducation hostile aux plaisirs de la chair et qui a rendu les femmes peu enclines à mettre en scène leurs fantasmes, à dévoiler leur imaginaire tapi dans l'ombre, à vivre pleinement leur sexualité. La trop grande subjectivité des femmes, qui serait issue de la racine émotive du caractère féminin, – « cette émotivité, qui apparaît comme le pivot de la structure psychique féminine, est la plus solidement établie de toutes les constantes »[49] –, est un lieu commun de l'époque. Ce qui apparaît comme un défaut d'intellectualisation est perçu au contraire par les écrivaines comme une reconquête positive de la dimension charnelle de l'écriture : « les signes visuels ou sonores ont retrouvé un corps. Corps humain. Paroles de femmes. Voix humaines. »[50] Cette littérature de l'intime est fortement encouragée par les féministes des années 1950-1960. L'écriture introspective apparaît comme le contrepoison d'une littérature conventionnelle qui fausse la nouvelle image de la femme. Cependant, si le retour sur soi est encouragé, ce dernier est aussi tempéré par une dimension réflexive. Dans les œuvres féminines de cette période, le personnage féminin ne se laisse pas déborder par ses sens et ses émotions mais se regarde agir. Dans les grands romans centrés sur une figure féminine d'exception (*Anna Karénine, Effi Briest, Emma Bovary*, etc.), c'est une voix narrative omnisciente qui explore les tréfonds de l'âme de l'héroïne, explicite son comportement et donne accès à ses pensées. Dans la littérature féminine qui accompagne l'émergence des mouvements de femmes, c'est désormais le « je » féminin lui-même qui porte la signification. Ce « je » ne se contente pas de donner

48. Georges Piroué, « Le roman revendicatif féminin », *op. cit.*, p. 70.
49. Emmanuel Mounier, *Traité du caractère*, Paris, Le Seuil, 1947, p. 159.
50. Anne Ophir, *op. cit.*, p. 10-11.

à voir un sujet clivé, tiraillé entre des aspirations contradictoires. Il allie à l'exploration de l'intime une réflexion militante. Mettant à mal l'effet de réel, ce « je » distancié rappelle aux lectrices et aux lecteurs qu'il ne s'agit pas tant de raconter une histoire que de donner matière à réflexion et, pourquoi pas, à rébellion…

***

Le « petit coin de conscience, témoin des choses éprouvées », apparaît aussi dans des œuvres considérées comme des lectures érotiques et qui ne prétendent pas rendre compte d'un réel prosaïque. C'est le cas de *La Confession anonyme*[51], récit dominé par un point de vue féminin attentif à revivre par l'esprit ce que la chair a intensément vécu. Le récit pose les jalons d'un nouvel art d'aimer où la femme occupe une place centrale. Dans ce récit, l'érotisme relève davantage d'une érotique qui excède la simple satisfaction sexuelle, érotique plus attachée à connaître qu'à jouir. Selon Lilar, l'érotique est l'apanage du féminin qui privilégie un unique objet d'amour sur lequel se greffent des aspirations affectives, sexuelles, intellectuelles. L'amour masculin, c'est-à-dire l'érotisme, tend au contraire à se disperser entre plusieurs femmes dans un but unique de jouissance.

L'histoire relatée dans *La Confession anonyme* est surtout connue *via* le film réalisé en 1983 par André Delvaux où le rôle de Benvenuta est interprété par Fanny Ardant. À l'origine du film, il y a le récit largement autobiographique de Lilar, publié sans nom d'auteur-e- en 1960 par scrupule à l'égard de son époux. Voici encore un exemple de pseudonyme utilisé afin de préserver la sphère conjugale… *La Confession anonyme* relate l'histoire singulière d'un homme et d'une femme qui se nourrissent de leur désir réciproque, de leurs retrouvailles, de leurs séparations et de l'échec amoureux pour mettre à l'épreuve leur chair. En dépit d'une lucidité allant *crescendo*, le travail de déconditionnement, appelé de ses vœux en 1951 par D'Eaubonne pour qui le masochisme nuit à l'émancipation des femmes, semble décidément difficile en cette période. L'inclination des femmes à

51. Suzanne Lilar, *La Confession anonyme*, Paris, Gallimard, 1983 (1re éd. anonyme : 1960).

la soumission amoureuse reste une constante de la littérature féminine, comme le montre *La Confession anonyme* qui, à l'instar *d'Histoire d'O* et de *L'Image* fait reposer l'amour sur la dévotion totale à l'être aimé. Chez Lilar, le masochisme féminin fait partie intégrante de *l'Éros* féminin. L'accès à la jouissance, physique et mentale, passe par un certain degré d'abdication de la conscience et du corps face à l'amant. Contrairement au sadisme, rôle de composition qui laisse intacts les rapports réels entre les sexes et nécessite des artifices, le masochisme de Benvenuta, non travaillé par le rituel, relève d'une prédisposition psychologique que l'amour réactive. De plus, chez Lilar, le masochisme féminin n'atteint pas les formes extrêmes des récits dits « sadomasochistes ». Certes, comme dans *Histoire d'O*, le féminin est appréhendé sous le signe de l'ouverture béante et du consentement aux violences rituelles infligées par l'homme. Benvenuta affectionne les postures de soumission et les gifles : « Oui, c'est ainsi qu'il me plaisait d'être aimée. Nul homme jamais n'en avait trouvé le chemin[52] ». Ce goût de la servitude amoureuse apparaît comme le levier d'une forte sensualité : « J'avais adoré, j'avais servi, je m'étais vouée et prosternée, humiliée et agenouillée en proie à une fureur de contemplation qui faisait ménage – assez singulièrement – avec la plus vive sensualité. »[53] L'écrivaine montre que la femme « veut être possédée, supplantée et pour y atteindre plus sûrement va jusqu'à la dénégation de sa propre personne »[54]. Elle fait de son héroïne « l'humble et souriante servante de l'amour » qui s'« engage » « non sans intrépidité dans le masochisme »[55]. Cependant, si l'héroïne de la confession aime être dominée, physiquement et symboliquement, elle est la seule à en extraire un enseignement.

Le récit bouleverse d'emblée les étapes du chemin amoureux en faisant de l'acte sexuel un préalable nécessaire. Benvenuta prend l'offensive et donne le coup d'envoi à la liaison, faisant fi des préliminaires. Comme dans tout récit érotique, les étapes de la rencontre amoureuse sont réduites à la portion congrue. Néanmoins, si l'entrave est éliminée dès le début de *La Confession anonyme,* c'est moins par souci érotique que par volonté de

52. *Ibid.,* p. 44.
53. *Ibid.,* p. 122.
54. Suzanne Lilar, *Le Couple,* Paris, Grasset, 1963, p. 265.
55. Suzanne Lilar, *La Confession anonyme, op. cit.,* p. 186.

se débarrasser d'une « virginité encombrante »[56]. Le désir n'appelle pas la répétition de l'acte sexuel. Les scènes érotiques sont rares et peu détaillées. L'essentiel est en réalité ailleurs, notamment dans les répercussions de l'expérience charnelle sur Benvenuta. Il est aussi dans un détachement spirituel progressif qui évacue peu à peu la chair, socle profane de la relation amoureuse :

> Dès les premiers moments de mon amour, j'avais été déchirée entre l'âme et le corps, toujours prêts à prendre l'avantage l'un sur l'autre. Mais en fin de compte, l'âme l'emportait [...] comme s'il fallait tout ce profane pour fonder la religion de l'amour, comme si l'activité amoureuse consistait précisément en cela : consommer une quantité toujours renouvelée de profane et le porter jusqu'au sublime [...]. Tout de même, l'amour ne pourchasse l'âme qu'à partir de la chair, dans un mouvement qui, même pour s'en détacher, ne saurait prendre élan que sur elle.[57]

Le schéma amoureux de *La Confession anonyme* évolue de l'expérience érotique immédiate vers le culte de la continence, du profane vers le sacré. L'érotisme des corps forme en réalité la condition d'une érotique platonicienne qui prend appui sur la rencontre charnelle pour mieux la dépasser et atteindre un amour pur et désintéressé. Comme dans *Histoire d'O*, il s'agit d'une ascèse qui poursuit l'essence sacrée de l'amour à travers des épreuves. Car selon Lilar, « la voie d'un grand amour est l'ascétisme »[58]. Mais ces épreuves ne sont pas extériorisées comme dans *Histoire d'O* à travers des coups de cravache, des viols et un marquage au fer rouge. Elles sont fortement intériorisées. La gerbe de sensations, de sentiments et de pensées que l'héroïne recueille à chaque nouvelle rencontre avec son amant Livio est recréée par le souvenir, purifiée par l'activité critique, sublimée par la conscience poétique. Le passage de l'existence amoureuse vouée à un être particulier à l'essence amoureuse ne suppose ni l'évacuation de la chair ni sa mortification mais la force motrice du désir :

56. Jacques de Decker, « La Confession anonyme : une "ars amatoria" », *Cahiers Suzanne Lilar*, Paris, Gallimard, 1986, p. 62.
57. Suzanne Lilar, *La Confession anonyme*, *op. cit.*, p. 66.
58. *Ibid.*, p. 66.

> C'est la motricité du désir qui littéralement nous donne des ailes et fait que nous nous élevions, échelon par échelon, gravissant le chemin qui va de l'amour d'un seul à l'amour de l'amour et plus haut encore.[59]

Le masochisme féminin est donc largement dépassé dans *La Confession anonyme.* L'érotisme des corps est le tremplin vers l'érotisme des cœurs, lui-même vecteur d'un érotisme sacré. La fusion physique précède la fusion mystique. La quête de Benvenuta n'emprunte pas la voie de la souillure car il ne s'agit pas d'accéder à une dépossession de soi totale *via* la bassesse et la souffrance mais d'atteindre une vérité supérieure, celle de l'Amour. L'héroïne ne cède pourtant pas à la fascination amoureuse. Benvenuta reste une héroïne lucide qui sait capter les divers temps de son expérience amoureuse pour en extraire un sens. Elle sait prolonger les moments « parfaits » en les revivant seule. Non dupe du caractère passager de la passion amoureuse, une fois l'illusion sentimentale rompue, elle ne choisit pas la mort comme O, délaissée par Sir Stephen, mais part en quête de sa propre vérité. Elle y est aidée par un amant qui n'est pas un maître cruel dispensant des tortures savantes afin d'éprouver son pouvoir phallique mais un guide spirituel orientant discrètement Benvenuta. Néanmoins, l'effet-pygmalion de l'homme demeure…

Ainsi, contre la « voie de la souillure » à l'œuvre dans l'*Éros* nocturne, Lilar propose une érotique platonicienne qui scelle l'union étroite des contraires, de l'intelligence et de la sexualité, de la nature et de la culture, du masculin et du féminin. À l'heure où les intellectuel-le-s démystifient l'amour, où une nouvelle lucidité génère des discours désenchantés voire revanchards, l'auteure cherche à travers son récit, comme à travers ses essais ultérieurs, à resacraliser l'amour. Entreprise ardue, insolite et audacieuse au sein d'un contexte qui ne favorise guère aux débuts des années 60 cette démarche ! Attaqué alors sur les deux fronts de la sexualité et du sentiment, le couple doit au contraire redonner selon Lilar toutes ses chances à une « conception féminine de l'amour, à savoir l'*Éros* confronté avec l'épreuve de la durée[60] ». Cette conception a le don de positiver même les expériences négatives comme par exemple l'échec amoureux, conçu moins

59. *Ibid.,* p. 153.
60. Suzanne Lilar, *Le Couple, op. cit.,* p. 287.

comme l'effacement tragique d'une grâce que comme un risque à encourir. De même, le masochisme devient chez Lilar « pure représentation »[61]. Le degré de lucidité que l'héroïne manifeste l'éloigne de l'amour fou et de l'hypnose passionnelle. En effet, Benvenuta n'est pas dupe de l'illusion amoureuse qui fait prendre les moments merveilleux pour des conquêtes définitives alors qu'ils ne sont que des parenthèses infiniment précaires.

***

D'autres écrivaines défendent à l'époque une conception positive de la liaison des sens et font de l'érotisme un nouveau mythe. C'est le cas d'Emmanuelle Arsan, l'auteure d'*Emmanuelle*. *Emmanuelle*, c'est tout d'abord un film très ancré dans la mémoire collective, resté 13 ans à l'affiche sur les Champs-Élysées et qui fit scandale. Ce succès public colossal s'étendit aux États-Unis, en Espagne, au Japon, en Union soviétique. Beaucoup plus décomplexé que le premier film dit « érotique » du cinéma français, *Les Amants*[62], le film de Just Jaeckin est beaucoup moins cru que le premier « porno » *made in USA*, *Gorge profonde*... Que voit-on dans le film de Just Jaeckin ? Des paysages magnifiques, des corps joliment filmés, une lumière diurne adoucie, des étreintes sexuelles à demi voilées en bref un érotisme de bon aloi. *Emmanuelle* est une attraction qui sollicite davantage le goût du beau qu'il n'excite les sens. Pour de nombreux contemporains, *Emmanuelle* est devenu un mythe concrétisé par les traits fins d'une belle hollandaise aux cheveux courts, aux yeux clairs, assise nue dans un fauteuil d'osier, jouant avec son collier de perles tout en fixant voluptueusement l'objectif. L'on sait moins que le film est l'adaptation d'un récit clandestin. Ce dernier, paru pour la première fois en 1959 sous le manteau, a fait l'objet de nombreux remaniements avant d'être publié au grand jour en 1967 par Éric Losfeld, figure-phare et personnalité rebelle de l'édition parisienne de l'après-guerre. Composé de deux volumes, « La leçon d'homme » et « L'anti-vierge »[63], *Emmanuelle* raconte les aventures sexuelles d'une jeune

61. Claudine Brécourt-Villars, « La Confession anonyme », dans *Écrire d'amour, Anthologie de textes érotiques féminins (1799-1984)*, *op. cit.*, p. 277.
62. Louis Malle, *Les Amants*, 1958 : avec Jeanne Moreau et Alain Cluny.
63. Emmanuelle Arsan, *Emmanuelle*, « Livre 1 : La leçon d'homme/Livre 2 : L'anti-vierge », Paris, La Musardine, 1999 (poche) (éd. originale : 1957).

femme de dix-neuf ans partie rejoindre son mari diplomate à Bangkok où il est en poste. Lors de son voyage vers la Thaïlande dans un avion étrange et futuriste *La Licorne blanche*, Emmanuelle se laisse aller à une langueur sensuelle et à des fantasmes « obsédants ». La rêverie éveillée devient étreinte réelle au contact de deux hommes, l'un étant son compagnon de cabine et l'autre un inconnu qui conduit Emmanuelle dans le « salon de toilette » de l'avion. Cette scène érotique est devenue un morceau d'anthologie. S'ensuit en Thaïlande une initiation progressive qui conduit Emmanuelle à décupler ses facultés sexuelles auprès de multiples partenaires, hommes et femmes.

La figure de l'écrivaine est encore nimbée d'une aura de mystère. Qui était-elle ? Dans ses Mémoires[64], Éric Losfeld raconte sa première rencontre avec Marayat Andrianne. Il vient alors – nous sommes en 1959 – d'éditer la première version clandestine du roman à 57 000 exemplaires.

Selon l'éditeur, une ravissante eurasienne arrive à Paris, accompagné de son époux, un haut diplomate français et lui annonce qu'elle est l'auteure du mystérieux manuscrit envoyé par la poste depuis Bangkok où elle est née et où son mari, Louis-Jacques Rollet-Andrianne, est en poste. Avant cela, rien dans la lettre d'accompagnement du manuscrit envoyé depuis Bangkok n'indiquait qu'il s'agissait d'une femme. En effet, le manuscrit n'était pas signé. L'auteur inconnu prévenait seulement son éditeur potentiel que, s'il lui plaisait de l'éditer, il passerait à Paris dans le courant du trimestre. Dans le récit de la rencontre effective, l'éditeur est particulièrement frappé par la beauté de l'écrivaine qui présente d'étranges similitudes avec son héroïne, ce qui fait peser sur l'œuvre un soupçon autobiographique. Seul bémol : tandis que l'héroïne se rend seule en Thaïlande afin de rejoindre son mari diplomate, l'écrivaine ne se rend pas seule à Paris puisqu'elle est accompagnée de son époux. Est-ce à dire que l'autonomie de la vraie Emmanuelle est suspecte et que le mari diplomate n'est pas étranger à ce projet littéraire ?

La publication clandestine d'*Emmanuelle* s'explique par un contexte de censure impulsive, prête à frapper pour la moindre petite audace censée

64. Éric Losfeld, *Endetté comme une mule ou la passion d'éditer*, Paris, Belfond, 1979.

enfreindre la morale publique[65]. L'arsenal répressif, déjà lourd depuis le décret-loi de 1939 et la loi du 16 juillet 1949, est renforcé en 1958 par l'ordonnance du 23 décembre. Elle fait perdre au livre la protection dont il bénéficie jusqu'alors. Il est désormais considéré sur le même plan que les publications de toute nature. Tout livre dans lequel la « commission chargée de la surveillance et des publications destinées à l'enfance et à l'adolescence » reconnaît un danger pour des publics vulnérables risque la triple interdiction à l'affichage, à la publicité et à la vente aux mineurs. Il est alors interdit d'exposer les publications dites « dangereuses » à la vue du public en quelque lieu que ce soit et notamment à l'extérieur ou à l'intérieur des magasins ou de faire pour elles de la publicité sous quelque forme que ce soit. Un éditeur qui viole les interdictions est puni très sévèrement. Le circuit livresque est contrôlé dès le stade de l'édition et ce, jusqu'au stade de la distribution. L'ordonnance de 1958 impose en effet un *dépôt préalable* à la mise en vente de « toute publication *périodique ou non* », en cas d'interdiction antérieure de trois autres publications analogues dans un délai de douze mois consécutifs. La sanction que les éditeurs risquent en cas d'absence de dépôt au ministère de l'Intérieur est d'une grande gravité. Les éditeurs encourent des amendes sévères, des peines d'emprisonnement (de deux mois à deux ans), la fermeture totale ou partielle, à titre temporaire ou définitif, de l'entreprise d'édition et la perte de leurs droits civiques, c'est-à-dire le droit de vote, d'élection et d'éligibilité. Ce contexte extrêmement dur explique que, hormis le frondeur Jean-Jacques Pauvert, les éditeurs se tiennent sur le qui-vive...

À cette clandestinité, s'ajoute le choix de l'anonymat, choix assumé par Emmanuelle Arsan, et non contrainte imposée de l'extérieur :

> À chacun sa schizophrénie ! L'anonymat est la mienne. Je ne fais pas parade de mon horreur de la publicité comme d'une vertu : sachant qu'elle me singularise et m'isole au milieu d'une société où le boniment est une obligation morale, je la confesse comme une déviance. Déballer mon identité devant l'interviewer ou le photographe me fait souffrir comme la lumière fait mal aux yeux des albinos. Me vanter ou m'excuser de cette indisposi-

65. Daniel Bécourt, *Livres condamnés, livres interdits, régime juridique du livre, liberté ou censure ?*, Paris, Cercle de la Librairie, 1972.

> tion physique me semblerait toutefois aussi absurde que de tirer gloriole de la couleur de mes cheveux.

Comme sa devancière Dominique Aury, l'auteure d'*Emmanuelle* est soucieuse aussi d'éviter des conséquences fâcheuses pour son entourage. En optant pour l'anonymat en 1959 puis pour le pseudonyme d'Emmanuelle Arsan en 1967, elle souhaite préserver avant tout la carrière professionnelle de l'époux. Peu lui importe la sienne car elle est une parfaite inconnue lorsqu'elle débarque à Paris après avoir envoyé son premier manuscrit depuis Bangkok. Elle n'a pas de réputation personnelle à défendre, de place attitrée dans l'*intelligentsia* parisienne de l'époque. Au fil des années, alors que les raisons de cacher son nom véritable diminuent, Emmanuelle Arsan reste hostile au dévoilement total. Il ne s'agit plus de protéger le mari mais cette fois son œuvre même dont la portée pourrait être altérée par la révélation identitaire. De là à ce que l'extrême discrétion de l'auteure soit reçue comme une imposture, il n'y a qu'un pas que certains critiques franchissent allègrement en déclarant tantôt que l'auteure n'existe pas, tantôt que l'œuvre est le fruit d'un auteur masculin qui se fait passer pour une femme. Il est vrai que ce changement fictif de genre dans les noms inventés est fréquent dans le domaine érotique. Ce jeu sur l'identité sexuée remonte loin, jusqu'au XVIIIe siècle où des récits grivois sont présentés comme des Mémoires de femmes libertines alors que ce sont des hommes qui tiennent la plume ! À ses détracteurs, la belle Emmanuelle Arsan répond en 1968 dans la revue *Arcanes* :

> Ceux qui disent que je n'existe pas me comblent d'aise. Car ils reconnaissent ainsi que ce qui a une importance c'est ce qui est écrit, non celle qui l'a écrit. C'est ce que je voulais. C'est ce que je continue de vouloir. Que le succès d'*Emmanuelle* soit celui d'idées, non celui de quelqu'un que mettrait à la mode un engouement équivoque. Ce n'est pas à l'auteur, créature de la nature que doit aller l'intérêt, mais à Emmanuelle, créature de l'homme. C'est elle qu'il faut se soucier de connaître, et si l'on veut, se permettre d'aimer.[66]

Pourtant, Emmanuelle Arsan n'est pas une femme discrète. Dans les années 1960, tantôt sous son nom fictif, tantôt sous son véritable nom,

66. « Entretien avec Emmanuelle Arsan », *Arcanes*, Catalogue Général Hiver 1968-1969.

elle exerce les métiers de modèle et de comédienne. Cependant, elle prend soin de ne jamais se présenter sous son nom réel comme l'auteure d'*Emmanuelle,* de séparer le monde de la création littéraire et des idées, d'activités plus « glamour ». De même que Dominique Aury, il y a une volonté de compartimenter les domaines d'activité afin d'éviter les malentendus, les erreurs d'interprétation et la focalisation sur la personne de l'auteure au détriment de l'œuvre. On est loin du phénomène Sagan où dès *Bonjour tristesse,* les médias se penchèrent sur la figure de la jeune écrivaine, en firent le symbole vivant d'une nouvelle génération désenchantée et ce, parfois au détriment de la compréhension du phénomène littéraire. On ne peut pas occulter non plus la dimension ludique de la démarche des Rollet-Andrianne. Propre au domaine érotique, ce goût de l'esquive est aussi un trait d'époque. Les auteur-e-s se délectent à jouer avec les attentes fantasmatiques des lecteurs. Cette propension au jeu est particulièrement nette dans la préface de Paulhan à *Histoire d'O* puisque Paulhan feint de ne rien savoir de l'identité réelle de l'auteure alors qu'il est son amant et le destinataire privilégié de cette singulière lettre d'amour. L'aptitude au jeu de pistes apparaît aussi chez les Robbe-Grillet où, en 1955, Alain Robbe-Grillet signe « P.R » la préface au récit de son épouse, *L'Image,* comme si c'était Pauline Réage qui était l'auteure de celle-ci. Quant à Catherine Robbe-Grillet, elle passera du pseudonyme Jean de Berg à Jeanne de Berg avant d'alterner l'utilisation du nom fictif avec celle de son nom d'épouse[67]. L'érotisme littéraire se prête bien à ces jeux de masques. La protection contre la censure n'est pas toujours l'unique raison de ce voile apposé sur les noms.

Dans le cas d'Emmanuelle Arsan, le cheminement vers la personne véritable de l'auteure se fait progressivement. L'auteure prend soin de semer quelques indices qui permettent de remonter *in fine* à la personne de Marayat Andrianne. Le récit *Emmanuelle* est victime du même soupçon qui a longtemps pesé sur *Histoire d'O* : est-ce bien une femme l'auteure d'un tel livre ? Par exemple, Sarane Alexandrian considère que c'est le mari Louis Rollet-Andrianne qui est l'auteur du récit. On pourrait en effet imaginer une étroite complicité où la finalité serait de fabriquer un mythe féminin

67. Catherine Robbe-Grillet, *Jeune mariée,* 1957-1962, Paris, Fayard, 2004 ; Jeanne de Berg, *Le Petit Carnet perdu,* Paris, Fayard, 2007.

en ménageant adroitement le dit et le non-dit, le voilé et le dévoilé, dans une démarche tout érotique ! Louis Andrianne aurait très bien pu utiliser le physique très avantageux de son épouse à la fois comme appât médiatique et comme écran protecteur. La sensualité d'une beauté eurasienne s'avérait en effet propice à l'éclosion des fantasmes tandis que protégé par la figure radieuse de son épouse, il pouvait poursuivre à son aise l'œuvre fictionnelle et théorique. De plus, on comprend mal pourquoi Emmanuelle Arsan proclame son horreur de la publicité tout en se prêtant par ailleurs à l'œil du photographe et du réalisateur ! Est-ce être nue que de se cacher pour être nue ? En réalité, ces apparentes contradictions sont levées puisque on sait que l'auteure séparait soigneusement son travail d'écrivaine de ses activités annexes de comédienne et de mannequin jugées plus anecdotiques. Cependant, l'hypothèse d'une collaboration entre Louis Andrianne et Marayat expliquerait certains points notamment une grande complaisance à l'égard du personnage du mari dans un récit où il apparaît irréprochable, non exclusif, amoureux et compréhensif. L'hypothèse d'une écriture à deux mains pourrait aussi expliquer les performances érotiques exceptionnelles de l'héroïne et l'importance de la figure masculine qui initie, sanctionne, encourage et valorise celle qui apprend à aimer tous ceux et toutes celles qui croisent son chemin. *Emmanuelle,* fantasme d'homme au même titre que nos pornos contemporains qui montrent des femmes toujours disponibles, toujours consentantes et dotées d'une puissance orgasmique extraordinaire ? En réalité, l'œuvre répond à d'autres objectifs que de titiller les membres masculins. D'ailleurs, la voix narrative se situe du côté des femmes. Elle épouse au plus près le personnage féminin, donnant accès à son intériorité psychologique. Aujourd'hui, le nom de Marayat Rollet est présenté comme le vrai nom d'Emmanuelle Arsan y compris dans les présentations du film *La Canonnière du Yang-Tse*[68] où les deux noms sont affichés. C'est aussi le cas également du cinéaste-photographe Just Jaeckin qui, dans son livre de mémoires, évoque la déception de « Marayat Rollet, le vrai nom d'Emmanuelle Arsan »[69]. Ainsi, Emmanuelle Arsan désigne bien Marayat Rollet-Andrianne et celle-ci est bien l'auteure des récits et des essais. C'est d'ailleurs un « je » féminin sans cesse réaffirmé qui apparaît

68. Film *La Canonnière du Yang-Tse,* Robert Wise, 1966.
69. Just Jaeckin, *Tout Just,* Paris, Éditions du Rocher, 2006, p. 173.

dans les essais composant le volume *L'Hypothèse d'Éros*[70]. Ce « je » féminin prend trop le parti des femmes sur un grand nombre de débats de société qui les concernent (par exemple, la question de la pilule) pour mettre en doute l'identité féminine de l'auteure. Et les propos du mari ne font qu'étayer cette certitude :

> Je ne me relie pas davantage au débat quelque peu éculé et niais sur la part que je serais censé avoir prise à l'écriture des livres de Marayat. J'en sortirais démoralisé. Certes, j'y reconnais des résidus de machisme et de racisme qui me choquent, mais, en fin de compte, ces potins ne valent pas vraiment la peine qu'on s'y attarde. Ceux qui ont connu la personne incomparable qu'était Marayat se contentent, eux aussi, de hausser les épaules. En toute hypothèse, je ne vous en reparlerai pas.[71]

Marayat est non seulement à l'origine d'*Emmanuelle* mais aussi porteuse d'un univers érotique qu'elle incarna et dont elle fit la promotion *via* ses récits et ses essais. Les deux volumes qui composent le roman *Emmanuelle,* publiés à un an d'intervalle, font découvrir une approche inédite de l'*ars erotica*. L'ouverture du récit donne déjà le ton. Le transfert spatial vers la Thaïlande est le prélude à la découverte d'une société particulièrement ouverte sur les plaisirs érotiques. Il en est de même d'un grand nombre de classiques de l'érotisme littéraire. Dans *Les Onze mille verges* de Apollinaire, un prince roumain quitte son pays, vient s'encanailler à Paris et vit un certain nombre d'aventures fabuleuses. Dans *Histoire d'O,* l'héroïne est amenée vers une adresse confidentielle, un hôtel particulier (ou bien un château). Figure récurrente du discours érotique, le voyage autorise la levée des tabous. L'arrivée dans un nouvel espace libère des contraintes de la vie ordinaire et favorise de nouvelles rencontres. Emmanuelle est quant à elle une jeune femme qui quitte une capitale européenne pour découvrir la vie luxueuse, oisive, excessive de compatriotes français. Au sein de cette société où pullulent de jeunes françaises riches, séduisantes et lascives dont la seule raison de vivre est de séduire ou d'être séduites, Emmanuelle est peu à peu initiée à un nouveau mode de vie. Elle dévoile dans un premier temps sa vie intime à une adolescente qui lui pose un véritable

70. Emmanuelle Arsan, *L'Hypothèse d'Éros,* Paris, Filipacchi, 1974.
71. Louis-Jacques Andrianne, *Lettre du 21 août 2007.*

interrogatoire sexuel et se moque de l'insuffisance de son bagage érotique. Puis, Emmanuelle se lance dans de multiples expériences. Ces expériences vont du « plaisir cérébral et physique à offrir à une autre le spectacle de la luxure »[72] aux amours homosexuelles. La rencontre avec un expert en érotisme, Mario, est déterminante dans le roman. Elle scelle le passage d'une vie érotique totalement spontanée, livrée à la pure jouissance physique vers une science érotique. À Mario, est dévolue une mission : apprendre à Emmanuelle à dépasser le stade de la satisfaction sexuelle pour mettre en œuvre quotidiennement un nouvel art d'aimer. D'abord moqueuse et incrédule, l'héroïne voit ses idées préconçues sur l'érotisme contrecarrées par la philosophie de Mario. Emmanuelle découvre avec stupeur que l'érotisme a peu à voir avec les sens mais constitue un exercice de l'esprit :

> Ce n'est pas un culte, mais une victoire de la raison sur le mythe. Ce n'est pas un mouvement des sens, c'est un exercice de l'esprit. Ce n'est pas l'excès du plaisir, mais le plaisir de l'excès. Ce n'est pas une licence, mais une règle. Et c'est une morale.[73]

Hostile aux séductions mortifères de l'érotisme noir, Mario range délibérément l'érotisme du côté de la vie. Le personnage de Mario ne fait pas de l'érotisme « le problème des problèmes » mais la voie d'accès au bonheur humain. C'est à partir d'une vie érotique intense, éclairée par la raison et l'intelligence qu'il est possible selon Mario d'appréhender selon lui la totalité de la vie humaine c'est-à-dire : « l'art, la morale, la science : le beau, le bien, le vrai – c'est-à-dire tout. »[74] L'érotisme n'a jamais été autant porté aux nues, défini tour à tour comme « instrument de salubrité mentale et sociale », « passion de la beauté », « progrès », « art de vivre », « art de jouir », etc. Il reçoit sa définition maîtresse :

> Le seul art qui soit à la mesure de l'homme de l'espace, le seul capable de le conduire plus loin que les étoiles, comme les figures d'ocre et de fumée ouvrirent sur l'avenir les murs de ses cavernes, c'est l'érotisme.[75]

72. Emmanuelle Arsan, *op. cit.*, p. 104
73. *Ibid.*, p. 200.
74. *Ibid.*, p. 224.
75. *Ibid.*, p. 208.

Mario offre une conception extrêmement généreuse de l'amour physique qui met à mal tous les carcans :

> Sa vision proclame simplement qu'il est bel et bon de faire l'amour et de le faire librement ; que la virginité n'est pas une vertu, le couple une limite ni le mariage une prison ; que l'art de jouir est ce qui importe et que ce n'est pas assez encore de ne jamais se refuser, qu'il faut constamment s'offrir, se donner, unir son corps à toujours plus de corps et tenir pour perdues les heures passées hors de leurs bras.[76]

Les qualités requises pour faire acte d'érotisme, les écueils de l'érotisme ainsi que ses ennemis sont également précisés, d'où la mise en place de toute une théorie générale de l'érotisme que Emmanuelle, l'élue, est appelée à incarner et à mettre en œuvre à l'issue de la leçon de Mario. Parce qu'Emmanuelle est jeune, belle, sensuelle et libre, elle se doit de mettre ces petites lois en pratique au nom de la grande loi d'*Éros* résumée ainsi dans *La Leçon d'homme* :

> Tout temps passé à autre chose qu'à l'art de jouir, entre des bras toujours plus nombreux, est un temps perdu.[77]

Des petites lois sont censées favoriser au quotidien l'accès à la grande Loi de l'érotisme. Aux plaisirs habituels, au duo amoureux et à l'unicité corporelle sont substitués l'insolite, l'asymétrie et la multiplicité. Ces lois secondaires remettent en cause le schéma amoureux conventionnel fondé sur le couple homme/femme, l'exclusivité amoureuse, et les situations répétitives. Elles vont à rebours de l'opinion courante. Le non-banal, l'exceptionnel et l'inusité sont promus. Le triolisme réel ou fantasmé, la multiplication des partenaires et non leur succession, la fragmentation corporelle où l'on ne se donne jamais toute en un même jour à un unique partenaire sont les pratiques encouragées. La grande Loi ainsi que les petites lois énumérées et explicitées par le maître *ès* érotisme sont appelées à être mises en pratique par la belle Emmanuelle dès le dernier chapitre de *La Leçon d'homme*, après des débuts déjà bien prometteurs. Dans ce dernier chapitre

76. Emmanuelle Arsan, Livre 2 : L'anti-vierge », Paris, La Musardine, 1999 (poche), p. 31.
77. *Ibid.*, p. 231.

de *La Leçon d'homme*, Emmanuelle découvre successivement la cérémonie de l'opium, un endroit de culte phallique où les olisbos accrochés dans des arbres sont vénérés par des fidèles puis le triolisme avec Mario et un inconnu. Le cours d'érotisme verbal se poursuit dans le second volume. Mario charge Emmanuelle d'une mission érotique, présentée comme un nouvel humanisme :

> L'amour, c'est à vous, aujourd'hui, d'en apporter la bonne nouvelle [...] Le monde sera ce que le fera le génie d'invention et la témérité de votre corps. Pour l'instant, c'est à vous de renverser les faux dieux, leurs temples désolés et leurs rites sans foi. Emmanuelle, délivrez-nous de notre mal ![78]

Le seuil d'expérimentation érotique se voit sans cesse repoussé. Toute rechute de la pudeur d'Emmanuelle est exclue par Mario car elle aurait un effet démoralisateur sur la multitude à qui Emmanuelle donne l'exemple. Emmanuelle multiplie donc les expériences, de l'exhibitionnisme masturbatoire au « festival de la volupté » en passant par la prostitution volontaire au sein d'une institution futuriste, « une maison de verre », strictement réglementée. Des situations de plus en plus insolites sont offertes à l'imaginaire du lecteur dans un langage qui pour être explicite évite la crudité. Surtout, le deuxième volume met en scène la conversion érotique progressive d'une jeune femme aux antipodes de l'« anti-vierge » dont Emmanuelle tombe amoureuse. Le personnage d'Anna Maria Serguine illustre non seulement tout ce que la théorie de Mario refuse mais aussi la séduction d'une pureté qu'il ne s'agit surtout pas de flétrir. Il s'agit de convaincre la vierge Anna Maria qu'une vie terrestre dédiée à l'art d'aimer est plus gratifiante que les promesses illusoires d'un paradis éternel. Plus puissante que la plus fervente des lois, l'ardeur érotique d'Emmanuelle gagne ainsi Anna-Maria ce qui aboutit à la fin du roman au triomphe du « trio heureux » contre l'exclusivité du couple.

Emmanuelle Arsan inaugure une dynamique érotique optimiste, décomplexée, démy-s-tifiante. Aux « passions d'illusion » que Mario dénonce – « la volonté de puissance ou de servitude, la volupté de faire souffrir et de faire mourir ; la fascination, le désir et l'amour de la souffrance

78. *Ibid.*, p. 31.

et de la mort et l'appétit d'éternité »[79] – Mario propose ces « passions de lucidité » qui mobilisent toutes les ressources de l'intelligence humaine, de la volonté au courage, de l'imagination à la raison. La conception d'Arsan est quant à elle résolument tournée vers l'avant. La liberté amoureuse est une chance selon Arsan à saisir de toute urgence et qui fait échec au néant. Publié en 1959, *Emmanuelle* apparaît en avance sur son époque. Voie d'accès au bonheur humain, l'érotisme est conçu comme un instrument au service d'une double libération mentale et physique mais aussi comme un art de vivre et d'aimer, résolument progressiste et humaniste. Si la publication clandestine du livre semble amorcer un processus de libération sexuelle, sa publication officielle semble accompagner l'explosion libertaire de la fin des années 1960. Cependant, le bonheur érotique tel qu'il est théorisé dans l'œuvre d'Emmanuelle Arsan n'est pas assimilable aux conceptions de Herbert Marcuse ou bien encore de Wilhem Reich, tous deux théoriciens de la libération sexuelle. Le bonheur érotique promu par Arsan n'est ni réductible à un phénomène physique, c'est-à-dire l'orgasme, ni applicable à la société entière, à la foule anonyme au nom du principe de plaisir. Chez Arsan, l'érotisme de qualité conduit à un bonheur élitiste qui exclut la multitude lâche, conformiste et censurante et valorise « les aventuriers de la vérité » « peu nombreux, [...] seuls, [...] en danger »[80]. Ce qui est un but en soi pour les « masses » (oisiveté, l'argent, la beauté, la jeunesse), ne forme que la condition du bonheur chez Arsan. Car « la passion d'acquérir et le plaisir de conserver » ne sont que des « obsessions » méprisables[81]. Le véritable bonheur selon Arsan est un état d'esprit, une dépense réfléchie, une conquête individuelle qui ne suit ni les modes ni les vieux schémas mais puise du nouveau au fond de l'inconnu.

Le livre d'Emmanuelle Arsan n'est donc pas un simple récit érotique destiné à émouvoir nos sens. Il met en scène une théorie en pleine gestation, appelée à se développer dans toute son ampleur dans les textes ultérieurs de l'auteure. Car l'érotisme est son cheval de bataille, comme l'illustrent par exemple les essais parus dans des périodiques italiens et français entre 1969 et 1974 et rassemblés dans *L'Hypothèse d'Éros*. Ces essais

79. *Ibid*, p. 201.
80. Emmanuelle Arsan, *L'Hypothèse d'Éros*, Paris, Filipacchi, 1974, p. 57.
81. Emmanuelle Arsan, « Le bonheur de perdre », dans *L'Hypothèse d'Éros*, *ibid.*, p. 79.

inscrivent la pensée érotique de Arsan dans son temps. Il est vrai qu'à première vue, la nouveauté radicale des thèses d'*Emmanuelle*, le thème de la « mutation », le choix d'un Bangkok exotique, imaginaire et futuriste comme ancrage spatio-historique peuvent faire songer à une fable utopiste un peu naïve. Cependant, les essais montrent que l'érotisme est pris très au sérieux par une écrivaine qui refuse de « prononcer le mot d'utopie, parce qu'utopie est le nom que les ennemis du bonheur donnent à toute nouveauté, à toute espérance »[82]. Emmanuelle Arsan n'est pas une simple rêveuse. Elle s'est engagée dans un certain nombre de débats de son temps. Elle a pris position sur la pilule, le modèle matrimonial, le divorce, le naturisme, la liberté amoureuse des jeunes, etc. À la fin des années 1960, une nouvelle ère rend possible un nouvel état des mœurs, comme le montrent par exemple ces « révolutionnaires sans le savoir », « ces garçons et ces filles » qui, bien que moins audacieux que Fourier au plan des idées, « ont été plus loin en action »[83]. Néanmoins, entre l'idéal défendu et la réalité contemporaine, il existe de nombreux obstacles que l'auteure ne se propose pas de franchir en agissant au plan politique. Il s'agit seulement d'aider les individus à « ouvrir les yeux ». Son érotisme est une école de lucidité qui ne ressemble à aucune autre. Arsan se montre même habile à débusquer au sein même des revendications libertaires excessives des réflexes de peur, de fuite, de résignation. Elle incarne un certain militantisme érotique qui ne se place ni sur le terrain utopique de Fourier, ni sur celui de Marcuse. Par ses thèses radicales, elle se démarque également du militantisme de certaines féministes même si la revendication d'égalité et de libération des sexes est légitime selon elle.

Tandis que l'idéal de la femme libre se concrétise dès les années 1950 sous les traits de la femme non liée, tiraillée par des aspirations contradictoires, ou bien encore sous les traits de la jeune fille lucide mais désabusée, Emmanuelle est une héroïne certes liée maritalement à Jean et liée initiatiquement à Mario mais véritablement libre et heureuse dans ses pratiques sexuelles diverses, dans son appréhension du plaisir et dans sa vision du monde. Il semblerait que contrairement à la prédiction d'Apollinaire qui

82. Emmanuelle Arsan, « L'absolu inutile », dans *L'Hypothèse d'Éros*, p. 135.
83. *Ibid.*, p. 131.

annonçait Juliette comme « la femme nouvelle [...] un être dont on n'a pas encore idée, qui se dégage de l'humanité, qui aura des ailes et qui renouvellera l'univers »[84] ce soit l'« enfant du courage » qu'est Emmanuelle qui représente la véritable mutation érotique féminine. Sa conception audacieuse de l'érotisme brise la plupart des grands tabous historiques pesant sur la sexualité : l'homosexualité masculine et féminine, la masturbation, l'exhibitionnisme sexuel, l'amour collectif, la prostitution, la nudité, le trio comme mesure du couple, etc. Sa conception en matière d'érotisme exclut tout ce qui menace une cohérence hédoniste. Selon Alberoni, l'auteure nous « offre une série d'émotions érotiques typiquement féminines »[85]. Cependant, son érotisme est mixte et s'intéresse autant à la beauté des corps masculins qu'à la beauté des corps féminins. Le récit est le lieu d'un heureux équilibre entre le désir de continuité amoureuse propre à la psyché féminine et le désir d'immédiateté sexuelle propre à la psyché masculine. Dans *Histoire d'O*, l'héroïne obéissait corps et âme à des fantasmes masculins afin de garder l'amour de son amant. Le moyen était en quelque sorte masculin mais la finalité bel et bien féminine : c'est l'amour d'un seul, René puis Sir Stephen, qu'il s'agit de perpétuer *via* une disponibilité sexuelle constante. Dans *Emmanuelle*, l'héroïne apprend à intellectualiser sa sensualité, à dépasser le règne de la jouissance pure et c'est une rêverie bisexuelle qui est proposée. Les amours durables et les amours secondaires sont conjuguées sans aucun sentiment de culpabilité.

Un livre « osé » qui paraît au grand jour a toutes les chances de générer une tempête médiatique. Parfois, c'est le contraire qui se produit. Dans le cas d'*Histoire d'O*, le livre paraît officiellement et suscite non pas un scandale mais les bruits de la rumeur ainsi qu'une conspiration du silence. Dans le cas d'*Emmanuelle*, le livre paraît clandestinement en 1959 et suscite contre toute attente un certain nombre d'articles critiques. *Emmanuelle* est reconnu d'emblée comme l'un des plus grands livres érotiques du siècle. Un classique du genre érotique. Cependant, il faudra attendre 8 ans pour que le roman passe de la forme clandestine à la forme officielle. Il y eut en effet selon Éric Losfeld beaucoup d'articles, tous favorables alors même

84. Guillaume Apollinaire, *Introduction à L'œuvre du Marquis de Sade*, Paris, 1909.
85. Francesco Alberoni, *L'Érotisme*, Paris, Ramsay, 1987, p. 108.

que le livre est publié sous le manteau. Les critiques se révèlent pour la plupart enthousiastes comme si l'érotisme noir ne satisfaisait plus, n'était plus en phase avec le balbutiement de nouvelles attentes. En vérité, *Emmanuelle* apporte un vent de fraîcheur dans un paysage érotique marqué par la mise en scène de passions mortifères comme suffisent à en témoigner *Histoire d'O* et le récit de Catherine Robbe-Grillet. C'est Mandiargues qui parle le mieux du récit de Arsan dans *La Nouvelle NRF* :

> Elle s'éloigne pareillement des idées que nous expose souvent Georges Bataille. Sa conception de l'érotisme est optimiste, radieuse, rayonnante, à l'image d'un édifice affirmant la gloire de l'homme dégagé de la glèbe et des servitudes anciennes.[86]

L'accès à une vie érotique radieuse est présenté par Emmanuelle Arsan comme un projet réalisable alors qu'il relève aux yeux de nos générations désenchantées plutôt d'une utopie un peu naïve. Vision d'un paradis terrestre où Adam, Ève et leurs complices croquent la pomme d'amour en toute impunité… On imagine mal une mise en pratique quotidienne de la maxime qui invite à jouir chaque jour en des bras toujours plus nombreux… L'érotisme selon Arsan n'est cependant pas à confondre avec le phénomène de masse des années 1960 qui invite à un érotisme bon marché, débarrassé de sa part d'ombre et, par conséquent, peu dangereux. L'écrivaine construit en effet une pensée érotique exigeante et cohérente. Elle dévoile les espoirs d'une poignée de militants éclairés œuvrant en faveur d'une libération heureuse des corps et des consciences. Sa démarche est élitiste. L'héroïne est, à l'image de l'auteure, belle et en pleine possession de ses moyens érotiques. De plus, elle évolue dans une communauté d'amateurs éclairés, désinhibés, déjà acquis à la cause érotique. Dans ce monde, on s'apparie à ceux et celles qui nous ressemblent. Les livres de Michel Houellebecq, tel que par exemple *Particules élémentaires,* nous offrent le revers de la médaille soit les disparités des sorts érotiques au sein d'un contexte de pseudo-libération sexuelle où l'égalité des chances n'est qu'un mot pieux. Pourtant, les théoriciens de la libération sexuelle semblaient annoncer à tous et à toutes des jours heureux…

86. André de Mandiargues cité dans Tanguy L'Aminot, « L'étoile blanche dans les ténèbres », *Censure, autocensure et art d'écrire*, Bruxelles, Éditions Complexe, 2005, p. 331.

À l'époque d'*Emmanuelle*, la valorisation d'un *Éros* solaire bénéficie aussi des thèses développées par Wilhem Reich et Herbert Marcuse. Les traductions françaises des écrits majeurs de Reich datent respectivement de 1952[87] et de 1968[88] tandis qu'*Éros et Civilisation* paraît en France en 1963[89]. Ces essais marquent une rupture avec l'analyse de Freud pour lequel l'amour sexuel est porteur des plus belles promesses comme des plus amères souffrances. Bien au contraire, l'amour sexuel apparaît comme le remède à tous les maux chez nos théoriciens de la libération sexuelle qui n'ont d'yeux que pour le principe de plaisir. Chez Reich, il prend la forme d'un phénomène bio-électrique, l'orgasme. Chez Marcuse, il est un nouveau principe de civilisation. Ce dernier appelle de ses vœux l'avènement d'une organisation intelligente fondée sur *Éros* et non sur la satisfaction aveugle des besoins. Cependant, *Éros* ne peut se développer dans un contexte répressif qui contraint les individus à brider leurs désirs. De même, il ne peut être déployé sans garde-fou car il serait alors « tout aussi fatal que sa contrepartie mortelle, l'instinct de mort »[90]. D'où la nécessaire modification des conditions sociales elles-mêmes et du rapport au travail, celui-ci devant permettre à chaque individu de développer toutes ses facultés. Plutôt que le refoulement, c'est la bonne sublimation qui est promue. Quant à Reich, il explique les troubles de la sexualité par une origine psychique et apporte sa contribution personnelle *via* sa théorie de l'orgasme. Selon lui, l'effet-levier de l'orgasme suffira à changer la face du monde. La « puissance orgastique » est le pilier conceptuel de Reich par rapport auquel il effectue un *distingo* entre un vécu sexuel sain et ses altérations. Tandis que la frustration génitale est la clef explicative des déviances (névroses, perversions), l'explosion orgasmique apparaît comme le remède magique à tous les malheurs ! Ce summum du plaisir est érigé en voie d'accès privilégiée au bonheur.

Chez Reich, la sexualité génitale apparaît comme la seule réalité érotique possible. L'extérioriser est gage de bonne santé physique et mentale. En cela, il semble anticiper sur le discours contemporain qui prête à une

87. Wilhelm Reich, *La Fonction de l'orgasme*, Paris, L'Arche, 1952.
88. Wilhelm Reich, *La Révolution sexuelle, pour une autonomie caractérielle*, Paris, Librairie Plon, 1968 (éd. originale : 1930. Première trad. Française expurgée par le PCF : 1934)
89. Herbert Marcuse, *Éros et Civilisation*, Paris, Minuit, 1963 (1re éd. 1955), p. 208.
90. *Ibid.*, p. 193.

pratique sexuelle régulière des effets bénéfiques sur la santé et la longévité. « Faites l'amour et vous irez mieux », tel est le *credo* de Reich pour qui toute névrose reposerait sur une génitalité troublée. L'érotique génitale est d'autant plus accessible qu'elle peut s'adapter au principe de réalité. Elle n'est pas incompatible avec les activités sociales et culturelles qui témoignent d'une sublimation réussie. Cette importance thérapeutique accordée à la fonction sexuelle et à l'érotique génitale scandalise et brise de nombreux tabous de l'époque. L'abstinence, la frigidité, l'impuissance sont imputés au trouble d'une fonction cardinale, capable à elle seule de résoudre tous les problèmes. Cependant, toutes les expressions du sexuel ne sont pas acceptables. Une sexualité adulte et saine suppose un « recentrage » sur l'érotique génitale et se passe volontiers des fantaisies de l'imaginaire humain. Reich ne rejoint pas la confrérie de tous ceux et de toutes celles qui promeuvent les élaborations imaginaires de l'érotisme littéraire. Excepté le coït hétérosexuel, tout est pathologique, dérèglement du flux vital, recherche malsaine de succédanés. Le sadomasochisme, le fétichisme, l'homosexualité soit les formes non conventionnelles de la sexualité sont rejetées. Car elles sont jugées péjorativement comme des déviances au regard d'un ordre naturel. Par exemple, le sadisme est conçu comme le rejeton érotique de la pulsion destructrice. À cette sexualité pervertie, artificielle, dégradante et répressive, apanage de la classe dite « bourgeoise », est opposée une sexualité fondée sur la circulation du flux vital. Cette idéologie du naturel conduit Reich à considérer le coït hétérosexuel et son débouché orgasmique comme la vérité première du sexe. En cela, il diffère aussi de Marcuse qui considère au contraire qu'ils sont le fruit de la répression. Le primat accordé à la génitalité rend Reich partiellement complice de ce qu'il dénonce. S'il condamne la morale sexuelle bourgeoise, cette dernière lui lègue néanmoins sa conception normative où est privilégié le coït hétérosexuel. Il faut rappeler que dès 1933, Reich émigre aux USA où la dimension répressive est encore plus contraignante qu'en Europe puisque n'est tolérée aucune forme d'activité sexuelle en dehors de l'état matrimonial. Les techniques « érotiques » de copulation, le temps et les lieux où se déroule l'acte sexuel sont soigneusement définis et laissent peu de place à la fantaisie. Certes, à la différence de la morale puritaine américaine, la relation hétérosexuelle est légitimée chez Reich en dehors des relations maritales. Pas besoin de s'épouser pour se livrer à la quête orgasmique ! Cependant, la restriction du sexuel au génital limite la portée révolutionnaire de sa théorie sociale de la sexualité. Pourtant, les écrits de Reich font longtemps scandale au point de faire de ce précurseur de Marcuse un « psychanalyste maudit, décédé dans un pénitencier US dont les lettres de noblesse furent d'avoir eu ses ouvrages brûlés par les communistes, les nazis et les Américains »[91] !

Malgré ces traits de conformisme, louons Reich de remettre l'orgasme féminin sur le devant de la scène après des siècles d'opprobre. À cet égard, la théorie de Reich rejoint la fine fleur de l'*ars erotica*. Se serait-il inspiré de l'art d'aimer de la Chine ancienne tel qu'il fut exemplifié par le taoïsme ? Les similitudes sont nombreuses. La complémentarité naturelle du masculin et du féminin, la nécessité d'une entente psychologique comme facteur de l'accord sensuel, le souci de la satisfaction féminine sans laquelle l'homme n'accomplit somme toute qu'un acte auto-érotique sont des principes essentiels que réactualise Reich. Par exemple, il a fallu rien de moins qu'une révolution sexuelle pour oser parler d'orgasme féminin alors qu'il s'agissait de l'une des notions fondamentales du taoïsme. Reich est un précurseur qui a l'audace de renouer par-delà les siècles avec une sagesse millénaire. Comme les maîtres du tao de l'art d'aimer, Reich lie la santé mentale à une vie sexuelle satisfaisante également partagée entre l'homme et la femme. Car chez Reich comme chez les taoïstes, les hommes et les femmes sont égaux face à l'orgasme. La même faculté à jouir de tout leur corps les rapproche. L'un des grands traits de modernité de la pensée de Reich est de trouver normale la simultanéité des orgasmes féminins et masculins ou tout du moins leur succession rapide ! Belle avancée lorsqu'on sait à quel point le plaisir sexuel féminin a longtemps été occulté... Combien de pseudo-savants ont-ils nié son existence, minimisé son importance, le considérant tour à tour comme la condition *sine qua non* de la procréation, comme un plaisir « autre » ou encore comme éminemment supérieur à celui de l'homme. Et celle qui plaçait la jouissance des sens au-dessus de l'union des cœurs et de la maternité était toujours suspecte... Lorsque Reich écrit l'article « Le coït et les sexes », l'inégalité physiologique entre les femmes et les hommes est une idée encore communément partagée. Si la nature de l'homme légitime le recours à des maîtresses et à des prostituées, celle de la femme est considérée comme organiquement monogame et

91. J.-M. Palmier, *op. cit.*, p. 44.

frigide. Le décalage entre les sexes dans l'accès à l'orgasme apparaît alors comme une fatalité naturelle qui pèse surtout sur les femmes. La faute en est attribuée à une morale sexuelle dominante, décrite par Reich comme le fruit d'une scission de la pulsion amoureuse en deux volets : sexuel et sentimental. Dans un tel contexte, la relation de l'homme à la femme pénalise surtout la femme même s'ils sont tous deux pris dans un cercle vicieux. Ni l'homme ni la femme ne sont en effet épargnés par les restrictions imposées à la sexualité. Les deux sexes partagent les mêmes doléances à cet égard. Les mêmes facteurs sociologiques agissent dans la frigidité et l'impuissance. Cependant, davantage soumises à la pression sociale, les femmes seraient dotées d'une sensibilité érotique moindre. Le chemin serait plus long vers l'accès à l'orgasme. Selon Reich, la femme apparaît en effet comme la première victime de la brutalité de la vie sexuelle et des insatisfactions dues à la condamnation de sa sensualité. Dépréciée par l'homme qui préfère avoir recours à des prostituées pour assouvir sa soif sexuelle, l'épouse devient froide et se pose comme simple instrument de satisfaction. Incapable d'autonomie érotique, la femme attire en retour le mépris de l'homme qui doit recourir à des fantasmes afin de maintenir son excitation. Sortir d'un tel cercle vicieux suppose de rétablir l'unité d'aspiration entre l'homme et la femme, de faire de la réunion du code sentimental de l'amour et de son code sexuel la condition du bien-être érotique. En cela, Reich n'est pas éloigné de certaines de nos écrivaines érotiques qui aspirent à une belle unité plutôt qu'au clivage brutal entre le sexe et l'amour. Cette belle unité est menacée selon Reich par les « Institutions » que sont la prostitution et le mariage. Plusieurs décennies plus tard, il aurait pu ajouter à cette liste l'Industrie pornographique… L'ordre social a en effet crée un clivage entre sensualité et tendresse. Concrètement, il a incité l'homme à satisfaire ses aspirations sexuelles dans le lit du bordel et ses aspirations tendres sur la couche conjugale. À la figure purement charnelle de la prostituée, s'oppose la figure idéalisée de l'épouse, partenaire du quotidien avec laquelle il n'est pas de bon ton de faire l'amour… Du côté de la femme, l'ordre social l'a contrainte à ne pas avoir de relations sexuelles avant le mariage. Cette ascèse imposée ainsi que l'indifférence de l'homme à l'égard de son plaisir sexuel sont à l'origine de la frigidité féminine. La frigidité n'est donc pas naturelle, sa cause est sociologique. Lorsque les conditions sont optimales, la constitution sexuelle de la femme se met aussi au service de son plaisir.

Un comportement sexuel sain suppose l'attention de l'homme et la réceptivité érotique de la femme. Là peut se nouer la véritable rencontre. Si Reich promeut une heureuse égalité orgasmique, il tient aussi compte des différences entre les hommes et les femmes. Ainsi, le ressenti de l'homme et de la femme diffère. Au besoin de pénétrer de l'homme, répond l'envie de recevoir. La différence des deux sexes se manifeste au niveau de la nature du désir et de la constitution même des organes faits pour se compléter harmonieusement. Cependant, cette reconnaissance de la différence ne sert pas à consolider une répartition traditionnelle des rôles sexuels. Au contraire, Reich condamne le manque de douceur de l'homme dans l'acte d'amour comme l'excessive passivité de la femme. Il les invite à mieux se rejoindre dans une même quête orgasmique...

Promoteur de l'égalité des sexes dans l'accès à la jouissance, Reich apparaît résolument comme un allié des femmes voire un pionnier d'une érotique féministe. Les désaccords sensuels sont imputés à l'éducation sexuelle des jeunes hommes auprès des prostituées, à l'obligation faite à la femme de rester « pure » jusqu'au mariage, à l'image idéalisée d'une épouse qui, en toutes circonstances, se doit de rester décente. Dans un tel contexte, la vie conjugale de la plupart des couples apparaît pauvre en variations sur le même thème... Reich dénonce notamment les tendances mortifères qui portent atteinte à la dignité des femmes. En lieu et place d'un érotisme dissocié de l'amour, est promu l'accord psychologique source bénéfique de l'accord sensuel. Sauf que Reich veut à tout prix aligner la sexualité sur le primat du génital au détriment d'autres réalités érotiques qui ne sont pas toutes marquées par l'instinct de mort. Il ne reconnaît pas notamment l'existence d'une sexualité féminine autonome et plurielle. La femme « normale » est vaginale ou doit en tout cas tout faire pour le devenir. À l'instar de Freud, Reich considère non seulement que la sexualité génitale est la forme adulte de la sexualité mais aussi que l'orgasme vaginal est la seule satisfaction sexuelle à portée de la femme. En bref, le clitoris n'existe pas. L'érotique clitoridienne est à remplacer par les capacités jouissives du vagin. Ce dernier peut à lui seul suffire à satisfaire la femme, le clitoris étant relégué à un rôle de « starter »... Selon Reich, seule l'excitation de la zone vaginale fonde la féminité de la femme et la positionne comme sujet du désir de l'homme, belle façon de promouvoir indirectement une dépendance hétérosexuelle :

> Quand l'excitation redevenait génitale, la patiente était féminine et désirait l'homme[92]

La femme clitoridienne fait encore peur, peut-être en raison de l'autonomie d'un plaisir qui peut exister indépendamment de l'homme. Pourtant, nombre de physiologistes des XVIIIe et XIXe siècles avaient démontré que le corps féminin était doté d'une érogénéité exceptionnelle et bénéficiait grâce à cela d'un surcroît de volupté. Reich craint-il de reconnaître la supériorité d'une jouissance « autre » ? Tandis que le féminisme mettra en valeur une sensibilité érotique féminine débordant le cadre de la sexualité génitale, Reich aligne la sexualité féminine sur le modèle de la performance sexuelle masculine. Ceci n'est pas sans rappeler Sade qui se plaît à nommer le plaisir masculin et le plaisir féminin sous le même vocable de « décharge ». De même que chez Bataille pour lequel la perte [...] doit être la plus grande possible pour que l'activité prenne son véritable sens »[93], la jouissance est chez Reich une dépense improductive dissociée de l'impératif de reproduction et renouvelable à merci. Marcuse ne partage pas cette approche. Il ménage plus de place à la différence des sexes et reconnaît la supériorité du principe féminin qu'il souhaite voir étendre à l'ensemble de la société. Il fait d'*Éros* l'apanage de ce principe à qui il prête les qualités traditionnelles de réceptivité, de sensualité, de tendresse. Le retour à ce principe source qui a été évacué au profit du principe de rendement générera selon Marcuse une subjectivité nouvelle, un autre principe de réalité, une logique sociale moins violente. Marcuse fait donc le pari du féminin. À un certain degré... Car lorsqu'il proteste contre le carcan d'une sexualité à visée reproductive, il propose moins comme alternative le principe féminin proprement dit que l'homosexualité *via* la promotion des figures mythologiques d'Orphée et de Narcisse ! Au regard de celles-ci, Pandore qui incarne le principe femelle est une « malédiction ». La société libre d'*Éros et Civilisation* n'est donc que modérément envisagée sous l'égide d'un principe féminin porteur de changement. De plus, c'est seulement à partir du début des années 1970, à l'époque où les mouvements des femmes s'affirment, que Marcuse se penche ouvertement sur la question d'une

92. Wilhelm Reich, *op. cit.*, p. 132.
93. Georges Bataille, *La Part maudite*, Paris, Minuit, 1967.

« nature » féminine et présente la différence entre les sexes comme une deuxième peau difficile à ôter :

> Au-dessus et au-delà des différences physiologiques évidentes entre le mâle et la femelle, les caractéristiques féminines sont le résultat d'un conditionnement social. Cependant, le millénaire processus de conditionnement social a fait qu'elles deviennent une « seconde nature » qui ne change pas automatiquement par l'établissement de nouvelles institutions sociales.[94]

94. H. Marcuse, « Marxisme et féminisme », dans *Actuels*, Paris, Éditions Galilée, 1976, p. 41-42.

(3)

Les femmes et la pornographie

Au début des années 1970, un phénomène « nouveau » apparaît : le cinéma pornographique. Certes, le genre ne date pas d'hier, étant né en même temps que le cinématographe à la fin du XIXe siècle. Le film pornographique y est projeté dans les salles d'attente des maisons closes afin d'émoustiller la clientèle masculine. C'est dans les années 1930 que le cinéma « porno » devient une entreprise commerciale à la faveur de l'arrivée des petits formats. Il se professionnalise au détriment de l'esprit bon enfant des petits films libertins et galants du début du siècle qui utilisaient aussi le sexe afin de dénoncer le poids de la religion et l'hypocrisie de ceux qui en font profession[1]. Si la naissance du cinéma pornographique comme genre codifié n'est pas le fruit exclusif de la « libération sexuelle », sa diffusion au grand jour dans des salles publiques s'inscrit bel et bien dans cette mouvance. Les premiers films *hardcore* sont présentés en 1969 à San Francisco. En France, le « porno » connaît alors une même sortie de clandestinité que l'érotisme littéraire. Cependant, contrairement au mode « noble » des représentations et des discours sur la sexualité, le « porno » cherche à contester les valeurs dominantes et à libérer le corps de ses entraves, non seulement par une pratique désinhibée mais surtout par la mise en visibilité intégrale de cette pratique. Peu importe la valeur esthétique de la production présentée au grand public. Dans un contexte sévère

1. Cf. par exemple, *Polissons et galipettes*, « une composition de petits films libertins du début du siècle dernier » réalisée par Michel Reilhac. Quinzaine des réalisateurs, Cannes 2002.

de censure, les films sont tournés à la hâte, avec des budgets limités, l'essentiel n'étant d'ailleurs pas de faire une œuvre d'art. Le « porno » est alors initialement conçu comme une arme politique contre les interdits construits par une civilisation des mœurs qui a longtemps étouffé la voix brute du sexe.

Aujourd'hui banalisé et érigé en nouvelle norme sexuelle, le cinéma « porno » crée un choc lors de son avènement car il repousse comme jamais le seuil de représentation du sexuel. Son principe : le gros plan. Déjà, avec l'érotisme littéraire publié au grand jour, un pas avait été franchi. Ainsi, Violette Morin déclare en 1964 que l'érotisme littéraire débouche sur l'acte sexuel lui-même contrairement à l'« érotisme d'exhibition qui n'est toujours que préliminaires »[2]. Le porno *hard* dévoile crûment le mystère originel en imposant une vision hyper-réaliste des organes sexuels à l'adresse d'un public essentiellement masculin dont on sollicite sans ménagement les pulsions voyeuristes. Ce phénomène culturel[3] réalise une attente décrite en ces termes par Roger Caillois en 1949 :

> Un certain public se délecte des ouvrages qui agissent sur les glandes lacrymales : pourquoi ne lui fournirait-on pas des récits capables d'exciter d'autres glandes? Si, en ce domaine, faire couler les larmes se trouve apprécié si fort, combien plus n'appréciera-t-on pas d'obtenir dans ce même ordre organique des effets plus radicaux encore?[4]

Caillois appelle ici à la création d'un genre pornographique à part entière[5] qui pousserait encore plus loin la logique à l'œuvre dans les récits sentimentaux. Ces derniers, apanage du lectorat féminin, sollicitent l'intime sur le mode affectif et génèrent des effets concrets dans le corps même de la personne qui lit, d'où un effet de réel qui ne pourra qu'être amplifié avec la pornographie. Il s'agirait de créer une fiction centrée sur l'émotion sexuelle, interpellant une autre facette de la physiologie humaine. Caillois

2. Violette Morin, *Un mythe moderne, l'érotisme*, Paris, Casterman, 1964, p. 47.
3. Il donne lieu aujourd'hui à une industrie cinématographique florissante se répartissant en plusieurs secteurs (vidéo, télévision, magazines, livres, téléphone, sex-shops, internet).
4. Roger Caillois, *Babel, op. cit.*, p. 228.
5. Mentionnons que l'essayiste exclut le mélange des genres, en particulier l'insertion de l'obscénité dans une trame romanesque : « les deux émotions se gênent », *ibid.*, p. 224.

évoque notamment l'efficacité de l'« image obscène » dans les arts plastiques par rapport à « une description licencieuse » :

> La provocation y apparaît plus directement agissante, car les formes sont plus parlantes que les mots, les yeux plus facilement gagnés que l'entendement.[6]

Comment mieux annoncer le pouvoir du cinéma pornographique ! Caillois prête à des domaines différents de la création artistique (littérature/arts plastiques) ce qui, au début des années soixante-dix, donne naissance à ce grand « média initiatique du sexe »[7]. L'intérêt de cette exhibition est inévitable puisqu'elle s'applique à révéler à chacun et à chacune ce que tant d'interdits accumulés lui ont laissé ignorer. Elle offre une réponse extraordinaire à cette « volonté de savoir » énoncée par Foucault[8]. Cela entraîne inévitablement des réactions morales et un déplacement de l'activité de la censure du livre vers l'Industrie cinématographique. Pour le grand public, le « porno » constitue une révélation brutale du « sale petit secret » cher à D. H. Lawrence. Un tel univers fondé sur la suppression des étapes préliminaires et de tout obstacle relationnel et sur la répétition mécanique de l'acte sexuel heurte comme jamais auparavant les modalités d'appréhension de la sexualité humaine.

***

La course à l'orgasme, tant vanté par Reich, est au cœur du dispositif pornographique : pour le bien-être érotique des femmes ? Quels discours et quelles actions les femmes, qui se mobilisent au même moment en faveur de la libéralisation de l'avortement et contre les violences, opposent-elles à ce genre cinématographique ? Face à la pornographie, les féministes des années 1970 sont divisées. Les opposantes radicales la rejettent en raison de sa violence et de l'influence nocive qu'elle exerce[9]. Les féministes

6. *Ibid.*, p. 226.
7. Elsa Dorlin, *Sexe, genre et sexualités*, Paris, PUF, 2008, p. 142.
8. Michel Foucault, *La Volonté de savoir*, Paris, Gallimard, 1976.
9. Aujourd'hui, on sait que la pornographie n'est pas sans incidence sur le rapport des jeunes à la sexualité avec ce devoir de performance qu'elle génère *via* une mise en scène extrêmement agressive. D'autres jeunes sans nul doute parviennent

libérales considèrent que rien n'empêche de se soustraire au spectacle de cette violence ou bien de la récupérer à des fins créatrices et subversives. Aujourd'hui encore, la pornographie divise le champ féministe entre les partisanes pro-sexe et les contemptrices de la violence de genre qu'elle donne à voir.

Les femmes n'ont pas toutes vu dans la libération sexuelle une aubaine. Certes, nombre d'entre elles ont milité aux côtés de jeunes gens libertaires afin d'acquérir le droit de décider par elles-mêmes de leurs options sexuelles et amoureuses. Belle conquête que ce corps qui appartient enfin à sa légitime propriétaire... Cependant, les militantes féministes prennent vite leurs distances vis-à-vis des idéaux pour lesquels elles ont d'abord combattu. Car leurs compagnons n'ont pas tenu leurs promesses et se montrent relativement insensibles à leurs revendications particulières. Ainsi, aux États-Unis, un « féminisme culturel »[10] proposant une interprétation affective de la sexualité prend la relève du féminisme radical de la fin des années soixante qui défendait coûte que coûte la libération sexuelle contre le schéma patriarcal d'une union monogame et hétérosexuelle. Le temps n'est pas encore venu où le sexe serait complètement dissocié du sentiment, en tout cas du côté des femmes ! Les défenseures du « féminisme culturel » ne souhaitent pas qu'au nom de la libération des mœurs, les femmes se fassent violence et s'alignent sur des désirs autres qu'elles font siens. Cela ne ferait qu'amputer le féminin d'une part importante de lui-même par un alignement brutal sur les *desiderata* masculins. Au lieu de subvertir la domination masculine, cela reviendrait à la confirmer. Pour autant, ces féministes ne prônent ni la séparation entre les sexes au nom de la pureté chimérique de l'*Éros* féminin ni le repli sur l'homosexualité. Reste que la sexualité masculine est envisa-

à s'y soustraire en réhabilitant le code romantique de l'amour et en s'inscrivant dans une dynamique de couple à l'heure où leurs camarades papillonnent sans état d'âme. Reste que la pornographie n'est pas sans exercer ses ravages sur les identités sexuelles en formation en érigeant en vérité du sexe ce qui n'est qu'une vision parmi d'autres. Au lieu de se contenter de le déplorer et de dénoncer le genre, faisons en sorte de réhabiliter d'autres façons de vivre sa sexualité, d'offrir des alternatives afin de réenchanter le sexe, sans diminuer pour autant l'élan vital qui le dynamise.

10. L'invention du terme *cultural feminism* est postérieure à l'éclosion du mouvement lui-même. Cf. Michel Feher, « Érotisme et féminisme aux États-Unis », *Esprit*, novembre 1993, p. 119.

gée d'un œil sévère. Elle est jugée comme intrinsèquement néfaste. Son vécu comme ses élaborations imaginaires contiennent un ferment hostile pour les femmes. Le summum est atteint dans la pornographie, « érigée en paradigme des tendances pathogènes de la sexualité masculine »[11]. Que le corps féminin enfin soustrait au regard de la communauté, à la pression du clan, à la morale familiale, fasse l'objet d'une nouvelle instrumentalisation au nom d'une levée des interdits qui profite surtout aux hommes, voilà de quoi irriter à bon droit les féministes. On considère que la jouissance sans entraves peut nuire aux femmes, attenter à leur intégrité, les réduire à l'état d'objets luxurieux. C'était déjà le cas chez Sade qui fait jouir ses libertins au détriment de leurs pseudo-partenaires. Pour de nombreuses féministes, c'est à nouveau le cas dans la pornographie, avatar moderne des textes sadiens, le discours philosophique en moins...

Toutes les féministes ne cherchent néanmoins pas à censurer la pornographie. Quoi qu'on en dise, avant de devenir ce marché qui offre l'image d'une sexualité de plus en plus performante à l'image des athlètes actuels qui repoussent sans cesse les limites de l'exploit, la pornographie au cinéma rend compte de la « décomplexion » heureuse du corps sexuel sous couvert d'une entreprise de libération générale des tabous et des interdits. C'était déjà le cas pendant l'âge d'or français de la pornographie (entre 1650 et 1800) où la pornographie littéraire était érigée en arme politique contre les interdits, notamment religieux, et où la connaissance charnelle ouvrait à la réflexion philosophique[12]. Elle n'était cependant pas alors un phénomène de masse, étant l'apanage d'une élite alphabétisée. À ses débuts, la pornographie au cinéma apporte une indéniable bouffée d'air et un formidable exutoire à une curiosité bien naturelle après des siècles où la sexualité du plus grand nombre se vivait honteusement sous les draps dans une chambre à coucher plongée dans le noir. Elle expose crûment ce qui a longtemps été dérobé aux regards et jette une aura spectaculaire sur la plus ancienne activité du monde. Après avoir vu sur grand écran le premier porno américain à succès *Gorge profonde*, une vieille dame s'écrie comme une gamine un grand sourire aux lèvres : « C'est mon premier film

11. *Ibid.*, p. 124.
12. Robert Darnton, « Quand la pornographie tenait salon », *Books* et « Le Pouvoir du sexe », *Books*, décembre 2011-janvier 2012, p. 16.

cochon ! »[13]. En montrant le jeu libre du sexe indépendamment du sentiment, de la passion, du désir d'enfanter, elle est un geste de révolte contre la longue oppression exercée par les curés, le législateur, la bourgeoisie. Parce que le sexe est considéré comme bon, nous montre qu'il n'est pas besoin d'attendre la venue d'un arrière-monde illusoire pour atteindre le plaisir suprême, il ne peut être que du côté du bien. Extraordinaire pied de nez à la honte d'aimer ou plutôt au sentiment de culpabilité généré par l'acte d'amour, effectif ou simplement imaginé. La répression sexuelle serait donc davantage à craindre que la pornographie. Pourtant, comment ne pas voir que les femmes sont encore les grandes perdantes dans cette économie sexuelle moderne pensée par et pour les hommes ? Doit-on en rendre responsable, comme le fait Benoîte Groult en 1975, des récits comme *Histoire d'O* dont l'adaptation pour le grand écran en 1974 généra une nouvelle controverse ? Rejetant l'idée que le livre puisse être l'œuvre d'une femme, Benoîte Groult le range dans la catégorie des livres « éro-to-pornographiques » « écrits par des hommes » et dont « le programme aguichant » repose sur un même canevas :

> C'est toujours le même héros masculin qu'on retrouve, jouissant avec la même superbe d'une créature qui se réduit pour lui à deux orifices au bas du corps, plus un troisième au bas du visage, et qu'il s'obstine à appeler femme bien qu'elle ne soit plus qu'une poupée qui mouille et qui pleure.[14]

Au service de la *libido* masculine, la pornographie est un genre profondément déprimant et hostile aux femmes. Rien de commun avec la littérature érotique féminine qui se distingue par sa bonne humeur et son ton amical :

> La littérature érotique féminine est le plus souvent au contraire étonnamment amicale, joyeuse et saine (Belen, Emmanuelle Arsan, etc.). En revanche, les auteurs masculins ne semblent se repaître que d'humiliations et de supplices infligés à la motte [...].[15]

13. *Inside Deep Throat*, « Le documentaire explosif sur l'odyssée du film *Gorge profonde* », Metropolitan édition, 2005.
14. Benoîte Groult, « Les Portiers de nuit », dans *Ainsi soit-elle*, Paris, Grasset et Fasquelle, 1975, p. 189-190.
15. *Ibid.*, p. 122.

Aux femmes, la valeur hédoniste, aux hommes, le défaut mortifère...

Dans ce débat sur la pornographie, *Histoire d'O* est une référence souvent citée. Longtemps, la lecture du récit de Pauline Réage a été circonscrite aux quartiers littéraires chics parisiens. Le voilà désormais cité dans un débat féministe d'envergure internationale comme la référence-repoussoir, un contre-exemple à fuir pour les femmes. Et ceci intervient avant même que le livre ne soit connu du grand public *via* l'adaptation cinématographique de Just Jaeckin. Ainsi, la féministe Andrea Dworkin publie un pamphlet[16] dans lequel elle consacre un chapitre au livre de Pauline Réage. L'américaine ne passe pas par quatre chemins. Les Françaises sont à l'époque, et encore aujourd'hui, plus nuancées. Familières d'une civilisation des mœurs fondée sur un commerce apaisé avec l'autre sexe, la culture de la mixité, des relations relativement pacifiées entre les femmes et les hommes, elles sont moins prêtes à dénoncer de façon abrupte ce qu'elles conçoivent moins comme une atteinte à leur dignité que comme un hommage rendu à leur féminité ! Dworkin n'a que faire de ces subtilités qui d'ailleurs n'ont pas cours dans la société où elle vit et sur laquelle elle pose un regard impitoyable. Elle souhaite mettre définitivement fin à la domination masculine qui détermine selon elle la réalité psychologique, politique et culturelle de « notre vie sur terre ». Son livre est présenté comme une action politique dont la Révolution est le but. Ce sont non seulement les comportements isolés qu'il faut réformer mais aussi la réalité sociale tout entière. Concernant la pornographie, elle suggère que le genre est apte à créer la réalité sexuelle qu'il représente et donc à réaliser l'identité féminine mise en scène : « (la) pornographie prétend définir au plan épistémologique ce qu'est une femme, ce dont elle a besoin, sa façon de penser et ses sentiments, la place qui lui convient »[17]. Dworkin ne condamne pas seulement la pornographie. C'est le coït lui-même qui est dénoncé au vitriol *via* une rhétorique coup de poing[18]. Considérant le sexe comme nocif pour la femme, la pénétration comme un viol, le rapport sexuel comme un acte d'occupation politique, cette théoricienne anti-pornographie ne fait aucune

16. Andrea Dworkin, *Woman Hating*, « Part Two : the Pornography, Chapter 3 Woman as Victim : *Story of O* », Plume, 1974, p. 55.
17. *Ibid*, p. 55.
18. Laura Kipnis, « Le dégoût de l'homme », *Books, op. cit.*, p. 41.

concession : la pornographie est l'arme de propagande mise au service de la domination masculine, un point c'est tout...

Aussi étrange que cela puisse paraître, dans son essai de 1974, Dworkin choisit comme épine dorsale de sa critique un livre issu d'une tout autre logique culturelle que la sienne, formé au lit de l'amour fou et de l'érotisme à la française. Non sans mérite car Dworkin est la première théoricienne à appliquer au livre de Pauline Réage une grille de lecture féministe en l'analysant sous l'angle de la différence des sexes. Il y aurait deux manières de lire un tel livre : « la première en étant sensible au chef-d'œuvre littéraire, à la grandeur des sentiments, à cette "inconcevable décence" [...] et la manière vulgaire »[19]. Andrea Dworkin en ajoute une troisième, politique. Contrairement aux censeurs officiels qui sévissent en France, l'essayiste affronte la dimension sexuelle de l'œuvre. Elle ne cherche pas, par d'habiles pirouettes et stratégies de fuite, à évacuer ce qui est dérangeant et à exorciser sa gêne par l'infamante étiquette de « pornographie ». *Histoire d'O* est considéré comme un livre politiquement important. Sa problématique est vite identifiée : la femme naturellement luxurieuse – « car tout est sexe en elle et ce, jusqu'à l'esprit » – accomplit sa destinée en faisant abandon total d'elle-même. Quoi de plus contraire aux efforts féministes en faveur d'une libération de la conscience opprimée que cette aliénation consentie et sans cesse réitérée ! Dworkin voit juste lorsqu'elle exhibe la structure de pouvoir à l'œuvre dans le récit de Réage et considère qu'*Histoire d'O* est le lieu d'une violente guerre des sexes. Cependant, elle ne retient que la posture victimale du personnage et refuse d'envisager une autre interprétation du texte. Car pour certains critiques, la fille amoureuse, de captive, est devenue aussi la geôlière. Qui tyrannise l'autre dans une telle économie masochiste où l'amant est aimé tant qu'il se comporte en maître ? C'est peut-être moins en fin de compte le supplice d'O – que l'on peut retrouver dans n'importe quel récit S.M. – qui choque que sa supplique amoureuse, ce « je t'aime » qui lie l'autre et l'oblige à exercer sans cesse son pouvoir de maître. Plus grave néanmoins est la persistance d'un masochisme féminin comme si les femmes ne pouvaient pas aimer sans dépendance affective, sans se soumettre sexuellement, sans se démettre psychologiquement. D'autres

19. *O m'a dit*, *op. cit.*, p. 15.

critiques sont émises par Andrea Dworkin. Elle dénonce le dévoiement que le livre fait subir au mysticisme, à la prostitution, aux rites d'initiation. La critique de Dworkin met fin à un mythe littéraire. Elle rompt en effet avec l'image idéalisée élaborée par les admirateurs de l'œuvre lorsqu'en pleine période de censure officielle, ils s'évertuèrent à démontrer sa valeur ajoutée par rapport à la littérature sexuelle de répétition. Le caractère mystique du récit, la dimension sacrée de la prostitution telle que la pratique l'héroïne, l'importance du thème amoureux étaient alors invoqués. Dworkin condamne tout ce fond mythologique. Selon elle, l'expérience mystique est mise au service de la violence, l'attitude prostituée d'O n'offre qu'une piteuse caricature de la prostitution sacrée qu'elle détache des rites anciens de fertilité.

Il n'y a pas qu'*Histoire d'O* qui nourrit alors la polémique naissante relative à la pornographie. Lorsque le réalisateur Just Jaeckin décide au milieu des années soixante-dix d'adapter sur un mode *soft* le livre de Réage, le « porno » est alors en pleine expansion. Le genre quitte la clandestinité de lieux mal renommés pour investir les salles publiques et, par conséquent, conquérir un public plus large. L'un des phénomènes majeurs du début des années soixante-dix, très vite considéré comme le modèle du genre, est le film à petit budget (25 000 dollars), tourné en huit jours avec une seule caméra et une équipe réduite à huit personnes : *Deep Throat*. Ce film, « médiocre et mécaniquement fonctionnel »[20], fut moins réalisé dans un objectif commercial que par esprit de rébellion contre les rigueurs morales d'une société américaine alors jugée encore ignorante des « choses de la vie »[21]. Jusqu'ici, la représentation explicite de la sexualité trouvait un refuge légal dans des films à valeur éducative destinés à des personnes adultes et mariées. Sorti pour la première fois en juin 1972 à « Timesquare », *Deep Throat* attire immédiatement la curiosité des gens ordinaires, hommes et femmes confondus, pour lesquels la vision hyperréaliste d'une fellation filmée en temps réel, crime odieux selon l'Église, produit un saisissement à la fois physique et psychologique. Le film fait date. Pour la première fois,

20. Jacques Zimmer, « Cinéma X », dans *Dictionnaire de la pornographie*, Paris, PUF, 2005, p. 99.
21. *Inside Deep Throat*, « Le documentaire explosif sur l'odyssée du film *Gorge profonde* », Metropolitan édition, 2005.

des américaines « respectables » issues des classes moyennes découvrent un genre traditionnellement masculin en réclamant le droit de voir ce qui rompt de façon scandaleuse avec les codes de la bienséance. « Totalement nouveau », le film apparaît comme un événement tantôt libérateur, tantôt repoussant, selon le degré de tolérance de chacun et de chacune. Le succès est colossal. Projeté dans plus de trente-deux villes, les recettes de *Deep Throat* atteignent des millions de dollars et l'actrice principale, Linda Lovelace, devient une pionnière du *hardcore*. Un article du *New York Times*, « Porno chic », vainc les dernières résistances en apportant une légitimité intellectuelle à l'événement. Encouragés par le succès public du film et la caution apportée par le *New York Times*, des spectateurs et spectatrices de milieux aisés, des acteurs du cinéma classique (Warren Beatty, Jack Nickolson) mais aussi des femmes mondialement célèbres (Jackie Kennedy) vont voir *Gorge profonde* ce qui fait boule de neige et entraîne de nouvelles vagues de spectateurs et de spectatrices. Le long-métrage de Gérard Damiano sert rapidement de cible au « nouvel ordre moral » que le gouvernement Nixon instaure afin d'enrayer une vague pornographique jugée nuisible à la société. Selon les pouvoirs en place, l'aboutissement de poursuites judiciaires menées contre cette référence désormais incontournable du « porno » permettrait en effet de fragiliser l'ensemble de la production en dissuadant d'éventuels successeurs. Malgré les conclusions négatives d'une Commission scientifique chargée en 1968 de déterminer la nocivité du « porno » et l'annulation de la plupart des lois sur le genre que celle-ci préconise, une répression colossale s'établit. Mobilisant les forces de police, le FBI et la Justice, la campagne visant à éradiquer « ce flot d'immondices qui a englouti l'esprit, l'âme et le cœur de l'Amérique »[22] conduit à un procès. Pourtant, le « porno » ne s'adresse alors qu'à un public adulte et ne risque pas d'être mis à la portée des jeunes puisqu'il suppose une démarche volontaire vers des salles publiques réglementées en fonction de l'âge des spectateurs (interdiction aux moins de dix-huit ans). Il s'agit en réalité moins de protéger les jeunes qui ne disposent pas, contrairement à aujourd'hui, des facilités d'accès au genre *via* les nouvelles technologies de l'information et de la communication, que les femmes autre public jugé « vulnérable »

22. *Inside Deep Throat, ibid.*

Le sujet de *Deep Throat* donne directement prise au débat en cours sur la sexualité féminine. Insatisfaite de ne ressentir que des « picotements », l'héroïne se lance dans une quête vers l'orgasme pendant laquelle elle se trouve initiée à diverses pratiques, non sans une bonne dose d'humour. En effet, son clitoris a pour étrange particularité d'être situé à l'intérieur de sa gorge ! La réalité anatomique est bien malmenée. Le fait que l'orgasme féminin soit subordonné à la fellation (de pratique audacieuse et transgressive, elle est devenue depuis l'acte sexuel incontournable du « porno ») est lourde de signification, surtout pour les féministes de l'époque. En effet, l'accès à l'orgasme féminin dépend ici du degré de plaisir donné à l'homme *via* sa caresse favorite. À l'économie phallique de la sexualité où la femme est réduite à la performance extraordinaire de la partie buccale de son anatomie est associée une revendication féministe : le droit à l'orgasme. C'est sur ce point très « sensible » que les détracteurs situent le pouvoir de dangerosité du film. *Deep Throat* aurait le tort d'encourager les femmes à rechercher un orgasme qui rétablit leur autonomie érotique et auquel une conception traditionnelle préfère sa variante vaginale en raison de la participation masculine qu'elle requiert. Cependant, la quête sexuelle de l'héroïne reste filtrée par des attentes masculines. Ceci n'est pas sans contribuer au fait qu'après une phase d'adhésion enthousiaste, le « porno « est dénoncé comme mettant en scène une pseudo libération sexuelle féminine. Prenant appui sur des témoignages, les féministes récupèrent celui de Linda Lovelace qui, devenue mère au foyer, relate dans un livre son « martyre » dans un univers où elle se sentait alors « prisonnière »[23]. Selon Catharine McKinnon, militante anti-pornographie, Linda « Lovelace », de son vrai nom Linda Boreman, aurait été « battue, menacée et forcée à des performances sexuelles pour que le film pornographique *Gorge profonde* (*Deep Throat*) puisse se faire »[24].

Ce débat intervient alors que des intellectuelles françaises viennent de poser les jalons d'une érotique proprement féminine et rencontrent un grand succès aux USA. C'est le cas, par exemple, de Luce Irigaray. Selon cette théoricienne féministe, la machine pornographique serait fondée sur

23. Linda Lovelace, *Ordeal* (*Épreuve*), Citadel, 1980.
24. Catharine McKinnon, « Atteinte aux femmes et à l'égalité », dans *Dictionnaire de la pornographie*, *op. cit.*, p. 49.

la présence de « femmes alibis » au service de la domination masculine et sans capacité de jouissance propre. Elles ne suscitent pas l'effet « personne » que l'on est en droit d'attendre d'un personnage auquel il serait possible de s'identifier mais un effet « prétexte ». Faire-valoir d'une jouissance masculine qui n'a d'yeux que pour elle-même… La pornographie est le lieu d'une suprématie masculine qui aligne la jouissance de l'autre sur un unique canevas et le réduit au silence : « Dans la scène pornographique, je n'ai rien à dire ». Cependant, contrairement à ses consœurs, Irigaray ne dénonce pas les méfaits d'un genre propre à perpétuer et à renforcer la violence sexuelle qu'il met en scène. Elle lui reconnaît une utilité cathartique. Néanmoins, il ne faut pas en rester là et se complaire dans ces représentations « uniques et définitives ». D'autres vérités du sexe sont à rechercher. Le boudoir sadien de même que le lieu de tournage pornographique ne donnent pas accès à la vraie « nature » sexuelle des femmes. Pour y avoir accès, Irigaray enjoint ses lectrices et ses lecteurs à se soustraire à la mécanique répétitive, à se mettre à l'écoute des impulsions de leur nature particulière :

> Ne vous obligez pas à la répétition, ne figez pas vos rêves ou désirs en représentations uniques et définitives. Vous avez tant de continents à explorer que vous donner des frontières reviendrait à ne pas « jouir » de toute votre « nature »[25]

***

Luce Irigaray ne renonce pas à l'idée d'une différence irréductible entre les hommes et les femmes. Opposée à la répartition caricaturale des rôles sociaux en fonction du sexe de l'individu, elle l'est tout autant à la dilution de la différence des sexes dans un magma asexué où se trouve négligée la situation effective des femmes dans la société. Certes, les nouveaux théoriciens des années soixante-dix proposent une solution libidinale révolutionnaire qui assouplit les contraintes identitaires et offre en effet de nouveaux territoires à explorer. Cependant, il ne faut pas souscrire avec trop d'enthousiasme à cette invitation séduisante à larguer les amarres du désir

25. *Ibid.*, p. 202

indépendamment du lieu sexué d'où l'on vient. Les philosophes « révolutionnaires » ont le tort d'escamoter la question des femmes et, en particulier, celle des rapports de pouvoir entre les sexes. Foucault fait preuve de plus de lucidité. Car chez lui, le désir n'est pas une force désincarnée qui s'infiltre dans tous les recoins mais un pouvoir en constant déplacement. Loin d'avoir accédé à une coexistence pacifique, les hommes et les femmes entretiennent des relations conflictuelles fondées sur une structure de pouvoir où les premiers dominent les secondes. Même la vie sexuelle que l'on prétend avoir libérée reconduit la mainmise masculine. Cette perpétuation d'une « domination » qui se construit à partir des acquis d'une « révolution sexuelle » faussement libératrice est particulièrement notable dans la pornographie qui utilise à ses propres fins la vision émancipée de la femme. En s'attaquant à la ligne de partage binaire qui structure les rapports humains – « un sujet déterminé comme moi fixe sous tel ou tel sexe »[26] –, les philosophes qui remettent en cause l'idée d'un sujet bien constitué fournissent aux féministes une base conceptuelle intéressante. Ils libèrent un espace considérable pour réinventer le rapport à soi et à autrui. Neutralisée[27], la différence des sexes ne peut plus être mise au service d'une hiérarchie autoritaire. L'identité autrefois pleinement constituée, sûre de son fait et de son droit, devient mouvante. Si l'appartenance au sexe masculin n'est plus déterminante, sur quels fondements asseoir le monopole dit « phallique » ? Voilà un bon moyen de fragiliser les certitudes identitaires ! L'hypothèse d'un désir multiple qui déborde le cadre œdipien vers lequel a basculé l'interprétation de la sexualité est décidément séduisante pour celles en quête d'une sexualité « autre, « plurielle », « sorte d'univers en expansion »[28]. Cependant, « les femmes retrouvent-elles leur jouissance dans cette « économie » du multiple ? » interroge Luce Irigaray. Selon elle, la théorie du désir pluriel sans l'articulation de la différence des sexes « enlève quelque chose » de la jouissance des femmes[29]. On le voit. L'essayiste ne renonce pas à une pensée dualiste. Crispation identitaire ? Manque d'audace ? Si sur le terrain de la citoyenneté la notion de personne

26. *Ibid.*, p. 71.
27. Cf. Georges Duby, Michelle Perrot, « Critique du phallogocentrisme », dans *Histoire des femmes en Occident. V. Le XXe siècle*, Paris, Perrin, 2002, p. 385.
28. Luce Irigaray, *Ce Sexe qui n'en est pas un*, Paris, Minuit, 1977, p. 30.
29. *Ibid.*, p. 138.

transcende les particularismes, au plan intime, l'identité sexuée joue à plein, est loin d'être une chimère[30]. Il semble difficile d'évacuer d'un coup de baguette philosophique une bipolarité première que l'on retrouve dans toutes les cultures et à partir de laquelle se structure l'espace social. Plutôt que d'évacuer cette évidence première, mieux vaut articuler de façon « *non* hiérarchique »[31] la différence des sexes. Pour ce faire, Irigaray propose de travailler sur le langage[32] et d'instaurer un nouveau « lieu » d'où naîtrait une langue autre, plus attentive au féminin :

> Ce travail du langage tenterait ainsi de déjouer toute manipulation du discours qui laisserait, aussi, celui-ci intact. Non, forcément, dans l'énoncé, mais dans ses présupposés autologiques. Sa fonction serait donc de désancrer le phallocentrisme, le phallocratisme, pour rendre le masculin à son langage, laissant la possibilité d'un langage autre.[33]

Irigaray fait état d'une domination masculine exercée sur le langage même. Le discours dominant serait fondé sur l'impératif de maîtrise, la lecture linéaire ainsi que le refoulement du féminin. Il est temps de ménager une place pour que les femmes « parlent leur jouissance »[34]. Selon Irigaray, la lutte en faveur de l'égalité des salaires, des droits sociaux et contre les diverses formes de la discrimination est certes essentielle mais ne suffit pas. Il importe aussi d'« inventer, entre femmes, de nouveaux modes d'organisation, de nouvelles formes de luttes, de nouvelles contestations »[35] ainsi qu'un nouveau langage.

Ce travail a déjà été amorcé par Monique Wittig qui, dans *Les Guérillères*, déconstruit les stéréotypes fondant l'idée d'un dualisme des sexes irréductible. De même, dans *La Jeune née*, Hélène Cixous interroge la « charge de répression »[36] que comporte le discours de maîtrise et fait de la libido féminine une force cosmique, erratique, déliée de la permanence identitaire :

30. Cf. aussi Nancy Huston, *Reflets dans un œil d'homme*, Paris, Actes Sud/Lemeac, 2012.
31. *Ibid.*, p. 156.
32. *Ibid.*, p. 28.
33. *Ibid.*, p. 77.
34. *Ibid.*, p. 75.
35. *Ibid.*, p. 160.
36. Hélène Cixous et Catherine Clément, *La Jeune née*, Paris, Union générale d'Éditions, 1975, p. 257.

> Cette puissance d'errance, c'est la force, c'est aussi ce qui la rend vulnérable aux champions du Propre, de la reconnaissance, de l'attribution. Par rapport à l'ordre masculin, si soumise et docile soit-elle, elle reste encore la possibilité menaçante d'une sauvagerie, la partie inconnue du tout domestique.[37]

Cette économie libidinale de la féminité est liée selon Cixous à l'écriture. Même s'il est « impossible à présent de *définir* une pratique féminine de l'écriture », il n'en demeure pas moins qu'il existe une parole féminine qui matérialise charnellement la pensée en lieu et place de la logique désincarnée du discours théorique ou politique. C'est en regagnant son corps que « la Femme » va reconquérir son « inépuisable imaginaire » de même que c'est « en s'écrivant » qu'elle « fera retour à ce corps qu'on lui a plus que confisqué » :

> Écrire, acte qui non seulement « réalisera » le rapport dé-censuré de la femme à sa sexualité, à son être-femme, lui rendant accès à ses propres forces ; qui lui rendra ses biens, ses plaisirs, ses organes, ses immenses territoires corporels tenus sous scellés.[38]

Ces théoriciennes nous permettent d'approcher ce que pourrait être un *Éros* féminin. Revendiquant une jouissance non soumise aux paramètres masculins, Irigaray semble fournir un certain nombre de conditions théoriques à l'avènement d'une érotique féminine totale. En effet, elle avance l'hypothèse de l'existence d'un inconscient féminin qui serait à réactiver ou bien à inventer de même qu'elle énonce la possibilité d'un « parler-femme »[39] fondé sur un autre fonctionnement syntaxique. Il y a ici une mise en cohérence tout à fait innovante entre le niveau des représentations et l'écriture.

Faire de la différence des sexes le socle de l'innovation langagière est aussi au fondement de l'action littéraire et militante des éditions « Des femmes », créées par Antoinette Fouque et Marie-Claude Grumbach, militantes du MLF, en 1973, période de lutte féministe intense. L'objectif de cette structure éditoriale est de mettre en valeur la puissance créatrice des femmes en levant le « refoulement » sur leurs textes. Un formidable espace

37. *Ibid.*, p. 169.
38. *Ibid.*, p. 179.
39. *Ibid.*, p. 133.

d'expression, *via* la création littéraire ou le témoignage direct, s'ouvre aux écrivaines porteuses d'une parole qui sort du sentier commun. La littérature est aussi érigée en outil en faveur de l'engagement militant :

> Au point de vue idéologique, la maison d'édition était ouverte à toutes les démarches de lutte, luttes individuelles ou collectives, et dans quelque champ que ce soit.[40]

Caractéristique des années 1970, ce positionnement rompt avec la conception égalitariste issue de Beauvoir. Antoinette Fouque choisit comme hypothèse de travail l'inscription de la différence des sexes au sein des textes écrits par les femmes :

> Pour nous, c'était un pari, un risque pris, que des textes écrits par des femmes fassent travailler la langue, y fassent apparaître, pourquoi pas une différence sexuelle. En aucun cas, il ne s'agissait pas de déclarer *a priori* qu'il y avait une écriture de femme.[41]

Cependant, l'évidence est là. Avant de le devenir, la femme naît femme et consent pour une bonne part à ce donné biologique ce qui influence tout son parcours de vie :

> L'être humain naît sexué, fille ou garçon, mais aussi être parlant. Nos expériences, nos actions sont en permanence informées par cette détermination physiologique. Pour l'homme, comme pour la femme, la physiologie, c'est le destin. Mais à tous moments aussi, nos paroles, nos écritures sont en accord ou en désaccord avec la contrainte que le corps impose à la langue et à ses effets de fantasmes.[42]

À une époque où Irigaray et Cixous se livrent à des recherches sur le caractère sexué de l'écriture, les éditions *Des femmes* offrent un lieu d'accueil privilégié pour celles qui « jusqu'à maintenant [...] ne prenaient pas la parole, n'écrivaient pas, ne créaient pas leurs langues »[43]. L'ambition

40. Antoinette Fouque, « Historique » des Éditions *Des femmes*. Cf. http://www.desfemmes.fr.
41. *Ibid.*
42. *Ibid.*
43. Hélène Cixous, *op. cit.*, p. 252.

est grande : inventer « la langue imprenable qui crève les cloisonnements, classes et rhétoriques, ordonnances et codes »[44].

La ligne éditoriale de la maison d'Antoinette Fouque n'exclut pas l'érotisme de son catalogue à condition que ce dernier ne serve pas ce que les militantes MLF dénoncent : l'oppression sexuelle des femmes. Parmi les auteures publiées, figurent les personnalités féminines qui associent à leur engagement féministe un travail de fiction, parfois érigé en instrument militant. *Préparatifs de noces au-delà de l'abîme* et *Le Nom d'Œdipe* d'Hélène Cixous sont ainsi publiés aux Éditions des Femmes en 1978. De même, Xavière Gauthier mène de front poésie et réflexion féministe[45], s'intéresse successivement au discours surréaliste sur les femmes[46], à Marguerite Duras[47] et à la vie sexuelle des Français[48]. Favorable à l'érotisme littéraire, elle est en revanche hostile à la pornographie commerciale qui appauvrit la sexualité ainsi qu'aux savants du sexe qui font profession de réprimer froidement le désir sous prétexte de l'analyser :

> (Ils) n'ont jamais fait autre chose que de nier le désir, ne l'admettant que soumis, réglementé, moral, policé.[49]

La même année où paraît *Surréalisme et Sexualité,* elle apporte sa contribution au *Dictionnaire des œuvres érotiques*[50] de Pascal Pia en rédigeant entre autres l'article sur *Histoire d'O.* Il est décidément difficile de passer le livre sous silence pour qui s'intéresse à l'époque à l'*Éros* féminin et souhaite offrir de nouvelles images de désir. Paradoxalement, le livre de Réage n'est pas considéré par la féministe comme le lieu d'un attentat contre les femmes mais comme un livre à succès – « c'est un des livres de la littérature érotique les plus connus, les plus lus, les plus discutés » – qui exerce une séduction en raison de son ambivalence même :

44. *Ibid.*, p. 175.
45. *Ibid.*, *Rose saignée,* Paris, Éditions Des femmes, 1974.
46. Xavière Gauthier, *Surréalisme et Sexualité,* Paris, Gallimard, collection « Idées », 1979 (éd. originale 1971).
47. *Ibid.*, *Les Parleuses,* Paris, Minuit, 1974.
48. *Ibid.*, *Dire nos sexualités,* « contre la sexologie », Paris, Galilée, 1976.
49. Citée dans *Anthologie de textes érotiques féminins, op. cit.*, p. 333.
50. Pascal Pia, *Dictionnaire des œuvres érotiques,* Paris, Mercure de France, 1971.

> Tout cela fait la richesse et la finesse d'un livre qui est tantôt rêve, tantôt précise réalité. Mais s'il séduit tellement, c'est surtout parce qu'il ose montrer la douceur et le repos d'un châtiment qu'on se fait imposer de l'extérieur afin de se déculpabiliser, la facilité à laquelle l'obéissance sert d'alibi et la délivrance éprouvée à se perdre.[51]

La notice de Gauthier sur *Histoire d'O* s'écarte assez peu du consensus interprétatif commun. Pourtant, l'écrivaine n'a pas hésité par ailleurs à dénoncer les mythes régressifs perpétués par le surréalisme. Il faut aller voir du côté d'un autre ouvrage de Gauthier, *Histoire d'I*[52], pour découvrir un point de vue inédit sur le récit de Réage. Sous le pseudonyme de Gaëtane, elle pastiche le livre de Réage en attribuant à de monstrueux personnages féminins le pouvoir de supplicier un jeune homme emprisonné dans une cave. Serait-ce là une inversion ludique afin d'exercer une revanche fictive contre l'héroïne soumise et torturée ?

La plupart des écrivaines érotiques dérogent peu à la relation classique entre un homme dominant et une femme dominée, semblant ainsi conforter l'idée fort répandue d'un masochisme « naturel » féminin. Ainsi en est-il du récit d'Anne Lauris qui loin d'être amical, joyeux et sain, met en scène une femme-objet se délectant de sa propre soumission [53] :

> Elle : l'esclave. Lui : le maître. Elle rien sans lui. Il l'a découverte, inventée, soumise, patiemment, lentement.[54]

En pleine promotion de l'érotisme solaire, l'*Éros* noir poursuit sa carrière chez les auteurs féminins. Il est soit un ingrédient amer de la passion amoureuse, soit un thème central comme dans *Le Corps lesbien*, roman-poème[55] où est chantée une passion viscérale et cannibale pour le corps de la femme aimée. Ici, la charge mortifère trouve refuge dans un texte lyrique où le corps devient méconnaissable à force d'être transfiguré par

51. *Ibid.*, p. 230.
52. Gaëtane, *Histoire d'I*, Paris, Filipacchi, 1974.
53. Anne Lauris, *L'Île*, Paris, Régine Deforges, 1972.
54. *Anthologie de textes érotiques féminins*, *op. cit.*, p. 324.
55. Monique Wittig, *Le Corps lesbien*, Paris, Minuit, 1973.

des images poétiques. « Chantre de la féminitude »[56], Monique Wittig ne souhaitait pas que la puissance suggestive du thème homosexuel l'emporte sur les considérations littéraires. Rare est cette démarche. Car alors qu'au début du XXe siècle, l'érotique homosexuelle est portée par une poésie amoureuse détachée des revendications identitaires, le lesbianisme devient au cours des années 1970 un thème à part entière du discours érotique[57] et l'objet d'une entreprise militante. Par exemple, dans *Les femmes préfèrent les femmes*[58], Elula Perrin fait de son récit un manifeste hédoniste en faveur du droit à vivre une orientation sexuelle différente.

Qu'il s'expose dans sa norme hétérosexuelle ou bien dans sa variante homosexuelle, le duo érotique demeure une valeur sûre du discours féminin, y compris chez Nelly Kaplan qui décrit une scène incestueuse et dénuée de culpabilité entre un père et sa fille, ce qui vaut aux *Mémoires d'une liseuse de draps*[59] en 1974 une triple interdiction à l'affichage, à la publicité et à la vente aux mineurs. Plus inventive est la démarche de Janine Aeply engagée dans une recherche formelle et plus précisément dans celle d'une « sémiotique érotique »[60]. L'auteure d'*Une fille à marier* publie en 1972 au Mercure de France *Éros zero*[61], un recueil de textes courts. Selon Angie David, Janine Aeply aurait écrit ces nouvelles dans le but d'offrir une réponse personnelle à *Histoire d'O*[62], dont elle connaissait intimement l'auteure, ce que semblent suggérer quelques convergences entre les deux livres. Le début ressemblerait « parfaitement » à celui d'*Histoire d'O* tandis que « le personnage d'Alice rejoint celui d'O quand elle est qualifiée d'"abstraction" »[63]. En effet, les deux scènes initiales instaurent d'emblée une rupture avec le monde réel et donnent accès à un univers parallèle. De même, chez les deux auteures, l'écriture témoigne d'une utilisation châtiée de la langue aux antipodes du réalisme brutal de certains écrivains érotiques et d'une mise à distance de la sexualité au sein d'une scénographie sexuelle

56. Alexandrian, « La littérature érotique féminine », *op. cit.*, p. 289.
57. Jocelyne François, *Les Bonheurs*, Paris, Robert Laffont, 1970.
58. Elula Perrin, *Les femmes préfèrent les femmes*, Paris, Ramsay, 1977.
59. Belen, *Mémoires d'une liseuse de draps*, Paris, Pauvert, 1973.
60. *Anthologie de textes érotiques féminins*, *op. cit.*, p. 313.
61. Janine Aeply, « Alice's paradise », *Éros Zéro*, Paris, Mercure de France, 1972, p. 16.
62. Angie David, *op. cit.*, p. 527.
63. *Ibid.*

élaborée. Cependant, les livres diffèrent considérablement dans le traitement du personnage féminin central. Si dans la première scène d'*Alice's paradise* comme au début d'*Histoire d'O*, les deux personnages féminins ôtent leurs sous-vêtements dans une voiture qui les transfère vers un lieu isolé, dévolu au sexe, ce n'est pas une héroïne docile qui ouvre le récit de Janine Aeply mais un personnage féminin offensif emmenant un couple d'étrangers (américains) dans une boîte échangiste, non sans ironie :

> Au moment d'ouvrir la portière, l'homme réalisant enfin tenta de l'embrasser. La culotte avait fait son chemin. Alice repoussa cette manifestation qu'elle jugeait intempestive ; on n'en était plus là. La femme devant avait des difficultés. Le conducteur s'efforçait de l'aider, ce qui compliquait tout. Un collant justement nommé pour tout dire. Ses pieds nus remis dans des chaussures à hauts talons la faisaient boiter comme une petite fille qui expérimente les souliers de sa mère.[64]

Dans les deux cas, le choix du lieu favorise la mise à distance scénique de la femme comme objet de convoitise d'une masse indifférenciée de personnages masculins. Cependant, Alice n'est pas une fille amoureuse et semble déjà annoncer, par son regard distancié, *La Vie sexuelle de Catherine M.* De plus, la description libertine ne s'effectue pas sur un mode réaliste. L'œuvre ne prétend pas donner à voir le fonctionnement réel des milieux échangistes ni de promouvoir, comme chez Emmanuelle Arsan, le bonheur de l'érotisme multiple. Ce livre érotique ne ressemble à aucun autre. S'y met en branle un imaginaire féminin particulièrement insolite. Au gré des « interprétations » d'Alice[65], la scène sexuelle se transforme en crèche de Noël, en scène de théâtre, en locomotive « ahanante »[66], en crypte religieuse et en salle d'opération ! La métaphore filée et les analogies produisent la transfiguration de la scène sexuelle en lieu fantastique, produit d'une imagination autonome et créatrice. Dans le dernier texte court, « les Champs-Élysées », ce sont les productions de la nature (la ruche, l'activité végétale des fleurs et des plantes) qui servent à métaphoriser les transes sexuelles collectives. Ces tableaux d'un naturalisme poétique laissent par-

64. Janine Aeply, « Alice's paradise », *Éros Zéro*, Paris, Mercure de France, 1972, p. 16.
65. *Ibid.*, p. 24.
66. *Ibid.*, p. 31.

fois filtrer une description à valeur ontologique où est précisée la logique humaine à la base de l'action exhibitionniste :

> On ne se parle pas, on se respire dans la bouche les uns des autres ; de plus en plus vite. Le temps est impitoyable. Ici on le gagne. Plus de temps perdu à faire connaissance, à attendre, à faire semblant de ne pas oser. Une danse, quelques gestes. Pas d'histoire de ma vie, de nouveaux rendez-vous, pour aboutir, de mensonge en mensonge, à la minute de vérité.[67]

Cependant, malgré cette belle inventivité, le livre de Aeply passe inaperçu et disparaît des librairies jusqu'à ce que Pauvert le réédite dans sa collection « Lectures amoureuses » en 1997.

Au sein de ce champ érotique féminin en plein essor, *Histoire d'O* est donc le modèle ou contre-modèle par rapport auquel de nombreuses auteures se situent. À défaut d'innovations langagières radicales, les écrivaines lui doivent l'audace d'avoir donné une voix féminine au sexe. Cependant, cette voix est largement tributaire de l'imaginaire pornographique perpétué par les hommes. D'où les réfutations qu'il suscite à juste titre. « Héroïne réactionnaire »[68], O apparaît comme un contre-exemple abhorré au regard des nouvelles aspirations « révolutionnaires » exprimées par les femmes et ce d'autant plus que la froideur de cet érotisme intellectuel qui met en scène le corps pour le réduire est aux antipodes de la conquête hédoniste d'une chair libérée. Pourtant, certaines auteures, devenues des figures exemplaires de l'érotisme littéraire féminin, continuent à défendre *Histoire d'O* et à faire du geste de Réage un geste pionnier.

***

C'est notamment le cas de Régine Deforges[69], autre figure marquante de l'érotisme littéraire de cette époque, connue au départ pour sa démarche pugnace en faveur de la reconnaissance du genre. Elle est une personnalité féminine flamboyante qui eut le courage, dans un contexte très tendu de

67. *Ibid.*, p. 153.
68. Alexandrian, *Histoire de la littérature érotique*, *op. cit.*, p. 290.
69. Régine Deforges, *L'Enfant du 15 août*, Paris, Robert Laffont, 2013.

censure officielle, de mettre la littérature érotique sur le devant de la scène. Car chez elle aussi, ce n'est pas être nue que de se cacher pour être nue... Il n'y avait pas de raison selon elle que la littérature érotique n'ait pas sa place dans les librairies au même titre que la littérature religieuse, policière, philosophique, etc. Hostile à toute censure[70], y compris celle que les éditeurs s'imposent à eux-mêmes par crainte des répercussions policières et judiciaires, l'éditrice a fait de l'érotisme littéraire l'enjeu d'un combat contre toute entrave imposée à la liberté d'expression. Dans cette bataille où il ne s'agit pas de constituer un corpus respectable digne de figurer dans les manuels d'histoire littéraire mais de défendre un principe fondamental (« pur concept idéal » selon Maspero[71]), Régine Deforges abandonne le traditionnel réflexe qui consiste à évoquer le mérite esthétique ou bien encore l'utilité intellectuelle de l'œuvre incriminée. Selon Pauvert, l'éditrice est la première personnalité du monde des lettres à défendre le droit de l'érotisme à exister pour ce qu'il est véritablement sans se réfugier « dans l'ornière de la valeur littéraire »[72] :

> Soutenue par son avocat, Me Matarasso, elle revendiquait pour les livres érotiques le droit d'être tout simplement ces « contes de fées pour grandes personnes » dont parle Havelock Ellis, et de ne pas être nécessairement mieux écrits que les romans policiers ou la littérature édifiante.[73]

Contrairement à Benoîte Groult qui établit une distinction de genre entre un érotisme féminin joyeux et une pornographie masculine nocive, Deforges ne dresse aucune frontière et admet toutes les expressions érotiques. Aucun critère de différenciation n'est mobilisé : ni moral, ni esthétique, ni sexué. Elle mine le *distinguo* classique entre l'érotisme de classe, digne d'être lu et commenté, et la pornographie vulgaire, digne d'être aussi vite oubliée que consommée On comprend non sans mal l'inconfort

70. C'est le cas par exemple des chansons controversées d'Orelsan que Michel Onfray, par exemple, condamne comme le symptôme d'une délinquance relationnelle tandis que Régine Deforges défend le droit à dire, même avec les mots les plus révoltants de misogynie, la blessure amoureuse.
71. François Maspero, *Tricontinental*, 25/11/1970. Cité par Pauvert, *Nouveaux (et moins nouveaux) visages de la censure*, *op. cit.*, p. 47.
72. *Ibid.*, p. 35.
73. Pauvert, *Anthologie historique des lectures érotiques*, *op. cit.*, p. 656.

qu'une telle prise de position adoptée par une jeune femme a pu susciter à la fin des années 1960 non seulement chez les gardiens de l'ordre moral mais aussi chez ceux qui jouaient le jeu de l'érotisme, nouvel oracle des temps modernes, sans trop se salir les mains...

Avant de devenir une romancière à succès[74], Régine Deforges est une éditrice qui franchit allègrement les barricades et contribue à façonner le domaine érotique. Elle subit davantage les effets de la censure que ses confrères, Jean-Jacques Pauvert et Éric Losfeld. Entre 1969 et 1975, douze livres des éditions Pauvert et 24 ouvrages de la maison d'Éric Losfeld subissent la triple interdiction aux mineurs, à l'affichage et à la publicité. Cependant, c'est Régine Deforges, fondatrice de la maison d'édition L'Or du temps, qui est la « bête noire » du ministère de l'Intérieur avec 53 ouvrages censurés dont des classiques de l'*ars erotica*, comme *Le Jardin parfumé* de Cheick Nefzaoui en 1973[75]. En transgressant délibérément les frontières de la légalité[76], Régine Deforges s'installe dès 1967[77] dans une démarche qui la situe dans la continuité frondeuse de l'éditeur de Sade à ses débuts. L'ambition de la jeune femme est de rééditer des classiques de l'érotisme introuvables, méconnus ou interdits. Désireuse d'enrichir son catalogue de vente par correspondance d'ouvrages érotiques, l'ancienne libraire décide de publier au grand jour un livre érotique de jeunesse d'Aragon, renié par celui-ci : *Le Con d'Irène*[78]. Sa demande d'autorisation formulée à Aragon ne recevant aucune réponse, l'éditrice prend le parti de publier *Irène* sans nom d'auteur, ce qui constitue à l'époque une atteinte à l'une des obligations légales. D'où les interdictions qui s'ensuivent. Contrairement à Pauvert, la jeune femme ne bénéficie pas alors du soutien d'une communauté intellectuelle, d'appuis gouvernementaux et de la légitimité professionnelle que

74. Le premier tome de sa série romanesque, *La Bicyclette bleue*, a été un succès public indéniable, adapté au cinéma avec Laetitia Casta dans le rôle de Léa. Paris, Ramsay, 1982.
75. Nefzaoui, Mohammed Ibn Umar (al-), *Le Jardin parfumé : Manuel d'érotologie arabe du cheikh Nefzaoui*, Paris, Régine Deforges, 1972.
76. Parce qu'elle se soustrayait de façon systématique à l'obligation de dépôt légal, l'éditrice a été saisie, poursuivie et inculpée en raison de l'illégalité de sa situation.
77. Installée dans la vente par correspondance, elle publiait alors un catalogue intitulé « La Conquête du sexe ».
78. Anonyme (Aragon), *Irène*, Paris, L'Or du temps, 1968.

confère une carrière éditoriale de longue durée. Car, en vingt ans, Pauvert a réussi à se faire respecter et craindre des pouvoirs en place. Les deux éditeurs ne bénéficient donc pas du même traitement… Par exemple, en 1969, *Lourdes, lentes* de Stève Masson (André Hardellet) est publié presque simultanément par les éditions Pauvert et L'Or du temps. Cependant, seule l'édition de Régine Deforges est poursuivie trois ans plus tard en correctionnelle tandis qu'elle est « parfaitement tolérée chez Jean-Jacques Pauvert »[79]. Il faut dire que l'éditrice est une pionnière. Elle fait partie des premières femmes à investir un bastion où ce sont les hommes qui décident de la ligne éditoriale de leurs structures.

Certes, « dès avril 1965, Michèle Trinckvel avait montré la voie en se lançant dans l'édition de luxe »[80]. De même, au début des années cinquante, « Madame Françoise » est une figure emblématique du monde du livre clandestin[81]. Deforges va plus loin : elle sort le livre érotique du rayon obscur des bibliothèques pour l'offrir à un large public. Que cette démarche soit portée par une femme gêna non seulement les médias mais aussi la Police et la Justice. Lorsque Deforges sollicite les directeurs de journaux afin d'obtenir une mobilisation collective contre la censure qu'ils honnissent autant qu'elle, elle n'obtient aucun secours : « J'ai crié au feu mais ils n'ont vu que le fait que j'étais une femme ». De même, convoquée à la Brigade mondaine, Deforges fait l'objet d'un traitement humiliant : on lui expose des photographies pornographiques afin d'observer sa réaction. En témoignent aussi les propos infantilisants et moralisateurs de la Présidente du Tribunal : « Voyons, Mlle Deforges. Vous n'avez pas honte de proposer de tels ouvrages ? Une jeune femme comme vous… ».[82] Il n'est pas de bon ton qu'une femme s'approprie le registre érotique, qu'elle soit écrivaine ou bien éditrice. Du côté des médias, la presse s'empare rapidement de l'image séduisante de la jeune éditrice alors que celle-ci cherche moins à attirer l'attention sur elle-même que sur les conditions iniques menaçant le métier d'éditeur et les entraves faites à la liberté d'expression. L'éditrice n'a pas de prédispositions pour la clandestinité, ce qui l'oriente vers une démarche

79. *Anthologie historique des lectures érotiques, op. cit.*, p. 675.
80. Marc-Émile Baronheid, *Régine Deforges, l'inconduite*, Paris, Stock, 1995, p. 122.
81. Pauvert, *La Traversée du livre, op. cit.*, p. 222.
82. Cité dans *Régine Deforges, op. cit.*, p. 128.

frontale vis-à-vis des gens de la profession (rédacteurs en chef notamment) qu'elle cherche à mobiliser. Lors de la première affaire de saisie intégrale des exemplaires d'*Irène* (dont l'anonymat de l'auteur fournit le prétexte officiel), Deforges fait l'objet de plusieurs commentaires journalistiques qui oscillent entre l'allusion salace et le mutisme sur son identité de femme. En 1968, dans l'un des numéros du *Nouvel Observateur,* Mandiargues ne mentionne pas son nom tandis que le quotidien généraliste *France-Soir* publie une photo de la séduisante jeune femme[83]. Les faiseurs d'opinion sont prompts à fabriquer des réputations scandaleuses et des malentendus à partir de bribes de vérité biographique et de fantasmes contemporains. En choisissant l'érotisme littéraire, Deforges leur fournit là un aliment de choix...

La production éditoriale de L'Or du temps ne témoigne pas d'un désir de renouveler l'érotisme littéraire par le biais d'écrits féminins. Au nom de la liberté d'expression, il s'agit surtout de substituer à la clandestinité le grand jour de la publication officielle et aux aménagements éditoriaux l'intégralité du texte. Alors qu'en 1963, l'éditeur Claude Tchou contraint Claude Sadut à un adoucissement des passages les plus subversifs des *Jeux de l'orgueil,* la version originelle du texte[84] est publiée cinq ans plus tard à L'Or du temps. De même, en 1970, *L'Anglais décrit dans le château fermé,* publié une première fois clandestinement par Pauvert en 1953, paraît officiellement à L'Or du temps avec le pseudonyme de Pierre Morion, le respect de l'identité véritable (Mandiargues) faisant l'objet d'une clause du contrat d'édition. De nombreux classiques de l'érotisme littéraire[85] sont ainsi réédités par Deforges dans une version complète et officielle. Le but est de les revaloriser *via* leur insertion dans un circuit normal de diffusion et non *via* des textes d'accompagnement prouvant leur mérite littéraire.

Ceci n'est pas sans conséquences... Au début du mois de mars 1973, « Régine Deforges se voit menacée d'une contrainte par corps imminente

83. Marc-Émile Baronheid, *op. cit.*, p. 122.
84. Claude Sadut, *Les Jeux de l'orgueil*, Paris, L'Or du temps, 1968.
85. Citons par exemple pour l'année 1969 : *L'École des filles ou la philosophie des Dames*; *Les Mémoires d'une chanteuse allemande*; *Mémoires de Fanny Hill, femme de plaisir*; *Manuel d'érotologie classique*; *Ma Vie secrète*; *Les Exploits d'un jeune Don Juan*; etc. Cf. *L'Édition française depuis 1945, op. cit.*, p. 589.

pour n'avoir pas acquitté les amendes qui lui ont été infligées pour ses refus de dépôt préalable de ses livres »[86]. Amnistiée, l'éditrice est néanmoins privée de ses droits civiques (cinq ans), d'amendes très onéreuses, de la liquidation de sa maison d'édition et d'un procès qui fera date. L'opiniâtreté de Régine Deforges porte cependant ses fruits. Intrigué dans un premier temps par cette jeune femme au caractère bien trempé qui a investi un domaine sensible au mépris de toutes les barrières légales, le monde intellectuel réagit désormais à l'injustice qui pèse sur un « éditeur » à part entière. À travers la défense de Deforges, ce sont les dommages que les incohérences de la censure infligent à la liberté d'expression qui sont dénoncés[87]. Tandis que Pauvert est défendu lors du procès Sade en 1956 par une poignée d'écrivains renommés, les poursuites engagées contre Deforges suscitent l'indignation collective de plus de « deux cents personnalités du monde des lettres, des arts et de la presse »[88]. L'enjeu dépasse la confrontation entre un individu et le pouvoir officiel. Parmi les signataires de la pétition, l'académicien Pierre Emmanuel écrit un article de haute volée qui distingue la portée spirituelle de l'érotisme noir de la réduction aliénante de « la pornographie des sex-shops et des cinémas spécialisés ». Alors que Mauriac à la fin des années 40 n'avait pas de mots assez durs pour dénoncer l'érotisme littéraire, l'écrivain catholique Pierre Emmanuel prêche dans *Le Figaro* pour la puissance de cet érotisme contre l'amoindrissement imposé par la culture érotique de masse. Pour de nombreux écrivains de l'époque, l'érotisme littéraire témoigne d'un érotisme authentique que l'optimisme hédoniste et le naturalisme pornographique falsifient :

> Cette violence à laquelle l'érotisme littéraire sensibilise jusqu'à l'épouvante, les sex-shops, boucheries de chair rose, l'ont truquée, éviscérée, parodiée.[89]

L'enjeu du conflit a changé. Une autre menace est apparue : la banalisation du sexe *via* la pornographie. Il ne s'agit plus de défendre l'érotisme contre la stigmatisation morale exercée par une société coercitive mais

86. *Le Monde,* 1er mars 1973, p. 17.
87. Tenu le 9 mars 1973 devant la 17e chambre correctionnelle, le procès de « L'Or du temps » concerne trois livres érotiques qui relèvent de l'érotisme noir cher à Bataille : *L'Anglais décrit dans le château fermé, La Transparence* et *Ma Vie secrète.*
88. *Le Figaro littéraire,* 17 mars 1973.
89. Pierre Emmanuel, *ibid.*

de défendre la valeur intellectuelle d'un érotisme distingué au sein d'une société permissive où le combat d'arrière-garde que mène la censure se trompe d'« ennemi » :

> Pourquoi cette sévérité contre un artisan de l'érotisme alors qu'il existe un commerce multinational du sexe?[90]

De cet érotisme de la distinction dont font partie intégrante Sade, Bataille, Klossowski, Réage, l'éditrice de L'Or du temps ne s'est jamais désolidarisée même si elle a parallèlement pris en considération les attentes du grand public à travers des productions plus accessibles. De même, la démarche de Deforges ne relève pas d'un projet féministe. Elle est demeurée surtout fidèle à un point de vue féminin sur les femmes. Ceci est notamment illustré par sa bibliothèque personnelle, constituée d'ouvrages hétéroclites sur « les femmes » et « la femme » (« les femmes avant 1960 » et « les femmes après 60 »), dont certains reconduisent un certain nombre de mythes que Beauvoir et ses consœurs auraient sans nul doute déconstruits[91] ! De plus, les livres publiés par Deforges n'ont jamais prétendu s'adresser à un lectorat érotique féminin, alors minoritaire. Il ne faut donc pas s'étonner que les termes qu'elle utilise pour désigner l'impact sexuel de la lecture licencieuse concernent les lecteurs :

> Je ne publie pas d'ouvrages médicaux. Je ne fabrique pas des livres pour les malades. Uniquement pour les gens qui ont envie de bander en les lisant.[92]

En effet, Régine Deforges tient compte de la réalité d'un marché et ne cherche pas à amener les lectrices vers ce domaine. Comme le rappelle son biographe, à cette époque, « seules dix pour cent des femmes achètent des livres érotiques »[93]. La démocratisation des lectures érotiques profite donc surtout à un lectorat masculin. Peut-on pour autant soupçonner Régine Deforges d'une certaine complaisance à la pornographie ambiante et au traitement cavalier du corps féminin que celle-ci véhicule? Si Deforges

90. *Ibid.*
91. Citons par exemple M. d'Esterno, *La Femme envisagée au point de vue naturaliste, spiritualiste, philosophique, providentiel* dans Marc-Émile Baronheid, *op. cit.*, p. 141.
92. *Ibid.*, p. 135.
93. *Ibid.*

promeut les livres de l'érotisme littéraire quel que soit leur degré d'obscénité, il n'en est pas tout à fait de même des films pornographiques qu'elle avoue ne pas aimer. Dans le numéro de *L'Express* consacré à l'adaptation au cinéma d'*Histoire d'O*, elle dénonce non seulement l'indigence esthétique de ces films[94] dépourvus selon elle de mise en scène, de dialogue érotique, de jeu d'acteurs mais aussi « l'effroyable misogynie » qui fait de la femme « un peu plus qu'une poupée gonflable »[95]. Serait-on là face à un authentique sentiment de rejet féministe ?

Si l'éditrice de L'Or du temps a soutenu matériellement la création des Éditions Des femmes, elle a dans le même temps scandalisé ses consœurs en tenant des propos provocateurs en faveur de la prostitution comme voie d'initiation positive à la sexualité contre l'ignorance sexuelle :

> Chaque femme au foyer devrait faire l'expérience de se prostituer, de manière à acquérir une connaissance physique des hommes et à savoir comment utiliser son propre corps. Le plaisir est un cadeau extraordinaire.[96]

Afin de contrebalancer l'inexpérience érotique de la femme mariée, Deforges recommande une « solution » censée développer la connaissance charnelle alors qu'elle ne fait que déplacer vers l'autre pôle de la condition féminine la situation d'inégalité entre les femmes et les hommes. Car comment peut-on concevoir que le plaisir puisse s'obtenir dans le cadre d'une relation tarifée fondée sur le service dû à l'homme et non sur l'échange des désirs et des plaisirs ? Deforges semble détentrice d'une image mythique de l'univers prostitutionnel, comme en témoigne d'ailleurs l'un de ses derniers ouvrages, consacré aux « putains »[97]. Hostile à l'attitude radicale des militantes du MLF, prônant une certaine idée française de la galanterie, ne dédaignant pas le statut de « femme-objet » auquel l'homme ramène selon elle inévitablement sa partenaire, Régine Deforges a le féminisme timide. Il se réveille davantage au contact du cinéma porno. Ainsi, invitée à faire

94. *Gorge profonde, L'Enfer pour miss Jones*, etc.
95. Régine Deforges, « Je n'aime pas le cinéma porno », *L'Express*, 29 septembre-5 octobre 1975, p. 5.
96. *Playboy*, 1972 dans Marc-Émile Baronheid, *op. cit.*, p. 185.
97. Régine Deforges et Claudine Brécourt-Villars, *Les Poètes et les Putains*, Paris, Albin Michel, 2004.

partie du jury du Premier Festival international du film pornographique, Deforges a dû, par conscience professionnelle, regarder chaque jour du festival plusieurs films *hardcore*. L'éditrice se sentit « dérangée » par l'afflux d'images qui renvoyaient à l'univers fantasmatique d'autrui sans que le sien n'ait été mis à contribution. Privée de la puissance créatrice de son propre cinéma intime, Deforges dénonça en ces termes l'imposition d'un désir autre :

> Première remarque, toute personnelle : le cinéma sur écran dérange mon cinéma intérieur. Je lis un livre érotique, je peux m'arrêter, le fermer, rêver, former et déformer mes images. Celles qu'on m'impose dans la salle obscure me bousculent, s'installent, suivent leur logique et pas la mienne.[98]

Ce qui « est en cause » n'est pas le défaut de qualité artistique du « porno ». C'est l'« effroyable misogynie » qui est « plus gênante » de même que l'image dégradée de l'amour physique. Aussi paradoxal que cela puisse paraître à première vue, le cinéma porno est considéré par Deforges comme « puritain » car il rabaisse la sexualité, réduit les relations sexuelles à un « spectacle laid et répugnant ». C'est au nom de la défense d'une conception inventive de l'érotisme, de l'autonomie du désir et de la liberté fantasmatique que Deforges dénonce la « débilité », la « misogynie » et le « puritanisme » du *hardcore*. Par réaction face à un genre qu'elle « n'aime pas », Deforges entreprend quelques années plus tard de réaliser un film, *Les Contes pervers*, essai cinématographique malheureux chargé de corriger l'insignifiance réaliste du « porno » par la mise en scène de diverses situations fantaisistes propices à l'amour physique. Moqué par la critique en raison de ses maladresses de mise en scène et de ses clichés, le film se signale surtout par son échec...

Les reproches adressés au porno n'empêchent pas Deforges de reconnaître son importance comme phénomène socio-culturel inédit au regard de l'histoire de la société occidentale. Pour la première fois en effet, il devient possible à des millions de spectateurs et de spectatrices de regarder en toute légalité des images pornographiques sans être pour autant considérés comme « des malades, des fous, des obsédés ». Deux conséquences positives sont selon elle « prévisibles » : l'apport pédagogique

98. *L'Express*, *op. cit.*, p. 5.

du « porno » sur l'« immense majorité » du public ignorant les détails de l'anatomie génitale et l'apport communicationnel du « porno » au sein du couple. Le pouvoir d'ébranlement du « porno » se situe selon Deforges dans une libéralisation de la « conversation » intime. Le « porno » aurait la faculté de lever les interdits langagiers pesant sur la sexualité, de susciter un désir de « mieux » faire et d'entraîner, par conséquent, une pratique sexuelle plus satisfaisante. Deforges diffère de ces militantes pour lesquelles le « porno » perpétue et exalte la domination sexuelle des hommes. Elle l'envisage moins comme un danger que comme une chance « qui n'aura pas été inutile » si « ceux et celles qui voient ces films en sortent avec l'envie de mieux faire l'amour à leur partenaire ». Son commentaire prête au « porno » non pas des effets pervers mais une influence bénéfique sur les comportements. Ce sont donc moins des appétits primaires qui sont sollicités selon elle qu'une légitime volonté de voir et de savoir. Cela présuppose chez le spectateur moyen un certain degré d'ignorance des choses sexuelles que le « porno » serait à même de contenter. Le point de vue de Deforges n'atteint donc pas le degré d'hostilité des discours féministes qui démontrent au contraire que le « porno » produit sur le mode de la violence un savoir normatif fondé sur un idéal de performance et dont les bénéfices concrets ne profitent qu'aux hommes.

Surtout connue aujourd'hui pour sa somme romanesque, *La Bicyclette bleue,* Régine Deforges doit sa carrière de romancière à une rencontre décisive, celle avec son aînée, Dominique Aury : « Sans Pauline Réage et la réalisation de *O m'a dit,* je n'aurais sans doute jamais pu écrire »[99]. Il en était de même d'Emmanuelle Arsan pour laquelle sans le précédent d'*Histoire d'O, Emmanuelle* n'aurait jamais vu le jour… Lors de la « réalisation d'*O m'a dit* », Dominique Aury conseille à la jeune femme avec laquelle elle s'est liée d'amitié, de « développer certaines choses » car « on ne vous entend pas ». En provoquant sa propre conception en matière amoureuse, Aury donne à Deforges le courage d'écrire et de donner vie elle aussi à son imaginaire érotique trop tu jusqu'alors. La tâche n'est pas facile pour Deforges qui lui

99. Archives Madeleine Chapsal. Cité par Marc-Émile Baronheid, *op. cit.*, p. 162.

confie qu'un traumatisme adolescent est à l'origine de son empêchement à écrire. À quinze ans, elle tombe en effet amoureuse d'une autre jeune fille et écrit cette passion dans un cahier que d'autres enfants lui dérobent. L'affaire s'ébruite, la jeune écrivaine en herbe est sévèrement punie. De là naît une peur d'écrire heureusement surmontée des années plus tard à la faveur de *O m'a dit* : « je dois à Dominique Aury d'avoir pu surmonter ma peur que l'on me vole ce que j'écrivais ». Déjà connue comme éditrice, la jeune femme écrit *Blanche et Lucie* qui remporte un succès immédiat. Elle s'attelle ensuite à la dure tâche d'écrire *Le Cahier volé* « dans la souffrance, dans les cris, dans les larmes ». Malgré une douleur qui n'a jamais été totalement guérie, l'auteure continue, persévérer dans son être étant pour elle persévérer dans l'écriture...

L'imaginaire érotique de Régine Deforges est foisonnant et son approche plutôt ludique. Tandis que celui de Dominique Aury ne s'est manifesté que sur le mode de l'érotisme noir, celui de Deforges puise son miel à plusieurs univers. Pour autant, l'auteure n'éprouve pas le besoin de fréquenter les quartiers chauds de la Capitale pour écrire de l'érotique. Littéraire et non sociologue, le travail de l'imagination est amplement suffisant selon elle. Dans *Lola et quelques autres,* Paris est le principal moteur de l'inspiration. Considérée comme une ville érotique et magique, la capitale fournit prétexte à de multiples situations érotiques[100]. Chez Deforges, les lieux de la geste érotique varient, les situations sont insolites, les personnages diversifiés comme le montre par exemple *Les Contes pervers,* recueil de nouvelles qui compense l'essai cinématographique malencontrueux de Deforges. Mélangeant les registres (paillard, mystique, tragique, comique), *Les Contes pervers* attestent d'une option anti-réaliste qui contribue à creuser le clivage entre l'image pornographique « hyperréaliste » et l'inventivité de l'érotisme littéraire[101]. Dans ces contes de fées pour adultes, se succèdent un fauconnier, un camionneur, un élève de collège, un homme richissime, des voyous, un mannequin, une libraire, une prostituée. L'auteure aime à mettre en scène des appariements insolites : une femme de la classe bourgeoise et un homme des bas-fonds, une femme d'âge mûr et un

100. Régine Deforges, *Lola et quelques autres,* Paris, Fayard, 1981.
101. Régine Deforges, *Contes pervers,* Paris, Fayard, 1980.

jeune homme, etc. L'horizon d'attente des lecteurs et des lectrices est volontiers contrarié. L'élément érotique le plus fort n'est pas forcément porté par la personne la plus séduisante. Dans l'un des *Contes pervers,* un routier éprouve une forte attraction érotique pour une top-modèle avec laquelle il fait l'amour dans son camion. Fantasme qui n'aurait rien de bien original si le camionneur ne décidait de retourner auprès de son amante habituelle, patronne d'un bar routier, moins proche certes des canons de beauté en vigueur mais infiniment plus sensuelle. Après cette brève escapade, le duo érotico-amoureux se reforme et rejette le tiers personnage, que d'autres auteurs auraient peut-être choisi au contraire d'intégrer dans le couple afin de gagner encore en intensité sexuelle, faisant ainsi sienne la devise du Mario d'*Emmanuelle,* « la place de l'amant est au milieu du couple ». Le degré de réalisme de ces nouvelles érotiques aussi diffère. On flirte parfois avec un univers d'inspiration surréaliste où l'effet de réel vacille et se perd au profit d'une profusion d'images étranges. Plus dérangeant encore est le récit érotique *L'Orage*[102] inspiré du *Mort* de Bataille. Peu aimé des lecteurs en raison de sa force dérangeante, le livre a été au contraire vivement apprécié par le lectorat féminin. Parce qu'il réconcilie amour fou et érotisme ?

Un jeune homme hérite de la propriété de sa tante dans le Sud de la France. Dans l'un des tiroirs du secrétaire, il trouve un recueil de poèmes, une trentaine de feuillets dactylographiés du livre de Pierre Angélique (pseudonyme de Georges Bataille) ainsi qu'un cahier à couverture de toile noire. Il découvre que sa tante s'est suicidée alors que tout le monde pense que c'est la foudre qui l'a tuée. Elle est morte en effet une nuit d'orage. Il décide que cette histoire mérite d'être connue malgré son obscénité. Car le livre est un journal très intime qui retrace les derniers jours d'une jeune femme de vingt-six ans qui vient de perdre son mari d'un cancer, seulement six mois après leur mariage. La jeune veuve nie de toute la force de son amour et de son désir cette atroce réalité que sa belle-mère et le médecin lui rappellent sans succès. Réfugiée dans son délire, elle interpelle son mari défunt comme s'il était toujours vivant, tantôt lui dit qu'elle l'attend, tantôt lui promet de le rejoindre très bientôt. Elle ne cesse

102. Régine Deforges, *L'Orage,* Paris, Éditions Blanche, 1996.

de lui dire qu'elle l'aime. Surtout, l'amour fou de cette femme se manifeste par des visites régulières au cimetière où elle s'abandonne à l'illusion de faire l'amour avec son mari en se trémoussant devant sa tombe, en se dévêtant et en se masturbant jusqu'à la jouissance. Elle réalise des fantasmes *post-mortem* en s'offrant à l'idiot du village qui l'emmène « visiter » sa famille dans une chaumière immonde où les deux frères et leur père abusent d'elle sauvagement. Après l'une de ces escapades nocturnes, la jeune femme tombe malade et à peine remise, donne congé à la femme qui s'occupait d'elle, remet la guêpière blanche qu'elle portait le jour de son mariage, avale des cachets et s'en va mourir sur la tombe de son mari où on la retrouve totalement nue. Le lendemain, le porte-jarretelles de dentelle blanche est retrouvé au cou de l'idiot du village qui s'en est emparé pour se pendre à un arbre, par désespoir amoureux... Sa « force », comme la mentionne la quatrième de couverture, *L'Orage* la tient non seulement de l'alliance du discours amoureux et de l'intensité des scènes sexuelles mais aussi de l'alliance d'*Éros* et de *Thanatos*. L'amour fou se prolonge jusque dans la mort. Le désir est à la fois vécu comme le manque insupportable de la présence de l'être aimé « C'est trop long, tu me manques, je veux te rejoindre!... » et comme un excès qui trouve à se satisfaire dans les situations les plus repoussantes, notamment avec cet idiot du village au membre gigantesque. Comme dans *Histoire d'O*, le sexe est mis au service de la passion amoureuse, sert à retenir l'être aimé et à dépasser les limites de l'humain pour atteindre une extase qui n'est que la face glorieuse d'une réalité odieuse : la mort. Les mots du sexe se mêlent aux mots d'amour, les gestes de l'attente à ceux de la jouissance, le rêve de mort à l'élan de vie :

> J'ai envie de toi. Je me mets à califourchon au-dessus de ton visage. Je frotte ma vulve contre la terre mouillée... C'est bon!... Je l'enfouis à poignées dans mon ventre ouvert... [...] Ah! Tu me fais jouir! ...Je m'écoule sur toi, haletante. La pluie crépite sur mon cul; je le soulève pour mieux en profiter. Deux mains agrippent mes hanches [...] Je t'aime.[103]

> Tu te rends compte, mourir à mon âge? Mais j'ai résisté; tu aurais été si malheureux. Nous nous aimons tellement que si l'un de nous deux mourait,

103. *Ibid.*, p. 39.

l'autre ne pourrait lui survivre.[104]

Rien de pornographique dans cet univers où les codes amoureux et érotique sont profondément reliés et motivés l'un par l'autre. Si Régine Deforges défend tous les érotismes littéraires y compris le code pornographique, elle ne l'investit pas comme écrivaine. Rien de codifié dans ces récits où pleine liberté est donnée à *Éros*. L'essentiel est de raconter une histoire et de donner à voir le trouble érotique afin de le susciter à son tour chez le lecteur ou la lectrice. Sans ce trouble suscité par le pouvoir magique des mots, l'auteur, selon Deforges, n'a pas fait son travail…

***

Susciter le trouble, l'écrivaine contemporaine Catherine Millet n'en a cure. Comme *Histoire d'O*, *La Vie sexuelle de Catherine M.*[105] est un livre-clef de l'érotisme féminin. Dans ce récit, le don sexuel jusqu'au-boutiste cherche aussi à abolir les limites. À une époque où de nombreux tabous sont brisés, où les auteures se sont approprié le territoire érotique, Catherine Millet parvient à déranger l'horizon d'attente d'un lectorat pourtant habitué à des discours et à des images sexuellement explicites. Selon Catherine Robbe-Grillet, ce sont tous deux « des livres qui ont éclaté et qui resteront dans l'histoire de l'érotisme et de la sexualité féminine »[106]. Cependant, l'inconfort que suscite le livre de Millet n'est pas tout à fait de même nature qu'*Histoire d'O*. Depuis sa parution en 2001, *La Vie sexuelle de Catherine M.* scandalise en raison de l'extrême liberté sexuelle d'un « je » féminin dont on continue à interroger le caractère autobiographique. Mauriac avait soupçonné dans *Histoire d'O* les « confessions d'une belle ». Tout le monde s'accorde à considérer désormais qu'il s'agit d'une fiction érotique, d'un conte de fées pour adultes. Peut-on en dire autant de *La Vie sexuelle de Catherine M.*, l'un des livres le plus explicite à propos du sexe, jamais écrit par une femme ? Certains y ont décelé un appel à une forme dévoyée de sexualité, d'autres, un aveu personnel. Certains y ont vu un geste courageux pleinement assumé par une auteure n'ayant

104. *Ibid.*, p. 45.
105. Catherine Millet, *La Vie sexuelle de Catherine M.*, Paris, Le Seuil, 2001.
106. Entretien avec Catherine Robbe-Grillet, le 20 avril 2005.

pas froid aux yeux et qui joue sur la demi-transparence autobiographique, le nom de l'auteure étant partiellement mentionné dans le titre même du récit. D'autres y ont vu une décharge obscène produite par une femme à la sexualité détraquée...

Catherine Millet est une personnalité féminine bien connue et reconnue dans le milieu artistique. Elle est la fondatrice (1972) et directrice de la rédaction d'*Art Press*. Elle est l'auteure d'essais sur l'art contemporain et de monographies consacrées aux artistes d'aujourd'hui. En avril 2001, paraît *La Vie sexuelle de Catherine M.* suivi un an après d'une préface où l'auteure expose les raisons qui l'ont amenée à écrire ce livre et la finalité de celui-ci soit exposer une sexualité singulière. Comme l'explique Gérard Genette[107], lorsque la préface est originale, élaborée par l'auteur lui-même au moment d'une première édition, elle a pour but d'assurer au texte une bonne lecture. Pour que la lecture soit bonne, il faut bien entendu qu'il y ait déjà lecture de l'œuvre tout court. C'est dire au lecteur avant la lecture effective du livre « voici pourquoi et voici comment vous devez lire ce livre ». Par ce type de préface, l'auteur cherche à capter l'attention du lecteur et à valoriser son texte. Le « pourquoi du livre » implique de valoriser le sujet ainsi que la façon dont il est traité mais non la personne de l'auteure. Lorsqu'un auteur tient à mettre en valeur ses mérites, il préfère généralement confier cette tâche à un autre ! Le « comment du livre » implique non seulement de fournir un « mode d'emploi » mais aussi de donner les informations nécessaires à une bonne lecture, de guider celle-ci. Le « comment », c'est informer le lecteur sur l'origine du récit, rendre compte de sa genèse, c'est préciser le public auquel on s'adresse, c'est commenter le titre choisi, c'est dire par exemple qu'il s'agit de fiction et non d'une attitude autobiographique, c'est également proposer une interprétation. Dans le cas de Millet, c'est l'auteure elle-même qui fournit une préface à son livre et ultérieurement à la parution de l'édition originale. Son intitulé annonce que sera honorée la double mission dévolue à la préface : « Pourquoi et comment ». La préface ultérieure de Millet s'adresse à ceux et à celles ayant lu *La Vie sexuelle de Catherine M.* et qui lui posent cette sempiternelle question : « Pourquoi avez-vous écrit ce livre ? ». Elle s'adresse donc moins

107. Gérard Genette, *Seuils*, Paris, Le Seuil, 1987.

à de nouveaux lecteurs qu'à ceux et celles l'ayant déjà lue soit ces personnes rencontrées dans les salons du livre, lors des séances de dédicaces et des débats publics. À la faveur de la préface, on apprend à quel moment surgit l'idée du livre et dans quelles circonstances, la finalité du récit, le lectorat auquel il s'adresse, les raisons pour lesquelles il ne s'agit pas d'un récit linéaire.

L'auteure raconte que le titre de son récit a surgi dans le demi-jour du matin alors qu'elle se trouvait dans une petite chambre confinée. L'auteure est couchée et se voit debout en train de se retourner vers son corps allongé. Le début de la préface fait part d'une dissociation qui sera la marque distinctive du récit. Millet entretient une relation spéculaire à sa propre personne. Tout son émoi s'arrête à la satisfaction scopique. Dans le récit, Catherine M., engagée pleinement dans une vie sexuelle intense avec des partenaires multiples, est mise à distance par la narratrice qui déploie froidement des faits avec l'autorité de quelqu'un qui prend du recul par rapport à l'objet de sa description… L'écrivain surréaliste Sarane Alexandrian[108] pensait que les femmes étaient incapables de transformer « en idées et en images » les « sensations sexuelles », que leur érotisme était moins « cérébral » que celui des hommes[109]. L'œuvre de Millet suffit amplement à démentir ce préjugé. Nous sommes là face à un univers mental cohérent où le sexuel est partout présent et où l'auteure est loin d'être dans une relation sensualiste au vivant :

> Ceux qui s'étonnent de la distance avec laquelle j'ai mené mon récit, ce sont eux qui m'étonnent. Un être humain sensé peut-il avoir avec lui-même une autre relation que spéculaire ? Est-ce que parce qu'il s'agit de sexe qu'on se serait attendu à ce que je renonce à ma conscience comme on y renonce dans l'extase ?

Cette sauvegarde de la conscience au sein même de l'acte censé faire taire la raison offre un démenti à la thèse diabolisante d'Andrea Dworkin pour laquelle l'acte sexuel est détestable en raison de la perte de soi et de

108. Sarane Alexandrian, *Histoire de la littérature érotique, op. cit.*
109. Sarane Alexandrian, « La littérature érotique féminine », dans *Histoire de la littérature érotique, op. cit.*, p. 247.

l'atrophie de l'imagination qu'il entraîne. Catherine M. ne perd jamais de vue le spectacle de sa propre personne engagée dans l'acte sexuel, se voit agir et agie. Cette primauté de la conscience sur le corps sexuel génère une œuvre érotique « gigogne » construite sur trois niveaux :
– le niveau des faits où la femme engagée dans la vie sexuelle se voit vivre, garde une conscience autonome par rapport à un corps livré à tous,
– le niveau de la relation des faits où l'auteure contemple son sujet, le met à distance *via* une narration menée à la première personne,
– le niveau du commentaire où la préfacière observe l'auteure qui observe son personnage *via* la narratrice...

Dans *La Vie sexuelle de Catherine M.*, il n'est à aucun moment question d'érotisme, d'imaginaire et encore moins de sensualité ou bien de sentiment. Ce récit est le fruit d'une alliance inédite entre des facultés d'observation extraordinaires et un terrain propice que l'auteure connaît sur le bout des doigts — c'est le cas de le dire — : le monde du sexe. L'auteure met ses dons visuels — n'oublions pas qu'elle est critique d'art — au service d'une enquête sur la facette sexuelle de sa personne. Afin de mener cette investigation, l'auteure s'évertue à éviter deux écueils : les considérations sentimentales qui selon elle « polluent » et les mots approximatifs ou vulgaires. Brisant l'antique complicité des femmes avec le code sentimental de l'Amour, rejetant les stratégies de séduction et les diverses manœuvres que les hommes déploient pour parvenir à leurs fins, Millet effectue un découplage net entre le sexe et le sentiment. Tout ce qui entrave, diffère le plaisir sexuel est promptement éliminé. Nous perdons en charme ce que nous gagnons en précision anatomique... L'écriture est adaptée à cette volonté de mettre à distance le sexe pour mieux l'étudier. Elle est froide, clinique, sans état d'âme :

> Le choix des mots justes se rapportant au sexe est un travail exigeant qui, à l'exception de la parole perpétuellement remise en cause en présence d'un analyste, relève donc plutôt de l'écrit que de l'oralité.

Millet est très sévère à l'égard des critiques qui voulant afficher une prétendue liberté de pensée en matière sexuelle sont tombés dans la surenchère vulgaire, *verso* selon elle d'un malaise psychique. Son projet littéraire consiste à éviter l'obscénité et à rester au plus près de la réalité sexuelle grâce à des descriptions précises et efficaces comportant des termes de l'organique direct.

Exposant une sexualité singulière, la composition du livre l'est tout autant. Il ne transpose pas une série de situations sexuelles sous la forme d'un déroulé chronologique mais obéit au principe de répétition cher aux auteur-e-s érotiques. Les faits sexuels sont répartis en quatre chapitres : « le nombre », « l'espace », « l'espace replié » et « détails ». Le premier intitulé n'est pas sans rappeler l'apologie de la multiplicité dispensée par Mario dans *Emmanuelle* qui en fait l'une des règles de l'art érotique :

> a multiplicité est, à elle seule, un élément d'érotisme [...]. Le nombre ne règne pas que dans l'espace, il existe aussi dans le temps. Et l'on peut faire autre chose que l'additionner ou le multiplier. Par exemple, le diviser ou le soustraire. [...] Donnez, donnez à pleines mains aux uns ce que vous mesurez aux autres, sans qu'aucun l'ait davantage mérité [...]. L'érotisme a besoin du nombre.

La singularité de la vie sexuelle de Catherine M. apparaît dès la fin de l'adolescence. À peine la jeune fille perd sa virginité à dix-huit ans qu'elle participe à des partouzes. Cette sexualité multiple fait partie intégrante de son apprentissage sexuel :

> Bref, je suis entrée dans la vie sexuelle adulte comme petite fille, je m'engouffrais dans le tunnel du train fantôme, à l'aveugle, pour le plaisir d'être ballotée et saisie au hasard. Ou encore : absorbée comme une grenouille par un serpent.

Le « je » féminin du récit s'adonne à des relations sexuelles plurielles avec tous les hommes le voulant bien. Elle se définit volontiers comme une « araignée active au milieu de sa toile » et un « brave et fanfaron petit soldat ». De même que chez Arsan, il ne s'agit pas de transgresser des tabous mais de vivre sans arrière-pensée une sexualité ouverte à tous les possibles, avec le plus grand nombre de partenaires. Au sein de ce réseau partenarial sexuel, les hommes se divisent en deux clans : d'une part, la foule anonyme impossible à dénombrer et dont seules les parties sollicitées par l'expertise sexuelle de Catherine M. sont décrites avec minutie et, d'autre part, les figures nommées qui instruisent, guident, accompagnent et protègent Catherine M soit quarante-neuf amants clairement identifiés :

Claude, Éric, Robert, William, John, etc. Les amantes sont rares au contraire d'*Emmanuelle* et n'intéressent pas Catherine M. Dans les clubs échangistes, Catherine M. échange quelques caresses et baisers avec des femmes mais cela apparaît secondaire. L'auteure oppose également ceux avec qui la relation sexuelle est possible et les autres, certaines relations sexuelles débouchant d'ailleurs sur des amitiés durables…

La Vie sexuelle de Catherine M. fait du sexe masculin le sexe-roi auquel le « je » féminin voue une grande dévotion. Même si Millet n'attribue pas de valeur sacrée au sexe contrairement par exemple à Suzanne Lilar, il y a bel et bien un culte phallique auquel Catherine M. s'adonne avec la plus grande joie. Le récit institue Catherine M. comme une fellatrice exemplaire. C'est pour cette compétence qu'elle est recherchée par un si grand nombre d'hommes. Le récit offre un bestiaire absolument saisissant et précis des sexes masculins qui appellent des gestes et des comportements différents. Aussi singulier que cela puisse paraître, la fellation est une stratégie de fuite face à des situations embarrassantes. Par ce biais, Catherine M. peut échapper au regard de l'homme, interrompre des bribes de conversation. Car l'aisance sexuelle ne coïncide pas toujours avec l'aisance sociale. On apprend ainsi que Catherine M. est en réalité une grande timide ! L'acte sexuel est présenté non seulement comme un refuge face à l'épreuve des regards et des échanges verbaux mais aussi comme une manière d'exister. Complexée face à des femmes plus jolies qu'elles, peu extravertie et aucunement séductrice mais dotée d'une disponibilité sexuelle hors-normes, Catherine M. a obtenu le premier rôle au sein de la collectivité fornicatrice. Dans ce type de configuration, le chemin amoureux est particulièrement écourté ! *Exit* l'échange passionné des regards, la longue conversation et le premier baiser qui lient deux êtres. Seul l'acte sexuel a droit de cité. Au plus fort de son activité libertine dans les années 1970, Catherine M. préfère aux clubs luxueux où les adeptes échangent des propos courtois autour d'une coupe de champagne avant de se dévêtir, des endroits moins civilisés. Le temps est optimisé en faveur du sexe pur : « J'aimais me couler dans les rares échanges de propos et les gestes ou les attitudes ordinaires qui, au Bois, tout à la fois, tempèrent et mettent en relief les rencontres extraordinaires ». Tout cela pourrait laisser croire à une certaine inhumanité des rapports. En réalité, la narratrice insiste sur la complicité muette des partenaires qui, avant de se mêler, se saluent et respectent : « une distance de transition où quelques mots s'échangent, où chacun maintient entre soi et les autres l'espace du verre qu'il offre ou du cendrier qu'il fait passer. »

Le primat du réel dans le récit n'exclut pas la mise en place d'élaborations imaginaires qui présentent selon Catherine M « des similitudes structurelles » avec les situations vécues. Il y a non seulement un partenariat sexuel fort mais aussi un réseau dense d'associations d'images. Le sexuel envahit l'ensemble du récit. Catherine M. s'adonne à des schémas fantasmatiques récurrents et à des variations sur le même thème avec des développements. Ses fantasmes se nourrissent de situations vécues, les anticipent, s'y substituent et offrent un gigantesque espace de liberté mentale qui rend Catherine M. disponible « pour une grande diversité d'expériences ». Ces fantasmes s'appuient parfois sur des références culturelles comme, par exemple, le film *La Collectionneuse* d'Éric Rohmer. Ainsi, l'auteure ne nous fait pas seulement part de situations vécues mais aussi de ses fantasmes sexuels qui sont habituellement trop personnels pour que l'on puisse vraiment les partager. En raison du jeu érotique où la femme experte se met au service du plaisir masculin, on pourrait penser que l'auteure s'adresse exclusivement à des hommes. C'est souvent le cas dans l'érotisme littéraire féminin. *Histoire d'O* s'adressait par exemple à un unique amant et homme aimé : Jean Paulhan. L'homme aimé chez Millet n'est pas absent. Il s'agit de Jacques, son mari. Dans *Jour de souffrance*[110] qui semble « racheter » l'inconduite de Catherine M., la narratrice dévoile toute l'intensité de cet amour et les souffrances qu'il occasionne lorsque le contrat hédoniste réciproque s'étiole au détriment de l'élément féminin du couple… Selon Millet, c'est la liberté d'esprit de Jacques qui a rendu possible l'écriture de *La Vie sexuelle de Catherine M.* On y apprend d'ailleurs que la rencontre avec Jacques entraîna une certaine pudeur à l'égard du vécu libertin :

> Bavarde avec Jacques au début, je dus me débrouiller plus ou moins bien et de toute façon à retardement avec l'interdit qui frappa aventures et récits

110. Catherine Millet, *Jour de souffrance*, Paris, Flammarion, 2008.

> d'aventures à partir du moment où notre relation fut pensée, vécue comme une relation d'amour.

Catherine M. sait distinguer le sexe pur sans complications sentimentales et le désir né d'un amour profond qui conduisit à un « embourgeoisement » de sa vie érotique. De plus, la naissance de leur amour témoigne du retour de la *linea amoris* et de son caractère différé. C'est la voix de son futur mari qui fait naître le désir :

> J'en garde toujours en moi l'écho qui rayonne jusqu'à la pointe la plus innervée de mon corps.

Cette phrase pourrait être extraite de *La Conversation amoureuse* d'Alice Ferney. Après la voix, c'est une simple caresse de Jacques du bout des doigts qui fait chavirer le « cœur » de Catherine M. :

> Il m'a caressé le poignet du dos de son index. Ce geste était inattendu, inhabituel et délicieux et il n'a jamais cessé de m'émouvoir, y compris quand il est destiné à d'autres peaux que la mienne.

Contrairement à ce que l'on pourrait croire et malgré cette figure masculine structurante, l'auteure s'adresse surtout à un lectorat féminin :

> Dans un débat public, une personne m'a demandé à qui j'avais voulu adresser mon livre. Heureusement que l'on écrit sans se représenter les destinataires, ou même qu'on les élimine au fur et à mesure si brusquement ils surgissent comme le gendarme devant Guignol. Mais enfin, le travail mené à bien, j'ai spontanément répondu : « aux femmes ». Cela m'a traversé la tête : toutes ces conversations « entre femmes » que je n'avais pas eues, que j'aurais aimé avoir.

Beaucoup soupçonnent Catherine M. d'imposture. Elle ne serait qu'une critique d'art embourgeoisée, une bonne ménagère incapable d'avoir vécu tout cela.

À ces détracteurs, elle répond :

> Je n'ai jamais inventé une aventure qui n'aurait pas eu lieu, et mes comptes rendus ne trahissaient pas plus la réalité que ne le fait automatiquement toute transposition.

En raison de la dissociation du sexe et du sentiment, de l'approche clinique du sexuel, du degré de précision anatomique et des descriptions organiques qui sont comme autant de plans rapprochés sur les organes sexuels, le livre de Millet est de tous les récits érotiques féminins celui qui mérite le plus l'appellation de « pornographique ». Le faire l'emporte sur le dire, le descriptif sur le narratif. Le sexe constitue le ressort de l'action, son principe et sa finalité. La femme est clairement présentée comme un corps-objet. Cependant, la mise à distance du corps pornographique *via* l'exercice d'une conscience exacerbée, attentive à restituer les moindres détails de l'expérience sexuelle empêche de concevoir la narratrice dans son « effet-prétexte », comme une simple cible de la convoitise des hommes. Relais de la norme pornographique ambiante, Millet la dépasse néanmoins grâce à une écriture très maîtrisée et par le fait que le « je » s'abandonne à la voix du sexe sans jamais se perdre de vue[111] :

> Catherine Millet ne se considère pas comme un écrivain érotique mais qu'elle a écrit un livre de témoignage. Qui considère que c'est un livre érotique ? Des hommes souvent se sont érigés contre ce livre en disant qu'il n'est pas érotique. Mais elle n'a jamais dit qu'elle écrivait un livre érotique. On ne peut tout de même pas lui reprocher quelque chose ce contre quoi elle s'érige ! Personnellement, je trouve que c'est un livre remarquable. Je connais depuis longtemps Catherine Millet puisqu'elle dirige Art Press qui avait fait des articles sur Alain. Et j'ai eu une interview également au moment de *Cérémonies de femmes*. Mais jamais elle ne m'avait parlé de cette vie-là. Je ne la connaissais pas en tant que participatrice d'érotisme de groupe, comme on dit. Alors quand j'ai vu ce titre annoncé, j'ai craint quelque chose d'ordinaire qui irait dans le sens de ce qui se fait maintenant mais je dois dire qu'au bout de deux pages, je me suis dit qu'il s'agissait d'autre chose et que j'ai dévoré ce livre en le trouvant tout à fait passionnant, d'abord par le regard qu'elle porte sur elle-même, à la fois distancié, souriant, sans jugement. Elle dit voilà ce qui s'est passé. Alors ce mélange de distance et de forme parfaitement tenue – c'est très bien écrit – permet que les passages qui relèvent du langage de la pornographie prennent un tout autre statut. C'est une pornographie distanciée qui n'est pas donnée comme devant être bandante, excitante mais elle est donnée comme témoignage d'un monde où elle a vécu, où elle a eu grandement sa part et qu'elle décrit. Je ne l'ai pas trouvé ennuyeux alors que beaucoup de gens

111. Catherine Robbe-Grillet, entretien, 20 avril 2005.

> ont décroché au bout de quarante, cinquante pages. Comment ce livre a-t-il pu connaître ce succès considérable non seulement en France mais à l'étranger (Allemagne par exemple)? La réponse est qu'à partir d'un certain bruit et d'un certain nombre de ventes, il faut l'avoir lu. Les gens l'ont acheté parce qu'il fallait l'avoir lu. C'est un phénomène de société. J'ai eu dans mon entourage autant de gens hostiles à ce livre que de gens l'ayant aimé, peut-être plus de gens qui ne l'aimaient pas d'ailleurs.

En effet, la pornographie acquiert un tout autre statut chez Millet et devient une entreprise intellectuelle. Chez Pauline Réage, l'auteure se glissait aux pires moments dans la peau de son héroïne et mettait le code pornographique au service de l'amour fou. L'écrivaine Millet met quant à elle à distance la Catherine libertine et rend compte des expériences de celle-ci « sans jugement », sans alibi sentimental et pour son seul profit. La servante sexuelle est loin d'être dupe du rôle qu'elle joue et dont elle sait s'absenter.

***

Le découplage du sexe et du sentiment est au fondement de la pornographie et met à mal la longue complicité des femmes avec l'*ars amatoria*. Le travail mené par des réalisatrices dans l'univers très codifié du X ne bouleverse pas cette donne fondamentale. Afin de rendre le genre plus attractif pour le public féminin qui le boude non sans raison, les productrices d'images sexuellement explicites, le plus souvent anciennes stars du porno, se gardent bien de tomber dans l'ornière du sentiment. Il est hors de question d'avoir recours au prétexte amoureux afin d'élargir le public. Selon Ovidie, qui entra dans le X toute jeune, à l'âge de la majorité légale, et passa derrière la caméra alors qu'elle avait seulement vingt ans, l'amour est le nouveau piège humaniste inventé par la civilisation afin d'étouffer la voix pure du sexe. Autrefois légitimé par le devoir de reproduction, le sexe se doit de l'être aujourd'hui par le sentiment :

> Tel est donc ce nouvel argument contre le plaisir sexuel pur : le sexe, oui, mais uniquement comme manifestation de l'amour.[112]

112. Ovidie, *Porno manifesto*, Paris, Flammarion, 2002, p. 69.

Étant donné la rareté de la véritable rencontre amoureuse, le sexe détaché de toute autre considération demeure selon elle une valeur sûre et ce d'autant plus qu'il est une source bénéfique d'épanouissement individuel. Dans son approche positive du sexe, Ovidie n'est pas très éloignée de Wilheim Reich.

Il est vrai qu'une véritable libération des femmes ne s'entend pas sans une libération sexuelle dont elles seraient les principales artisanes et bénéficiaires et qui les conduirait à accepter d'éprouver sans honte du plaisir sexuel, à aimer leur corps, à en extraire tout le potentiel de jouissance auprès de complices hédonistes. Pour autant, cette libération sexuelle des femmes pour advenir, doit-elle s'aligner sur le modèle masculin agressif à l'œuvre dans la majeure partie de la production pornographique ? Ne doit-elle miser que sur le frottement des épidermes et le choc génital alors que la rencontre intime entre deux êtres est riche de sensations, d'émotions, d'affinité, de mystère aussi, l'autre n'étant jamais complètement saisi ? D'après Catherine Millet qui a signé en 2004 l'éditorial du numéro hors-série d'*Art Press*[113] consacré au X vu par les femmes, une grande partie des images de désir sont aujourd'hui créées par les femmes : les photographies d'Ellen von Unwerth et de Bettina Rheims, les dessins de Lamia Ziadé, les films X d'Ovidie et d'Angela Tiger, le cinéma de Catherine Breillat, etc. Lorsqu'on ose faire quelques incursions en dehors du terrain balisé de la pornographie courante, on découvre sinon le « raz-de-marée » évoqué par Millet, des démarches féministes pro-sexe peu soucieuses de réconcilier les codes sexuel et sentimental de l'Amour mais attentives à transmettre malgré tout un peu d'émotion sexuelle. Ces créatrices dont les moyens d'expression sont très variés contribuent à sortir la représentation explicitement sexuelle des figures obligées d'un cinéma porno en mal d'inspiration. La plupart de ces créatrices d'images de désir souhaitent apporter une alternative féministe à la production masculine dominante en passant derrière la caméra afin de renouveler le contenu du genre. L'une des pionnières du mouvement pro-sexe, Annie Sprinkle, devint actrice porno après avoir vu le film-culte « Gorge profonde » et rencontré le réalisateur Gérard Damiano dont elle fut la maîtresse. Considérant après quelques années

113. « X-ELLES, le sexe par les femmes », *Art press*, hors série, mai 2004.

de métier que les films pornos étaient trop souvent le fait des hommes, elle décida de mettre en scène ses propres fantasmes dans *Deep Inside Annie Sprinkle*[114]. De même, Angela Tiger, l'une des stars du X, passa de l'autre côté de la caméra afin d'apporter un regard personnel sur le genre tandis que Candida Royalle, également actrice porno, cessa cette activité en 1980, considérant que le genre, éminemment masculin, altérait son image. Elle créa alors « Femmes Productions » qui a dont le but était de produire une nouvelle pornographie en phase avec les attentes féminines. Ovidie, considérée comme « l'intellectuelle » du genre, cherche quant à elle à apporter une contribution originale qui n'exclurait pas les femmes comme spectatrices. Toutes ces femmes œuvrent en faveur du droit des femmes à la pornographie, que celles-ci la pratiquent, la mettent en scène ou bien la consomment, mais à une pornographie revue à la hausse, plus exigeante formellement, esthétiquement et humainement...

Ces productrices d'« images de désir » renouvellent véritablement les codes du genre? Reproduisent-elles le geste littéraire de Dominique Aury sur le terrain cinématographique en mettant le matériau pornographique au service d'une vocation plus noble? Se l'approprient-elles afin de désamorcer sa charge violente, de le subvertir ou de l'édulcorer? À titre d'exemple, lorsque le réalisateur érotique Just Jaeckin s'empara des récits *Emmanuelle* et *Histoire d'O,* il voulut mettre ces histoires pour adultes à la portée d'un plus large public et les diffuser de façon « normale », dans des salles de cinéma ordinaires. Ce projet eut pour conséquence d'offrir une image très affaiblie de l'œuvre originelle. Selon lui, l'image ne lui aurait pas pardonné certaines audaces. Rien de tel chez les réalisatrices du X qui ne cherchent pas à amoindrir l'image pornographique. Elles sont moins animées du souci de pacifier l'*Éros* féminin que de diversifier l'offre en proposant un pendant féminin à la production courante faite par et pour les hommes. Le but est de l'enrichir en lui faisant porter des valeurs féministes, en élargissant le panel des partenaires à des profils atypiques, en créant des associations d'images inédites, en y mettant du sourire, de l'humour, de l'émoi sexuel. La fonction première de la pornographique qui est de produire une excitation sexuelle, est pleinement assumée mais la plupart ne s'en tiennent

114. Numéro 2 du box-office américain en 1982.

pas là. Engagée dans une démarche féministe militante, Ovidie a souhaité remettre en cause le discours politiquement correct sur la pornographie tout en satisfaisant son goût cinéphile pour le genre lui-même et, à travers lui, pour le sexe. Si provoquer une excitation sexuelle est inévitablement la vocation première du genre, le passage à l'acte réel (la masturbation) n'est pas le débouché unique du X de même que l'éjaculation masculine n'a pas à être le point culminant d'une production pornographique. Forte de cette critique relative à une pornographie masculine trop conventionnelle, sexiste et peu imaginative, Ovidie tente de donner à voir une image plus positive et égalitaire du sexe. Le sourire de l'actrice remplace la crispation du visage, le plan large qui humanise se substitue au gros plan sur les parties génitales, le dispositif narratif redonne un peu de sens à la frénésie, le coït n'est plus obligatoirement le dernier mot de « l'histoire ». Car la trame pornographique telle qu'elle est fabriquée en série avec des moyens financiers limités est profondément ennuyeuse. Réduite à un déroulement convenu structuré autour de quelques pratiques-clés – fellation + pénétration vaginale + sodomie + éjaculation faciale –, elle ne laisse guère de place à la complicité ludique entre les partenaires, au renversement des rôles, aux mots qui découplent l'excitation sexuelle et, surtout, à la jouissance féminine. Si l'homme ne peut guère simuler et se trouve davantage contraint à ce titre à une performance « réelle », l'actrice quant à elle joue « réellement » le plaisir et rarement l'éprouve[115]. Le porno attache moins d'importance au plaisir partagé et à la réciprocité de la jouissance qu'à la dimension spectaculaire des caresses dispensées par la femme experte à un partenaire dont les performances font davantage songer à celles d'un athlète sportif qu'à un homme normalement constitué. Avec la pornographie d'Ovidie, la représentation de la sexualité féminine déborde le cadre strict qui lui est assigné dans le porno courant. Le rapport sexuel ne s'arrête pas lorsque l'homme jouit. Ovidie développe l'idée d'une pornographie féministe avec *Lilith*, son deuxième film « féministe pro-sexe », qu'elle nomme ainsi en référence à la première femme d'Adam. L'« histoire » est celle de l'évolution sexuelle d'une jeune femme mariée et respectable qui se libère de ses frustrations et s'autorise des désirs jusqu'alors censurés. Comme elle

115. Pour Ovidie, il ne fallut pas moins de quarante-cinq films et de trois ans et demi de tournage avant d'éprouver un orgasme sur un plateau de tournage.

l'explique dans *Porno manifesto,* Ovidie a pris soin de ne pas recruter des actrices et des actrices à la plastique irréprochable comme dans les films X classiques. Ce ne sont pas des canons et des « idéaux » sexuels mais des hommes et des femmes dont l'émotion sexuelle est saisie *via* des gros plans sur les visages et les mouvements des corps plutôt que par des plans rapprochés sur les organes sexuels. Le message, simple, se veut politique :

> Parce que le message est qu'en chacune de nous une Lilith sommeille, il peut encourager certaines femmes à déculpabiliser vis-à-vis de leur sexualité. Il n'est pas important que le message politique soit explicite pour le spectateur. Faire lire à haute voix des textes de Karl Marx à des acteurs enfermerait le film dans une sphère au public relativement limité. Alors que le simple fait qu'il puisse propager l'idée que le sexe est une chose positive est en soit politique.[116]

Cette démarche volontariste en faveur d'un nouveau porno n'est pas née seulement du constat relatif au sexisme du genre. Contrairement au préjugé courant, le genre est très contraint non seulement en raison des moyens financiers limités mais aussi en raison d'un cahier des charges scrupuleusement respecté et qui l'appauvrit : « invariables enchaînements systématiques de positions et de pratiques » (Ovidie). Contrairement au film pionnier *Deep Throat* qui a été réalisé dans l'enthousiasme de la libération sexuelle en marche, la production pornographique dominante offre moins l'image positive d'un rapport décomplexé au sexe qu'elle ne trace une nouvelle ligne de fracture entre l'acceptable et l'inacceptable, le sexuellement correct et les déviances. Tandis que certaines pratiques constituent des passages obligés, d'autres sont prescrites telles que le rapport homosexuel entre deux hommes dans un film hétérosexuel ou encore l'éjaculation féminine : « le sexe de la femme est toujours une partie honteuse, sale et malodorante »[117]. On comprend non sans mal la réticence des spectatrices face à un genre dans lequel elles servent surtout de prétexte à la puissance éjaculatrice masculine. Afin de remédier à cette indifférence ou réticence des femmes à l'égard du porno, la maison de production américaine créée par l'ancienne actrice Candida Royalle mise sur des ingrédients

116. Ovidie, *op. cit.* p. 151.
117. Ovidie, *Porno manifesto, op. cit.,* p. 89.

que l'on ne trouve pas dans la production courante : des profils diversifiés d'acteurs/d'actrices, un fil narratif, de la complicité ludique et séductrice entre les partenaires, de la douceur et de la sensibilité, la représentation de ce qui se passe après le coït entre les partenaires, des caresses buccales réciproques, le port du préservatif. Cet objectif qui consiste à offrir l'image d'une obscénité positive, accessible aux femmes et attentive aux motivations et aux répercussions de l'acte sexuel est aussi partagé par la maison de production danoise Puzzy Power[118]. Partant du principe que les femmes peuvent aussi être excitées à la vue d'un film pornographique, cette maison produit des films centrés sur le plaisir féminin. Dans la charte à respecter élaborée par cette maison, figurent la mise en scène d'une histoire simple, le rôle moteur de la dimension affective et sensuelle, la mise en valeur de l'ensemble du corps, la suppression de la violence à l'égard de la femme, la composante ludique (humour), l'esthétique de la scène... Cependant, comme semble le regretter Ovidie, la mise en œuvre de cette charte conduit à des films davantage « softcore » qu'« hardcore ».

La pornographie au cinéma intéresse donc de plus en plus d'anciennes actrices qui l'investissent dans le but d'affirmer un droit des femmes au sexe pur comme facteur de libération sexuelle et non comme expression d'une domination masculine. De nombreuses pornographes sont engagées dans une démarche militante totale en faveur du sexe. Ainsi, Annie Sprinckle, par ailleurs ancienne prostituée, est « féministe pro-sexe, sexpert, éducatrice, artiste, activiste »[119], auteure d'un site web, de performances artistiques diverses, de films éducatifs, de photographies, d'une autobiographie et, par ailleurs, titulaire d'un doctorat en sexologie... Il est en de même de Betty Dodson, « la reine de la masturbation », sexologue, réalisatrice de cassettes éducatives pornographiques à l'attention des femmes. Dorrie Lane, militante du plaisir féminin, l'enseigne, a produit et réalisé des vidéos pornographiques afin d'aider les femmes à connaître leur anatomie sexuelle, a crée une cyber-école gratuite sur la sexualité et intervient auprès des universités de médecine. Ce sont toutes des américaines davantage formées à la « *scientia sexualis* » qu'à l'*ars erotica.* Toutes ces démarches sont

118. Selon Ovidie, petite sœur de Zentropa, boîte de production de cinéma traditionnel dirigée par Lars Von Trier.
119. *Dictionnaire de la pornographie,* Paris, PUF, 2005, p. 563.

effectivement féministes et salutaires dans la mesure où elles aident les femmes à déculpabiliser leur rapport au sexe. On peut néanmoins regretter que soit substituée au monopole phallique une investigation narcissique sur le sexe féminin qui manque encore une fois ce qui fonde la véritable rencontre entre un homme et une femme, autrement dit le désir...

Doit-on donc lutter contre la pornographie ? La pornographie commerciale, indigente, faite pour le plaisir exclusif des hommes, mérite notre indignation non pas parce qu'elle dévoile crûment le sexe mais parce qu'elle rabaisse, discrédite, vulgarise l'union sexuelle entre l'homme et la femme, fait fi, comme la prostitution, du désir féminin, renforce la violence sexuelle dont elle est le symptôme. Parce que proposer une alternative est une démarche plus ouverte, intelligente et constructive que de lever des boucliers puritains, il s'agit surtout de promouvoir une autre pornographie, celle d'un *Éros* solaire, soit une pornographie philosophique, non consumériste, attentive à la trame narrative, à la psychologie des personnages, à l'inventivité des situations et à la rencontre égalitaire entre les sexes. Michel Onfray, pour qui la pornographie marchande exploite la misère sexuelle et en constitue la preuve, développe en ces termes ce que pourrait être cette autre pornographie :

> Défendons une *pornographie philosophique*, autrement dit, une production de films scénographiant des histoires dignes de ce nom, avec des personnages conséquents, inventons des histoires, travaillons à des narrations, échafaudons une psychologie des personnages dans le souci d'une esthétique et d'une édification existentielle des spectateurs.[120]

Certaines réalisatrices s'emploient à inventer cette pornographie solaire telles ces cinéastes féminines qui réintroduisent de la beauté charnelle, de la palpitation érotique et de l'inventivité narrative dans leurs courts-métrages *soft*. Par exemple, dans *Skin*[121], un homme et une femme font l'amour *via* une combinaison couleur chair qui recouvre l'intégralité de leurs corps. À l'instar de l'épée séparant *Tristan et Iseult* dans le poème médiéval, un obsta-

120. Michel Onfray, *Le Souci des plaisirs*, Paris, Flammarion, 2008, p. 186.
121. *Dirty Diaries*, film composé de plusieurs courts-métrages érotiques réalisés par des femmes, sorti en 2010.

cle est volontairement créé, à seule fin d'accroître ici la tension sexuelle. Les plaisirs sont dispensés avec la même ferveur : de l'homme vers la femme, de la femme vers l'homme. Alors que la fellation, la pénétration, l'éjaculation faciale masculine constituent les figures incontournables du porno contemporain, la réalisatrice filme les caresses, les préliminaires, les baisers. Dans le même temps, le sexe est loin d'être voilé, certaines caresses étant filmées en gros plan. La charge esthétique du film ne procède pas de l'éclairage cru sur des corps à la plastique parfaite dont les défauts sont gommés par le maquillage mais de cette seconde peau que les jeunes gens déchirent progressivement à l'aide de ciseaux, afin de ménager des ouvertures successives où se glisse peu à peu leur envie de l'autre. Ce court-métrage est un formidable pied-de-nez sensuel et poétique aux films du *hardcore* qui à tout dévoiler, ne nous apprennent plus rien. Ici, l'homme et la femme ne dévoilent pas un corps parfait. La pilosité, les boutons, la sueur ne sont pas éliminés comme ingrédients rédhibitoires. Ils sont pleinement intégrés au sein de l'acte érotique et ce sont de vrais gens qui le font. L'image pornographique dans *Dirty Diaries* semble bien donner corps à cet éros « solaire et léger, libertaire et féministe, contractuel et jubilatoire, se construisant sur des valeurs nouvelles : douceur, tendresse, prévenance, délicatesse, don, partage, libéralité, prodigalité, attention, élégance »[122]. À la misère sexuelle ambiante, les réalisatrices répondent par un déculottage jubilatoire qui n'a pas froid aux yeux et qui s'adresse autant au plaisir des femmes qu'à celui des hommes. C'est sans doute là que réside l'alternative espérée...

122. Michel Onfray, *op. cit.*, p. 26-27.

(4)

Réenchanter la sexualité

Dans *Le Souci des plaisirs*[1], Michel Onfray distingue un hédonisme solaire, philosophique, fruit d'une construction singulière d'un hédonisme consumériste, de masse, symptomatique d'une société qui véhicule de multiples injonctions auxquelles il est difficile de se soustraire. Le plaisir sexuel n'échappe pas à ces diktats de notre contemporanéité.

L'injonction hédoniste ne date pas d'hier. Le *carpe diem* a sa référence, abusive : Épicure. Le philosophe sert de caution intellectuelle commode à tous ceux qui promettent et promeuvent des objets de jouissance à consommer sans modération. En réalité, plus sage que l'opinion courante à son sujet, le philosophe antique vante moins l'excès qu'il ne prône une gestion raisonnée des désirs, l'essentiel étant d'éviter ce qui porte atteinte à l'intégrité mentale et physique :

> La limite de la grandeur des plaisirs est l'élimination de tout ce qui provoque la douleur. Là en effet où se trouve le plaisir, et aussi longtemps qu'il s'y trouve, il y a absence de douleur ou de chagrin, ou des deux à la fois.[2]

D'autres sont plus déraisonnables qu'Épicure tel le matérialiste Lucrèce qui valorise la jouissance sans entrave, annonçant ainsi certaines facettes

1. Michel Onfray, *Le Souci des plaisirs*, Paris, Flammarion, 2008.
2. Épicure, *Maximes fondamentales*, III, dans *Doctrines et Maximes d'Épicure*, trad. M. Solovine, Hermann, 1940 : cité dans *Le Point*, hors-série, n° 3, juillet-août 2005, p. 75.

du libertinage du XVIIIe siècle et de la Révolution sexuelle des années 70. D'une désinvolture à heurter le cœur féminin, il invite les hommes à ne pas tomber « dans les rets de l'amour » mais à « jouir sans payer de rançon » :

> Oui ! la volupté est plus pure aux hommes sensés qu'à ces malheureux dont l'ardeur amoureuse erre et flotte indécise à l'instant de posséder, les yeux, les mains ne sachant de quoi d'abord jouir.[3]

Être sensé, ce n'est pas court-circuiter l'élan amoureux par des timidités qui paralysent mais c'est saisir, sans attendre et sans contre-partie, l'instant du plaisir, ici et maintenant. Si l'invite porte sur la libération effrontée du corps sexuel, en revanche, il n'est point question du désir de la partenaire, réduite à une occasion de jouissance. Chez d'autres philosophes, l'invite à jouir se fonde sur un postulat matérialiste comme chez Démocrite qui, en réaction à l'idéalisme platonicien, désacralise le désir et le plaisir humains. Il considère le premier comme un phénomène atomique dont l'ancrage est strictement corporel et le deuxième comme le résultat heureux d'un frottement de la matière :

> Le désir gît moins dans l'hypothèse mythique d'une coupure divine que dans les limbes repérables d'un corps, dans les replis atomiques d'une chair travaillée par la vie et le mouvement. La physiologie accède au statut philosophique, l'anatomie fournit la méthode.[4]

Plus tard, Rabelais prône un « idéal à rebours »[5] où la luxure est considérée comme la plus aimable des aspirations. Le plaisir n'est pas ce péché des Pères qui entraîne la damnation dans un hypothétique Enfer éternel mais il est le débouché naturel du désir. Dans une approche païenne, déculpabilisée et décomplexée de la chair, est valorisée la toute-puissance du vivant contre les raffinements de l'amour courtois qui fait de l'acte sexuel le couronnement d'un parcours semé d'embûches. Dans une telle configuration, la femme se trouve inévitablement lésée puisque c'est désormais l'homme qui fixe les règles du jeu érotique… Au sein de cette conception vitaliste,

3. Lucrèce, *De la nature*, v. 621, Garnier, 1939, p. 302-303.
4. Démocrite dans *Le Point*, hors-série, n° 3, juillet-août 2005, p. 74.
5. Denis de Rougemont, *L'Amour et l'Occident*, Paris, Plon, 1972.

« solaire »[6], le plaisir sexuel est appréhendé avec gourmandise et convoité comme un bien simple et essentiel de ce monde. *Exit* la motivation sentimentale, la tristesse *post-coïtum*, les égards dus à l'autre sexe. Le droit au plaisir pur, délié de toute contrainte, est né.

Cette attention portée à la jouissance est aussi au cœur du propos de l'auteur de *L'Art de jouir*[7] et du *Manifeste hédoniste*[8]. Jouir et faire jouir, telle est la perspective la plus agréable de notre humaine destinée. Le diktat hédoniste contemporain tel qu'il est relayé dans la presse magazine ne semble pas dire autre chose lorsque les lecteurs et les lectrices sont fortement conviés à lâcher prise, à se faire du bien, « à savourer, ralentir, rire, aimer... saisir [...] apprendre à jouir de l'instant présent »[9]. Il semble difficile de résister à une telle invite énoncée à l'occasion de la période estivale et qui suspend provisoirement le temps de la contrainte... La belle différence est que jouir du temps présent pendant ses vacances ne remet pas foncièrement en cause le principe de réalité qui régit ordinairement nos vies effrénées. Contrairement aux faiseurs d'injonctions, Onfray invite moins à la recréation estivalière qu'à une posture hédoniste quotidienne *via* un travail constant sur soi. Selon ses détracteurs, Onfray ne serait pas un novateur. Il surferait sur les acquis de la Révolution sexuelle, monterait aux barricades sur des sujets qui ne scandalisent plus personne et font depuis belle lurette l'objet d'un consensus commun : l'individu pour seul cadre de référence, la quête du plaisir, le refus des sentiments mortifères : jalousie, culpabilité, possessivité, etc. Rien de bien méchant en somme, rien de bien révolutionnaire, plutôt des velléités ? Pascal Bruckner, fin observateur des contradictions contemporaines, semble le dire à pas feutrés lorsqu'il est écrit que « l'hédonisme est devenu le nouveau conformisme qui brandit le drapeau de la transgression pour encenser l'état de fait »[10]. En lieu et place d'une proposition en faveur d'une éthique joyeuse que chacun et chacune ferait sienne en fonction de ses aptitudes et de ses goûts, serait imposé un

6. Michel Onfray, *Théorie du corps amoureux, Pour une érotique solaire*, Paris, Le Livre de poche, 2001.
7. Michel Onfray, *L'Art de jouir*, Paris, Le Livre de poche, 1991.
8. Michel Onfray, *Manifeste hédoniste*, Paris, Autrement, 2011.
9. *Psychologies magazine*, juillet-août 2010.
10. Pascal Bruckner, *L'Euphorie perpétuelle, essai sur le devoir de bonheur*, Paris, Grasset, 2000.

même devoir de jouissance, de façon agressive, comme un revolver pointé sur la tempe, négateur de l'autre, porté par des philosophes davantage habités par la rage et la rancœur que par le bonheur d'exister. En réalité, comme en témoigne par exemple *Le Souci des plaisirs*[11], loin de contribuer au conformisme ambiant qui réclame les mêmes plaisirs, les mêmes clefs du bonheur pour des individus singuliers, Onfray invite à façonner son moi désirant, à sculpter un « sexe du moi », à être à soi-même sa propre création à partir d'un travail qui intègre pleinement la relation à l'autre. Il a le mérite de mettre au jour ce qui entrave l'accès à une relation apaisée, légère et construite avec autrui et dont on se croit naïvement débarassé. Car derrière le dévoilement explicite des corps, sont encore tapis dans l'ombre des tabous, des traces de l'antique sujétion au dogme chrétien, des réflexes de terreur qui entravent notre chemin vers le bonheur de vivre. Les corps d'aujourd'hui sont encore christianisés, d'où cette machine de guerre lancée contre l'*Éros* nocturne chrétien, cette attaque salutaire contre les défenseurs d'un féodalisme sexuel où la jouissance de l'homme dépend du degré d'humiliation infligé à la femme. Comme l'explique Onfray avec cette verve vivifiante qui le caractérise, la sexualité de la plupart des mâles contemporains se réduit très souvent à un rapport brutal, austère, univoque. Là serait la vérité de la misère sexuelle généralisée. À cet égard, la pornographie n'en serait pas la cause mais le signe, le degré zéro de l'amour, non parce qu'elle montre crûment le sexe mais parce qu'elle fait fi de toute inventivité, passe laborieuse dictée par des impératifs commerciaux, en somme l'autre visage de la prostitution dont elle active la clientèle… Que ce soit dans l'*Éros* nocturne ou bien dans l'hédonisme consumériste, la femme demeure un corps manipulable au gré des fantasmes de l'homme, dont il fait bon de jouir sans payer de rançon…

Michel Onfray mène une entreprise philosophique qui entérine moins un état de fait qu'elle ne prend en compte des entraves bien réelles. Contrairement à ce que donne à voir l'érotisme littéraire masculin, friand de relations faciles, la rencontre intime entre l'homme et la femme est encore loin de l'aisance relationnelle fantasmée. En proie à une peur archaïque vivifiée au spectacle de l'émancipation des femmes, les hommes

11. Michel Onfray, *op. cit.*.

osent de moins en moins les solliciter tandis que la plupart d'entre elles n'osent pas encore aborder frontalement les hommes qui leur plaisent par crainte d'être étiquetées comme des catins des temps modernes. La libération sexuelle et les mots d'ordre contemporains n'ont pas suffi à mettre à mal les mécanismes indisieux de mise à mort du corps jouissant. Onfray met l'accent sur ce qui fait défaut dans une société qui s'auto-illusionne et croit être libre là où elle ne fait que mimer les signes extérieurs de liberté. Et ce qui fait défaut est bien cette autorisation donnée à soi-même et avec la complicité de l'autre de lâcher-prise, de lever le vigil intérieur qui barre la route d'accès au bonheur d'exister. Individualiste, libertaire, ludique, la morale hédoniste selon Onfray est un pied-de-nez à la mort, l'art de lui « faire la nique », de la mépriser. À l'*Éros* nocturne chrétien qui inflige encore ses stigmates chez l'individu contemporain, Onfray oppose un érotisme solaire résolument du côté de la vie. Depuis les débuts de sa formation philosophique, il condamne fermement l'érotisme nocturne d'un Bataille pour qui « l'érotisme est l'approbation de la vie jusque dans la mort », conception du sexe où il ne se reconnaît pas et que l'on retrouve dans la pensée mortifère de Catherine Breillat selon laquelle la vie sexuelle est toujours une coucherie avec la mort[12]. Chez Onfray, l'union sexuelle n'est pas chose monstrueuse mais mérite que l'on s'y attarde et qu'on travaille à sa complète réalisation... Exit la part d'ombre, vive la jubilation avec autrui ! Mais au prix d'un retour sur soi, d'un « connais-toi toi-même » appliqué au sexe :

> Qui suis-je ? Quel est mon désir ? Qu'ai-je essayé qui me permette de penser que j'ai choisi ? à quoi ressemble mon trajet existentiel amoureux, sexuel, affectif, émotionnel. Qu'ai-je personnellement fait de ce que mes parents, ma famille, mon entourage, la société dans laquelle je vis, la spiritualité ou la religion de mon temps, les modèles dominants de mon époque ont voulu faire de moi ? M'en suis-je émancipé ? En ai-je saisi les mécanismes ? L'ai-je voulu, désiré, choisi, repris à mon compte ? *Quid* de ce qui pourrait, chez moi, définir une misère sexuelle ? Où se trouvent les compulsions de répétition qui toutes me conduisent chaque fois dans les mêmes impasses ? à quoi ressemble mon plaisir ? Est-il même au rendez-vous ? Dans quelles qualités, quantités, selon quelles modalités ? Que puis-je faire, que sais-je faire, du désir et du plaisir d'autrui ?

12. Catherine Breillat, *Pornocratie*, Paris, Denoël, 2001.

***

La mise en actes d'une érotique solaire suppose donc un examen interne contraignant. L'issue pourtant en vaut la peine. Car s'abandonner innocemment à la pente du désir, souscrire béatement à ses pulsions, se lancer aveuglément dans l'expérience peuvent entraîner déconvenues, relations inappropriées, déplaisirs, conséquences fâcheuses contraires à l'effet recherché. C'était aussi tout l'objet de la leçon dispensée à Emmanuelle par Mario, le maître *es erotica*... D'où l'importance de bien identifier au préalable la nature de ses désirs individuels et de ses plaisirs. Chez Onfray, l'élan désirant n'est pas suffisant. En rester à ce stade serait l'apanage des petites santés. La puissance d'exister se manifeste dans la réalisation physique du désir. Les « passions engorgées » soit l'accumulation de la tension désirante sans débouché effectif génèrent des frustrations. En lieu et place de la constipation sexuelle, il faut que le corps exulte... Non manque à jouir qui aurait besoin d'être comblé, le désir est ici appréhendé comme un trop-plein de vitalité qui nécessite d'être exorcisé. Ceci interroge car le désir n'est-il pas aussi un plaisir ? N'est-il pas une force motrice qui permet de rester en éveil, de garder sa libido au chaud en attendant le ou la partenaire avec lequel/laquelle le vécu sexuel sera jubilatoire ? Ce qui porte atteinte à la vie est moins le désir insatisfait que le mutisme de la libido, le silence du bas-ventre. Car désirer quelqu'un d'absent, un être entre-aperçu, un individu avec lequel l'agencement s'avère difficile (en raison d'une impossibilité sociale ou physique) est aussi la manifestation d'une connexion heureuse à la vie. Certes, on ne peut rêver mieux que le désir vécu pleinement dans la plénitude des corps entremêlés. Mais à défaut du partenaire adéquat avec lequel il serait possible d'exprimer sa singularité sensuelle, mieux vaut cultiver cet élan du désir, cette inclination vers autrui, cette disponibilité à l'amour qui permettent de préparer le corps et l'âme à une rencontre décisive. Le désir cultivé en soi n'est pas la marque d'une petite santé. Il est une présence heureuse au monde, le marqueur du vivant et nécessite autant d'attention que le plaisir lui-même. Il prépare d'autant mieux au plaisir qu'il fait l'objet lui aussi d'une esthétique. La forme sculptée dans le marbre de Carrare à l'aide de menus outils n'aurait pas cette puissance de rayonnement sans l'élan créateur du sculpteur, sans le rêve initial longuement mûri qui préexiste au geste. La force contraignante de l'hédonisme peut donc résider dans cette obligation du retour immédiat sur investissement, du plaisir comme débouché obligatoire du désir. Car cultiver le désir en soi, *via* notamment l'imagination, est déjà le premier pas vers le plaisir, est déjà en soi un acte hédoniste...

L'heure est pourtant au culte quasi exclusif du plaisir. Selon Pascal Bruckner, l'émancipation des mœurs, loin d'avoir libéré joyeusement le sexe, a remplacé un mot d'ordre par un autre : « la chute des tabous, le droit des femmes à disposer de leur corps, s'est doublé d'une injonction à la volupté pour tous »[13]. C'est aussi ce qu'il nomme dans un autre essai le « devoir de bonheur » :

> Par devoir de bonheur, j'entends donc cette idéologie propre à la deuxième moitié du XXe siècle et qui pousse à tout évaluer sous l'angle du plaisir et du désagrément, cette assignation à l'euphorie qui rejette dans la honte ou le malaise ceux qui n'y souscrivent pas.[14]

Aujourd'hui à la mode, l'hédonisme bon marché récupère tout ce qui a pu autrefois l'entraver ou bien le contredire. Les interdits sont joués au lieu d'être subis, la dangerosité de certaines pratiques est désamorcée par le contrat érotique qui lie deux partenaires. Par exemple, le pacte masochiste emblématique de l'*Éros* nocturne est devenu à la portée de tous. Loin de l'exigence tragique d'*Histoire d'O*, il est un jeu entre adultes consentants permettant de pimenter agréablement la vie de couple. Dans le récit de Réage, le contrat masochiste ne révèle pas une « entente » mais rend compte du fossé entre les hommes et les femmes, d'une sorte d'incommunicabilité fondamentale que le sexe ne résout pas. Aujourd'hui, toutes les pratiques sont accessibles à qui veut les expérimenter à condition d'avoir quelques prédispositions libertines et de souscrire à cette dictature des belles apparences qui élimine à tour de bras ceux et celles qui ont plus tendance à « faire tapisserie » qu'à être au centre de la scène. Chacun et chacune est convié-e- à vivre dans le culte de la jouissance, à expérimenter des pratiques autrefois interdites, marquées du sceau du mal absolu : sodomie, pratiques mélangistes, échangisme, SM, etc. Celui ou celle qui s'enorgueil-

13. Pascal Bruckner, *L'Euphorie perpétuelle, essai sur le devoir de bonheur, op. cit.*
14. *Ibid.*, p. 17.

lit d'avoir un amant ou bien une maîtresse parallèlement à une romance officielle sacralisée ou non par le mariage est passé de mode. Le *in* est de tout expérimenter avec un complice pour lequel le sentiment n'est plus la condition préalable. On aime à expérimenter beaucoup avec quelqu'un que l'on aime peu ou que l'on croit ne pas aimer alors qu'autrefois, on expérimentait peu avec quelqu'un que l'on aimait beaucoup... L'amour n'est plus la condition *sine qua non* du sexe. Par exemple, dans *La Femme de papier*[15] de Françoise Rey, le duo sexuel s'ouvre à des expériences multiples, brise les tabous, se refuse à l'amour jusqu'à ce que ce qui a longtemps été refoulé affleure et se révèle malgré eux. Le sentiment est le dernier tabou brisé, la révélation finale qui clôt le récit. Les amants font sans cesse l'amour pour éviter de se rendre compte qu'ils s'aiment... L'amour et le sexe ne se rejoignent qu'au terme d'un long cheminement érotique.

La recherche effrénée du plaisir comme finalité existentielle apporte son lot d'angoisses et de tourments. Une prise de conscience semble néanmoins amorcée. En témoigne l'éditorial d'un dossier du *Nouvel Observateur* consacré aux « secrets du plaisir féminin »[16] : « l'individu vit dans la crainte de ne pas être à la hauteur des exigences élevées qu'il a désormais pour lui-même ». Sauf que le choix du dossier et surtout la fin du premier article – « Allez les filles ! Appliquez donc le bon vieux principe socratique "Connais-toi toi-même" Saint-Exupéry n'avait pas tort : tu es responsable de ta rose » – contribuent paradoxalement à renforcer l'injonction que le dossier prétend dénoncer. De nos jours, on ne se sent plus coupable de transgresser les normes morales en vigueur mais de ne pas faire ou pire de ne pas avoir envie de faire ce qui est présenté comme le chemin d'excellence vers le bonheur. Les réactions à ce diktat sont diverses : surenchère érotique, renoncement au sexe, culte de la chasteté, repli identitaire sur des traditions coutumières. Dans le même temps comment ne pas préférer ce joug des temps modernes au servage des temps anciens ? C'est à la faveur de cette obsession contemporaine que le corps sexuel féminin devient un territoire de mieux en mieux appréhendé par ses principales intéressées et non plus ce continent étranger voire monstrueux vers lequel l'explorateur

15. Françoise Rey, *La Femme de papier*, Paris, Ramsay/Pauvert, 1989.
16. *Le Nouvel Observateur*, « Les secrets du plaisir féminin », n° 2389 du 19 au 25 août 2010.

masculin avançait à tâtons et sur lequel se greffaient des fantasmes plus fantaisistes les uns que les autres, à l'image de la découverte du Nouveau monde. De nos jours, les bréviaires se succèdent et bousculent ou bien nuancent les représentations ordinaires nourries de la sève intellectuelle de recherches plus obsolètes. Parmi les idées reçues aujourd'hui démenties : l'existence d'un seul orgasme, le primat du plaisir vaginal, l'indispensable présence pénétrante de l'homme. En cela, le livre d'Elisa Brune et d'Yves Ferroul, *Le Secret des femmes. Voyage au cœur du plaisir et de la jouissance*[17] apporte une nouvelle pierre à l'édifice. On y apprend que le clitoris est le siège unique à partir duquel surgit l'orgasme féminin, que certaines tribus encore en vie vouent un culte à la vulve, que l'orgasme peut être produit directement dans le cerveau et que ce dernier, si on lui en donnait les moyens, pourrait totalement se passer des organes génitaux ! Le plus intime des sujets n'est plus : les femmes n'hésitent plus à dévoiler sur la toile, grâce à quelques questions bien choisies[18], leurs préférences sexuelles. Des sites relatifs au seul plaisir féminin sont créés[19]. De même, grâce à l'expertise des sexologues et des thérapeutes de couple en lutte contre l'ignorance sexuelle, on comprend que « ce n'est pas aussi simple » pour une femme d'atteindre le plaisir, d'où la nécessité d'une bonne connaissance de son corps grâce à quelques exercices appropriés... Cependant, on perd inévitablement en trouble ce que l'on gagne en lucidité. Pour la plupart d'entre nous, le charme est rompu, d'où la nécessité de réenchanter le sexe sans pour autant l'affadir ou le revêtir du voile du merveilleux au mépris de sa réalité physique.

***

Les mots de la jouissance ne sont pas synonymes. Ainsi, en est-il de la volupté qui est au « plaisir » ce que les mœurs de l'Ancien Régime sont à la

17. Elisa Brune et d'Yves Ferroul, *Le Secret des femmes. Voyage au cœur du plaisir et de la jouissance*, Paris, Odile Jacob, 2010.
18. « À quel âge avez-vous eu votre premier orgasme ? », « Avez-vous souvent atteint l'orgasme lors de vos rapports sexuels ? », « Est-ce important de jouir pendant un rapport sexuel ? », « Avez-vous déjà simulé l'orgasme ? », « Avez-vous déjà éprouvé un ou plusieurs types d'orgasmes ? », « Avez-vous une ou plusieurs voies d'accès à l'orgasme ? », etc.
19. Cf. par exemple, http://secondsexe.com et le magazine spécialisé : la sexogazette.

libération sexuelle contemporaine : une construction distinguée. Au siècle des Lumières, la volupté ne correspond ni à la débauche par laquelle est recherchée de façon fruste et sans discernement la jouissance ni à la simple satisfaction sexuelle. Pour Voltaire, les plaisirs sensuels génèrent des excès nuisibles au repos de l'âme et à la santé du corps. Il s'avère dès lors nécessaire de les épurer, les ennoblir, les spiritualiser par le travail de la raison, de les inclure dans une éthique globale, privilégiant les plaisirs moraux, affectifs et intellectuels. La volupté est définie comme l'accord parfait entre les sens, l'esprit et le goût. Fine fleur du plaisir, elle renvoie à un état de pleine satisfaction où le plaisir se trouve réfléchi par la conscience, ménagé par la raison, apprécié par le sentiment. Il s'agit de sentir et de penser le plaisir sensuel dans une adhésion pleine et entière à l'instant présent. La volupté doit redonner du sens au passage à l'acte. Fruit d'un art de vivre, elle se nourrit de l'imagination, de même que le désir…

Comme l'écrit Nancy Huston, l'imagination supplée à notre fragilité. Nous nous racontons sans cesse des fables afin de donner un peu d'intensité à nos vies passagères. L'espèce humaine est une « espèce fabulatrice »[20]. Elle a le don de faire de chaque étreinte sexuelle une « histoire », de chaque rencontre amoureuse, un roman. Pour cette intellectuelle féministe, le désir transfigure l'être, est une « magie effective », convoite une image, se nourrit de cette représentation de l'autre. Le choc des épidermes n'en est que plus intense. Chez Belinda Cannone, le désir est l'expression de l'élan vital, le signe même que nous sommes en vie. Être vivant, c'est désirer. L'être humain est fondamentalement un être de désir. Le désir est ce qui le met en mouvement, le pousse vers l'avant, l'anime. Loin de ceux et de celles qui font du désir un manque à jouir, le désir est « force, énergie, promesse de plaisir », « élan des forces de vie, parcelle de l'énergie cosmique ». Il donne toute sa mesure dans la sexualité et dans la création qui figurent parmi les « actualisations supérieures » du désir. Notre aptitude au bonheur dépend moins de l'intensité de la jouissance que de la force de ce désir. Contrairement à Onfray qui le banalise, le désir selon Belinda Cannone n'est pas chose anodine. Il est une « prise de risque », une audace, une « mise en danger » de l'être

20. Nancy Huston, *L'Espèce fabulatrice*, Paris, Actes Sud, 2008.

qui par là s'expose. Il est aussi l'expression d'une liberté qui s'exerce sans l'assentiment préalable du regard de l'autre et, en particulier, de l'autre masculin. Dans l'ouverture magistrale dédiée au désir « Désirer »[21], la narratrice attend son amant dans un café où ils ont rendez-vous. Cet homme qui entre et ne l'a pas encore aperçue, elle prend le temps de le regarder et d'éprouver ce désir qui excède son être. Le plus souvent, dans la mise en scène de la rencontre amoureuse, le *visu* est la première étape du chemin amoureux. C'est généralement l'homme qui voit la femme et la désire avant même qu'elle ne découvre l'existence de ce dernier. La littérature du XIXe siècle abonde de ces scènes fondatrices qui mettent en relation un homme sujet et une femme objet du regard masculin[22]. Dans « Désirer », les amants se connaissent, ont déjà fait l'amour et le *visu* devient l'acte solitaire de la femme qui actualise ainsi, en l'incarnant, le désir pour l'amant. Il n'est pas un état se greffant sur autrui de façon anarchique mais une tension heureuse d'un être de corps et d'esprit vers un autre être que l'on ne connaît que partiellement et que l'on a choisi. Il ne revêt ni l'habit désuet de l'aspiration vague de l'amour romantique ni l'habit moderne de « *booster* » du plaisir. Il est à la fois une impérieuse nécessité du corps amoureux et en cela appelle de toutes ses forces l'étreinte (la peau, la pénétration, etc.) mais il est aussi voie de connaissance imparfaite d'un autre dont on ne peut jamais faire le tour. Le désir se réalise certes par l'étreinte mais déborde largement le cadre sexuel de même qu'il dépasse l'amour proprement dit. Il fait lien entre deux êtres qui par ce biais s'arrachent un peu à eux-mêmes sans jamais se perdre complètement de vue. En cela, il est plus intéressant, plus riche, plus altruiste que le plaisir qui isole même si la jouissance est aussi un don fait à l'autre. Rien ne concrétise autant ce désir porté à un autre que soi que le baiser[23]. L'essayiste rend hommage à cette étape phare du chemin amoureux qui précède l'union de chair proprement dite ou existe indépendamment d'elle. Ce délice des lèvres qui se joignent et des langues qui s'interpénètrent dans le plus voluptueux des accords amoureux, geste charnel par excellence, fait là l'objet de l'une de ses plus belles valorisa-

21. Belinda Cannone, *La Tentation de Pénélope*, Paris, Stock, 2010, p. 11.
22. C'est le cas par exemple de la « vision » de Mme Arnoux par Frédéric Moreau dans *L'Éducation sentimentale*.
23. Belinda Cannone, *Le baiser peut-être*, Paris, Alma, 2011.

tions littéraires. Face à la fureur de jouir, Belinda Cannone fait partie de ces écrivains, hommes et femmes, qui réenchantent les gestes essentiels de l'art d'aimer, sans naïveté aucune.

***

Quelques pèlerins de l'Amour sexuel construisent aussi une alternative où le sexe loin d'être refusé est assumé, réinvesti par tous les sens et surtout éclairé de sens. C'est notamment le cas de l'écrivain, sexologue et thérapeuthe de couple, Gérard Leleu, qui fait de la vie sexuelle « le ciment et le piment du duo »[24]. Auteur de nombreux ouvrages sur l'intimité, le Docteur Leleu est aussi le fondateur d'une « association pour la réconciliation et l'alliance entre l'homme et la femme » dont le but est d'« inventer de nouvelles relations » entre les sexes. Vantant les délices de l'orgasme réciproque, le Docteur Leleu apparaît au premier abord comme complice de cette vague hédoniste qui fait de la jouissance sexuelle l'*alpha* et l'*omega* du bonheur. En vérité, c'est une resacralisation du sexe qu'il propose contre la banalisation ambiante, privilégiant la sensualité sur la sexualité et l'intimité sereine sur la quête énervée du plaisir :

> Signe des temps, les êtres, de nos jours, aspirent plus que jamais à l'intimité, à cet échange où le cœur – voire l'âme – importe plus que la pulsion, où la sensualité l'emporte sur la sexualité. C'est que nous sommes saturés de « sexe » jusqu'à l'indigestion ; de ce sexe omniprésent, violent, violant, qui s'étale sur les écrans, les pages, les panneaux. Ce sexe banalisé à en pleurer, mécanisé à en hurler. Vidé de sens, ce sexe-là, une fois passées les secousses de l'orgasme, ouvre sur le vide et la désillusion.

Afin d'atteindre cette harmonie amoureuse, facteur de cohésion sociale et d'un monde meilleur, Gérard Leleu appelle les hommes et les femmes d'aujourd'hui à se retrouver autour de valeurs dites « féminines », à fonder une nouvelle alliance, à restaurer leur part mutilée. À cet égard, son livre intitulé initialement la mâle-peur[25] offre un tableau saisissant de cette mutilation dont les femmes ont été les premières victimes. S'appuyant sur les

24. Gérard Leleu, *Traité des caresses*, Paris, Stock, 2003, p. 87.
25. Gérard Leleu, *De la peur à l'amour, Réconcilier enfin l'homme et la femme*, Paris, Éditions J'ai lu, 2005.

thèses de Jean-Yves Coppens, d'essais féministes, d'ouvrages divers ainsi que sur sa longue expérience de médecin-thérapeuthe auprès des couples, Gérard Leleu analyse le processus historique qui a conduit les hommes à prendre le pouvoir sur les femmes et à brider la féminité, y compris la leur. L'essayiste fait de la peur des hommes la raison essentielle de tout l'arsenal répressif inventé afin de mater la sexualité féminine : le mariage « arme absolue », les armes anti-séduction, la dévalorisation de la femme, les mutilations sexuelles, l'assassinat, etc. Cette peur n'est pas obsolète et imprègne encore les relations entre les hommes et les femmes, empêchant le véritable amour, sexuel et sentimental, d'advenir. À l'origine, cette mâle-peur naît de l'incroyable spectacle offert par la femme-amante et la femme-mère, s'ancre dans la fascination originelle suscitée par un être détenteur d'un double pouvoir : celui de perpétuer la vie indépendamment de l'homme qui, aux débuts de l'humanité, se croit étranger au processus de reproduction; celui de donner un plaisir immense tout en étant capable d'en éprouver plus encore...

L'*Éros* féminin est extrêmement valorisé dans les ouvrages de ce médecin. N'en déplaise à Freud, l'érotique féminine n'est pas un pâle avatar de l'érotique masculine. Le continent noir est en réalité un territoire d'une infinie richesse. La capacité multi-orgasmique de la femme, sa sensualité à fleur de peau, la puissance de son désir la rendent apte à tous les plaisirs pour peu que l'homme diffère sa propre jouissance, cultive l'art de la caresse, développe sa sensibilité. Ceci n'est pas sans rappeler l'art érotique du *Tao de l'art d'aimer*. Sauf que dans ce traité, on ne peut nier un certain opportunisme masculin dans la mesure où l'énergie *yin* de la femme émise pendant l'acte d'amour est censée fortifier l'homme, décupler son énergie *yang*. Il y a donc tout intérêt à la susciter et ce, chez plusieurs partenaires ! Dans le nouveau couple promu par Gérard Leleu, l'homme s'attache à développer son affectivité, s'autorise à épanouir sa part féminine, à donner et à recevoir de la tendresse sans renier pour autant sa virilité dans sa composante la plus bénéfique :

> L'homme nouveau développe également sa sensibilité et sa sensualité. Il sait écouter les vibrations de son corps et en jouir sans restriction : il est plus attentif aux plaisirs de sa peau, plus réceptif aux bienfaits des odeurs, plus accueillant aux vertus des couleurs [...] Il aime les joies de l'amour;

> mais il a le droit de ne pas bander automatiquement, de ne pas pénétrer systématiquement [...].[26]

Quant à la femme « nouvelle », attentive à développer son « animus » c'est-à-dire son pôle masculin, elle doit veiller à ne pas se perdre en route, à préserver cette féminité qui est moins une faiblesse qu'un atout majeur pour elle-même comme pour l'homme. Cela semble faire écho à Beauvoir pour laquelle on n'acquiert pas des attributs masculins en renonçant à sa féminité... Gérard Leleu rappelle le rôle crucial des femmes dans le processus de civilisation des mœurs. Singer les comportements des hommes dans la sphère publique comme dans l'intimité sexuelle serait faire fausse route, les valeurs féminines étant au contraire à promouvoir afin de lutter contre la barbarie, de transformer le monde, de faire « progresser l'amour, la justice et la paix »[27]. Selon Leleu, à la société patriarcale succéderait aujourd'hui une phase transitoire où confrontés à la dureté du système économique, las de la guerre des sexes, femmes et hommes aspireraient à fonder une nouvelle intimité. Même si l'on peut regretter son idéalisme un peu naïf fondé sur une conception exclusivement angélique de la féminité, la proposition enchantée de Leleu en faveur d'un nouveau couple à la fois sexuel et amoureux, fondé sur le respect mutuel, apparaît comme un bon antidote aux violences conjugales, au sexisme ordinaire, à la norme pornographique, au papillonage sexuel ambiant.

Écrivaine estampillée « érotique », Alina Reyes ne prend pas non plus l'amour à la légère loin s'en faut, comme le montre l'essai dont le titre en dit long sur la conversion mystique de l'auteure : *Charité de la chair, Le sexe et le sacré* [28]. De même que le Docteur Leleu, Alina Reyes redonne tout son prix à l'union sexuelle entre l'homme et la femme, cherchant à réenchanter la sexualité à une époque de consommation outrancière, d'instrumentalisation des corps et de fracture avec le monde réel : « schizophrénie généralisée par toutes les séparations qu'entraînent les dictatures

26. Gérard Leleu, *Le Traité du désir*, Paris, J'ai lu, 2004, p. 132.
27. *Ibid.*, p. 131.
28. Alina Reyes, *Charité de la chair, Le sexe et le sacré*, Paris, Presses de la Renaissance, 2010.

de l'argent et de la représentation ». Indéniablement, son livre étonne lorsqu'on ne connaît d'Alina Reyes que ses récits dits « érotiques ». L'auteure avait habitué ses lecteurs et ses lectrices à une approche décomplexée du sexe, à l'anoblissement des parties dites « basses » du corps humain, à la joie d'amour non sans excès lyrique parfois comme dans *La Chasse amoureuse*[29]. Rien néanmoins ne laissait présager ce culte au Christ ressuscité, cette sanctification de la chair, cette resacralisation de la scène primitive où tour à tour sont invoqués l'Amour avec un grand A, le Christ, le Vivant, Lui. L'Aimé a plusieurs visages... La conception de Reyes a évolué vers une prise en compte totale du sacré tel que ce dernier est appréhendé par le catholicisme. Dans son ouvrage, les références au divin abondent. La rencontre sexuelle entre l'homme et la femme est réenchantée à l'aune d'une vision christique où l'union des chairs devient le lieu même où le « Vivant » se manifeste. « Faire l'amour » n'est plus seulement l'objet de raffinements physiques ayant pour noble tâche de porter le désir à son incandescence et d'amplifier la vague des plaisirs mais est le lieu même de la rencontre avec Dieu ! À l'heure où le porno sert de manuel d'éducation sexuelle à des milliers de jeunes gens, où l'aventure libertine l'emporte sur la rencontre amoureuse, où le sexe fait l'objet de mises en scène grossières et apparaît comme une mécanique répétititive, le livre d'Alina apparaît délicieusement anachronique. La démarche d'Alina Reyes, qui fait de l'écriture même un acte érotique motivé par le désir et générateur de jouissance, est passée du réenchantement sexuel à la resacralisation totale du sexe au risque de perdre le sens du réel auquel l'auteure est pourtant très attachée. Déjà, en 2005, l'écrivaine confrontée à l'exemple d'Emmanuelle Arsan pour laquelle l'érotisme était « un humanisme » expose sa démarche en des termes qui annoncent sa radicalisation ultérieure en faveur du sacré :

> Pour être vécu dans sa dimension pleinement humaine, le désir humain a besoin d'imaginaire, d'être mis en mots. Soit on le met en mots soit on le met en mots puis on le joue [...] Je n'associe pas l'érotisme à la raison mais plutôt à son contraire, à la passion et aussi à la poésie. Pour moi, l'érotisme est une inscription poétique dans la vie et cela ouvre à la spiritualité. Le caractère sacré de la sexualité est selon moi essentiel,

29. Alina Reyes, *La Chasse amoureuse*, Paris, Plon, 2004.

> autrement cela devient une mécanique. C'est justement ce que je déplore dans l'érotisme contemporain : cette espèce de désespoir qui vient du fait que les corps ne sont plus que des mécaniques, des machines à jouir qu'il faut consommer. Il y a toute une industrie érotique ou pornographique qui correspond tout à fait au monde contemporain et à son impératif de consommation. On vend du sexe comme des yoghourts. J'ai une vision poétique de l'érotisme qui n'est pas forcément séparée de l'amour mais, indépendamment même de l'amour, et en cela on peut parler d'humanisme, il n'est pas séparé de l'être humain en général, de ce qui fait un être humain, notamment la parole. Dès mon premier livre *Le Boucher*, la moitié du livre était consacrée au désir exprimé par la parole. Un homme parlait, une femme écoutait et apprenait le désir. On passait ensuite à la mise en acte de la parole.

Chez Michel Onfray, que le sexe soit source de plaisir physique pour deux êtres qu'un contrat de consentement réciproque unit suffit à le rendre désirable et bénéfique. Chez le Docteur Leleu, c'est le « cœur » qui ennoblit le sexe : « signe des temps, les êtres, de nos jours, aspirent plus que jamais à l'intimité, à cet échange où le cœur – voire l'âme – importe plus que la pulsion ». Reyes pousse la démarche beaucoup plus loin en évitant les écueils d'une pure vision immanente :

> Nous avons le sentiment que l'amour charnel est bon quand il unit deux personnes qui s'aiment. C'est vrai. Mais il faut aller plus loin encore et comprendre que l'acte sexuel accompli dans sa profonde vérité est en lui-même pure charité. Qui efface toute dette, passée ou à venir. Deux êtres qui se sont vraiment donnés l'un à l'autre par la chair se sont gagné l'un à l'autre un pardon définitif.

Qu'on le comprenne. Chez Alina, toute rencontre n'est pas bonne à jouir. Elle n'a de cesse dans son essai de départager ce qui relève du « faire le sexe devant le spectacle » du « faire l'amour » où le charnel et le spirituel sont pleinement associés :

> Ne sommes-nous toujours pas assez adultes pour pouvoir aimer à la fois complètement et chastement, aimer en même temps par le cœur, l'esprit et le corps ? En vérité, seul un amour vécu ainsi, complètement, est réellement respectueux de l'autre et de soi, respectueux de l'être humain dans sa totalité, donc réellement chaste, accomplissant la vérité.

De même que le Docteur Leleu, Alina Reyes évoque une peur masculine originelle qui expliquerait les abus contemporains et les multiples atteintes faites aux femmes :

> L'angoisse métaphysique de l'homme se traduit par l'impossibilité de la rencontre, la guerre des sexes, la violence du langage, les violences morales et physiques à l'égard des femmes, les crimes sexuels, le masochisme et l'automutilation (l'avortement peut en être une), la marchandisation des corps issue de la découverte, en forme traumatisante de « scène primitive », de la non-gratuité de la sexualité, des abus de toutes sortes.

Afin de remédier à cette guerre des sexes, Gérard Leleu renvoie les femmes à leur antique mission civilisatrice à l'égard des hommes et invite au déploiement de part et d'autre des valeurs féminines, capables, selon lui, de pacifier le monde. Aucun appel direct à des valeurs féminines identifiées comme telles chez Alina mais un appel fort, répété, telle une prière, à la transcendance divine tapie en chacun-e d'entre nous et capable de faire échec au mal. Néanmoins, dans les deux cas, le salut vient bel et bien de la sexualité féminine, vecteur de sacré, force pacifique, facteur d'oubli délibéré et donc de pardon.

***

Face à la transparence pornographique et à la fureur de jouir érigées en nouveau dogme des temps modernes, l'érotisme littéraire féminin offre des manifestations de dissidence intéressantes. Le « stratagème de la libido pour se relancer »[30] n'est pas seulement le fait d'une génération de nouveaux chastes évoqués par Pascal Bruckner mais aussi celui de nos écrivaines érotiques contemporaines qui ne manquent pas d'imagination afin de redonner du prix à l'acte le plus vieux du monde. N'en déplaise à Jean-Jacques Pauvert qui déplore « une platitude jamais atteinte »[31], les écrivaines ne sont pas toutes tombées dans l'ornière de la crudité sexuelle sous prétexte de donner libre cours à leur « naturel ». Certaines cultivent leur dette à l'égard de l'art d'aimer de leurs aînées et réinventent de précieux

30. Pascal Bruckner, *Le Paradoxe amoureux*, Paris, Grasset, 2009, p. 209.
31. *Anthologie des lectures érotiques, « de l'Infini au zéro », 1985-2000*, Paris, Stock, p. 691.

interdits afin de générer de nouveaux délices. C'est moins par pudeur ou par crainte de la censure que ces femmes n'attaquent pas de front la description du choc des organes que par souci d'humaniser la rencontre sexuelle entre l'homme et la femme en mettant l'accent sur la progression du désir, l'attente fantasmatique et sur un jalon important de la *linea amoris* : la conversation. L'*Éros* féminin aime à s'attarder sur les divers jalons du chemin amoureux dont l'étreinte érotique forme la destination finale et signale l'apogée.

L'*ars amatoria* se distingue de l'érotisme littéraire moins par l'absence de « sexe » que par une économie érotique implicite qui suspend la réalisation physique du désir amoureux au profit d'autres modalités qui la déguisent, la diffèrent, l'évacuent ou bien la minimisent. Dans un roman bâti autour d'une intrigue amoureuse, le désir n'est pas immédiatement suivi de sa réalisation charnelle mais peut se déployer en une opération stratégique de séduction, en des approches successives ou intermittentes volontiers contrariées par des obstacles variés, en une *linea amoris* où le sexe, lieu du secret absolu, est le plus souvent l'« ultime bastion à conquérir »[32]. Selon les cas, l'« érotisme des corps »[33] peut être reporté, éludé, supprimé ou bien encore sublimé à cause d'obstacles divers d'ordre social, moral, familial, psychologique, etc. Les grands classiques de la littérature, *Anna Karénine, L'Éducation sentimentale, La Princesse de Clèves,* etc. mettent en scène les affres de la passion amoureuse dont le débouché physique est entravé par des barrières intimes et sociales : sens du devoir, crainte de l'engagement passionnel, attitude indécise face à la vie, etc. Que le désir amoureux soit privé de sa réalisation charnelle ou bien que celle-ci soit différée, il fait partie d'une dynamique complexe qui le mêle à des préoccupations affectives, intellectuelles, morales. Comme le rappelle Gaëtan Brulotte, fin analyste de l'érotisme littéraire, « il y a, de l'Antiquité jusqu'à nos jours, une même *linea amoris* qui a toujours régi les approches (du moins dans l'hétérosexualité, mais les pratiques de cour existent aussi chez les homosexuels avec une ritualisation élaborée) » :

32. Gaëtan Brulotte, *Œuvres de chair. Figures du discours érotique,* Paris, L'Harmattan, 1998.
33. Georges Bataille, *L'Érotisme, op. cit,* p. 22.

> *Visus* : le coup d'œil (le premier regard, le rapt) ; *Allocutio* : la question, le verbe (la conversation, la proposition) ; *Tactus* : la caresse ; *Osculum* : le baiser (et toute sa mythologie) ; *Coïtus* : le « don de mercy »[34]

Des écrivaines contemporaines ont fait le choix de s'attarder sur l'une de ces étapes moins pour nier la vérité sexuelle d'une rencontre que pour mettre en scène la naissance du désir et le trouble érotique généré par le pouvoir des mots. Dans *La Conversation amoureuse,* par exemple, la reconnaissance du désir réciproque lors d'un rendez-vous entre deux personnages mariés n'entraîne pas une union sexuelle immédiate. Comme dans *L'Éducation sentimentale* et *Anna Karénine* (« il allait continuer son chemin quand soudain il se retourna, ne pouvant résister au désir de la regarder encore [...] Et précisément elle aussi se détourna »[35]), le *visus* bouleverse les protagonistes (« Lui abîmé dans la contemplation »[36]) et amorce une action en faveur d'un rapprochement dont l'homme a l'initiative. Décrivant les mécanismes subtils de l'amour naissant, son aveu partiel, ses parades et ses masques, Alice Ferney fait de l'amour l'objet d'une « conversation » et non d'un « faire ». Si la voix narrative conduit son personnage féminin à la prise de conscience progressive de la nature érotique de son désir, ce désir n'est ni décrit *via* des termes de l'organique direct ni détaché de ce qu'il implique : « un désastre, des secrets, des mensonges, des remords, des souvenirs, des brûlures »[37]. Du côté féminin, le désir est vécu comme un élan « rapide, fluvial, exalté »[38] avoué seulement dans l'intimité de sa connscience :

> Elle pouvait tout lui dire, et cependant pas encore la vérité de ce moment. Vérité sexuelle : J'ai envie de coucher avec vous mais je crois que je n'oserais pas pour l'instant. À quel point voyait-il clair en elle ?[39]

Du côté masculin, la vérité sexuelle de la rencontre s'impose d'emblée et s'il ne la dit pas, c'est que sa formulation explicite diminuerait son inten-

34. *Ibid.,* p. 39.
35. Tolstoï, *Anna Karénine, op. cit.,* p. 72.
36. Alice Ferney, *La Conversation amoureuse,* Arles, Actes Sud, 2000, p. 22.
37. *Ibid,* p. 93.
38. *Ibid.,* p. 97.
39. *Ibid.,* p. 94.

sité, mettrait un terme aux plaisirs de la séduction, briserait l'enchantement du jeu galant :

> Mais il ne le dit pas, parce que c'était pour lui l'évidence même. Parce qu'il voulait savourer le délice de ses moments suspendus dans l'attente et dans la rencontre.[40]

Il faudra donc attendre l'avant-dernier chapitre pour lire cette petite phrase simple qui fait de l'acte sexuel l'aboutissement du cérémonial de la connaissance réciproque : « Alors cela finit par se faire »[41]. Avec ce procédé qui crée une accélération, l'auteure montre qu'elle obéit à un dénouement convenu, celui de la *linea amoris*, de même qu'elle établit une distance vis-à-vis d'un contrat à la fois érotique et narratif dont elle suggère ici la contrainte par une phrase incisive et impersonnelle. Car c'est l'analyse minutieuse de la psychologie amoureuse des deux sexes qui forme ici le projet de l'auteure et non la représentation de l'acte sexuel. L'ultime étape n'est cependant pas éludée mais elle est ennoblie par une écriture poétique, attentive à évoquer surtout la gamme des sensations éprouvées :

> Elle éprouvait un désir qui est l'incision spontanée de la chair mouillée, une déchirure noyée à quoi il est regrettable de résister [...] Son esprit se glissa jusqu'au point obsédant de son être, jusqu'au martèlement doux, continu, lent. Et peu à peu, au plein de cette éclipse, elle sut qu'elle n'était qu'un feu chaud et tendre, et qui chantait.[42]

Le pouvoir érotique des mots apparaît aussi chez Alina Reyes. Dans *Le Boucher*, la narratrice qui travaille dans une boucherie s'éprend d'un homme qui n'est pas « un bel homme » à proprement parler mais qui sait exciter son désir en lui chuchotant des « mots de chair » à l'oreille. Confrontée à la viande sanguinolente, crûment exposée sur les étals, la narratrice jouit de se sentir vivante, chaude et palpitante, à la faveur des mots prononcés par le boucher. La chair morte devient chair d'amour par le miracle du dit érotique qui noue le fil du désir et fait échec au spectacle mortifère de la

40. *Ibid.*, p. 103.
41. *Ibid.*, p. 387.
42. *Ibid.*, p. 398-400.

boucherie. Peu importe que le boucher soit laid. Il sait introduire de l'érotique et, par conséquent, du vivant dans un lieu hanté par la mort :

> Elle n'aime pas le Boucher et elle voue un amour assez romantique pour un jeune homme qui ne la satisfait pas. Tandis que le Boucher, qui n'est certes pas un bel homme mais qui sait exciter son désir, elle l'aime d'amour à ce moment-là, l'amour qu'elle va pouvoir faire avec lui. Et *Éros*, c'est le lieu du désir...

Dans ce livre, l'effet pygmalion de l'homme demeure. L'homme révèle et réveille la femme. Le « je » féminin confie à l'amant le soin de différer l'accomplissement d'un désir poussé par degrés jusqu'à son paroxysme. En effet, c'est l'amant qui sert de guide érotique, éveillant le désir féminin par des mots crus chuchotés à l'oreille ou contrôlant les étapes de la geste sexuelle. C'est l'homme qui excite, enseigne et surveille le désir féminin dont la part d'inassouvissable dépasse l'érotisme des corps. De même, dans *Sept nuits,* Alina Reyes met en scène un chemin érotique progressif, jalonné d'épreuves. Le désir ne naît pas ici de la conversation mais d'un subtil « strip-tease ». Chaque nuit ponctue une nouvelle étape dans le dévoilement érotique. Tout n'est pas donné, tout de suite. Le récit offre une synthèse intéressante entre les contraintes de l'art d'aimer et l'aisance relationnelle propre à l'érotisme littéraire. Le désir fou de la narratrice, la description érotique du corps de l'amant et des sensations éprouvées, le recours à des termes de l'organique direct et l'absence de conversation amoureuse ancrent le livre dans le registre érotique. Dans le même temps, le primat du duo amoureux, le thème du rendez-vous et la création artificielle de contraintes qui permettent de différer la jouissance réciproque témoignent de sa dette à l'égard de l'art d'aimer. Le récit ne se termine ni sur la séparation des amants ni sur une union plus étroite mais sur une ouverture vers autrui, vers un jeune homme qui a assisté discrètement aux ébats amoureux. Ici, ce sont les ressources de l'*ars amatoria* qui viennent en aide au désir érotique, conçu à la fois comme manque, manque à se réaliser, et comme débordement. C'est la frustration temporaire, soigneusement mise en scène, qui permet d'intensifier l'acte érotique. Car comme pour Reyes et beaucoup d'autres écrivaines, *Éros* est avant tout le lieu du « désir ».

***

Si le terrorisme de l'orgasme a si bonne presse, c'est que la jouissance comme voie d'accès au bonheur reste encore un bien de ce monde à convoiter. On la pourchasse sans cesse sans parvenir à l'attraper, comme un poisson de rivière aux écailles brillantes qui file entre les doigts au moment où l'on s'apprête à le saisir. Les invites à l'épanouissement sexuel se heurtent de plein fouet au spectacle de la misère sexuelle, aux duretés relationnelles, à un faux érotisme replié sur lui-même, négateur de l'autre. La misère sexuelle se donne à voir dans les postures stéréotypées du cinéma X, dans la prostitution qui fait fi du désir de la femme et ne résout pas pour autant la frustration sexuelle de l'homme, dans le principe de rendement qui pèse sur les masses laborieuses, etc. Il y a un fossé énorme entre le vécu sexuel et ce que donne à voir et à fantasmer la littérature érotique. En effet, dans la plupart des œuvres de l'*ars erotica*, la facilité relationnelle entre les personnages est exemplaire. À peine le désir naît qu'il est contenté. Les érotomanes n'ont pas besoin de s'auto-illusionner bien longtemps avant de trouver un écho satisfaisant à leur appétit. Il n'est pas besoin non plus de sublimer positivement le désir en le mettant au service d'un enjeu supérieur comme, par exemple, la création artistique. Utopie d'une société où les besoins humains fondamentaux ne souffriraient d'aucune contrariété, trouveraient immédiatement matière à se satisfaire. Il suffit de relire pour cela les premières pages des *Onze mille verges*[43]. À peine la "connaissance est nouée" entre Culculine et le prince Vibescu que les deux amants se livrent aux joies libertines dans la demeure de la jolie parisienne. Cependant, dans la fiction érotique féminine, il n'est pas si aisé de jouir. Hormis dans l'*opus* de Catherine Millet où l'aisance sexuelle est immédiate (mais pallie la timidité sociale du "je" féminin), le chemin qui mène du désir vers le plaisir est souvent chaotique. Doutes, rebuffades, absences d'une réponse adéquate rendent parfois l'élan sexuel vers l'autre douloureux. Que l'on ne se méprenne pas. Le titre d'un « roman » comme *Jouir*[44] de Catherine Cusset laisse moins présager une ode à la jouissance vécue qu'il n'annonce un idéal inatteignable. L'horizon d'attente des lecteurs est en réalité contrarié. Car, comme le montrent ces frag-

43. Apollinaire, *Les Onze mille verges*, Paris, Pauvert, 1973.
44. Catherine Cusset, *Jouir*, Paris, Folio, 1997.

ments autobiographiques qui retranscrivent *dixit* la quatrième de couverture la « vie amoureuse et charnelle » d'une femme « crûment, de A. à Z., de six à trente-deux ans », le lecteur ou la lectrice découvre les affres de la solitude désirante, le clivage entre le désir et le plaisir, l'incommunicabilité entre les êtres. La narratrice aime la chair et souffre de ne pas réaliser certains de ses désirs. Dans son attirance pour une jeune fille de son âge, dans sa chasse au partenaire masculin la nuit dans une ville étrangère, dans son désir fou pour un homme, dans sa réconciliation sensuelle avec son compagnon, elle se heurte à divers obstacles : la réprobation familiale, l'interdit social, l'indifférence, l'impuissance, l'attente, le refus : « J'ai été triste de son refus de me faire à nouveau l'amour ». Lorsqu'elle apparaît dans *Jouir*, la relation sexuelle n'est pas toujours suivie des effets escomptés ni à la hauteur des fantasmes élaborés : renforcement du sentiment de solitude, absence de plaisir, dégoût. *Jouir* renvoie donc moins à l'objet ardemment convoité d'une quête difficile qu'à une réalité sexuelle jubilatoire. L'aisance relationnelle, l'une des principales caractéristiques de la littérature érotique, reste une conquête difficile.

***

Selon Onfray, le vécu sexuel masculin se réduit très souvent à l'objectivisation du partenaire, à la bestialité du rapport, à l'inaptitude à la complicité ludique, intersubjective. Est-ce seulement l'apanage des « mâles »?

L'*Éros* féminin se signale aussi par son autisme violent comme en témoigne le « roman » de Virginie Despentes, *Baise-moi*[45]. Le titre dépourvu de nuance affective noue un pacte de lecture axé sur l'explicite sexuel et sur le caractère d'urgence d'un impératif rageur. C'est une invite brutale au sexe pur. L'érotisme féminin a ceci d'agaçant pour les femmes soucieuses d'égalité entre les sexes qu'il met souvent en scène des personnages féminins en prise avec un mâle dominant dont l'effet-pygmalion agit comme un puissant aphrodisiaque. D'*Histoire d'O* à *Cinquante nuances de Grey*[46], l'accès des femmes à leur jouissance suppose trop souvent encore l'abandon aux désirs des hommes, leur souscription à leurs fantasmes au détriment

45. Virginie Despentes, *Baise-moi*, Paris, Grasset, 1999.
46. E. L. James, *Cinquante nuances de Grey*, « La trilogie de Fifty Shades », Paris, Lattès, 2011.

d'une conquête érotique véritablement personnelle. Le récit de Despentes déroge à cette constante et inverse les rapports de pouvoir. L'ordre des sexes et des genres et, au-delà l'ordre social, a longtemps fait de la violence un attribut du masculin viril, ce que confirment les faits : une femme meurt tous les deux jours et demi sous les coups de son conjoint. Les victimes des violences conjugales, sexuelles et sexistes sont en majorité des femmes. Et si les hommes n'ont pas le monopole exclusif de l'exercice de la violence dans le couple, il s'avère qu'un homme ne meurt pas tous les deux jours et demi mais tous les quinze jours sous les coups de sa conjointe et dans la majorité des cas, c'est en réaction aux violences subies que la femme en vient à tuer son compagnon. Au regard de ce constat dramatique, le négationnisme en la matière est de très mauvais goût.

C'est en cela que le livre de Despentes est intéressant car il met en scène un couple rare : les femmes et la violence. Ce récit narre la cavale suicidaire de deux jeunes femmes issues des quartiers où « les esprits sont toujours à la limite de l'incendie »[47]. Elles se rencontrent, deviennent les meilleures amies du monde et se muent en prédatrices sans foi ni loi, en chasseuses éprises de sang, de sperme et de tuerie arbitraire. Dans les premiers chapitres, Nadine et Manuelle sont présentées séparément. Nadine, la « grosse », présente une forte addiction à la pornographie, à l'alcool et à la musique qu'elle écoute constamment sur son walkman. Elle fume, s'adonne à la prostitution occasionnelle et a pour petit-ami un jeune dealer qu'elle accompagne dans sa descente aux enfers :

> Nadine reste à ses côtés, obstinément. Elle se fait l'effet d'être une infirmière dévouée qui ne serait capable que d'appliquer des compresses glacées sur le front d'un malade ravagé par la peste.[48]

Ce dévouement sacrificiel qui n'est pas sans faire songer au *Repos du guerrier*[49] cesse lorsque le petit-ami est assassiné à cause d'un règlement de comptes. Nadine vit alors avec une colocataire « jolie fille élégante, presque raffinée » dont elle ne supporte plus les leçons et qu'elle tue par strangula-

47. *Ibid*, p. 29.
48. *Ibid.*, p. 34.
49. Christiane Rochefort, *Le Repos du guerrier*, *op. cit.*

tion. Désormais déliée de toute attache, elle décide de partir et se retrouve seule sur le quai d'une gare où elle y rencontre Manu, la « petite ». Celle-ci vient de subir un viol collectif dans des conditions sordides et de venger un jeune ami Radouan rué de coups par une bande de garçons qui ont jeté de l'acide sur son visage. Cette rencontre scelle une amitié sororale qui dure 8 jours, le temps d'une escalade inouïe dans la violence qui conduit à la mort de Manu et à l'arrestation de Nadine.

Dans ce récit hyper-réaliste traversé de personnages secondaires, le lecteur appréhende la précarité sociale, l'absence de perspectives d'avenir, les violences faites aux femmes, la dureté relationnelle, les humiliations subies par ceux et celles pour qui la vie est un fardeau quotidien et un chemin semé d'épines. Cette réalité crasse anéantit tous les potentiels comme cette « jolie plante » devenue une junkie au fil des années :

> Quand elle est arrivée au quartier, c'était une jolie plante qui finissait des études que personne ne l'aurait crue capable de faire, pleine de projets et pouvant décemment prétendre les réaliser. C'était il y a déjà fort longtemps et la réalité l'a depuis rappelée à l'ordre et au ruisseau.[50]

Despentes fait état d'une cour des miracles des temps modernes sans aucune valorisation romanesque et confie à ses deux anti-héroïnes le soin de la dénoncer en la contrariant par une réappropriation personnelle de la violence. Le grand spécialiste de l'érotisme littéraire, Jean-Jacques Pauvert, évoque une « description bien claire et bien froide du sexe et de la violence »[51] et ne fait pas grand cas de ce récit qui s'attache seulement selon lui à dépeindre le pire. Pourtant, au regard de l'*Éros* féminin, le livre présente un intérêt indéniable. Attentive à restituer la vérité psychologique de ses personnages qu'elle prend soin de ne jamais dominer (usage du discours indirect libre qui renvoie la responsabilité des jugements de valeur à l'un des personnages principaux), la narratrice met à mal le lieu commun qui fait de l'exercice de la violence urbaine l'apanage des hommes. Celle dont les victimes se méfient le moins, Nadine, présente une douceur apparente qui masque en réalité une soif de venger les vexations et les frustra-

50. *Ibid.*, p. 28.
51. *Ibid.*, p. 309.

tions subies depuis l'enfance. C'est parce qu'elle a appris à s'absenter du monde extérieur, à créer une paroi de verre entre les autres et sa personne, qu'elle peut étancher sa soif meurtrière sans aucune hésitation ni remords *post-mortem* :

> S'exclure du monde, passer le cap. Être ce qu'on a de pire. Mettre un gouffre entre elle et le reste du monde. Marquer le coup [...] Elle a à peine hésité. Il fallait le faire.[52]

Manu est quant à elle profondément immature, n'a aucune éducation, ne parle pas mais « braille », dévore des bonbons multicolores et des barres chocolatées, se peint les ongles en rose et décolore ses cheveux. Pour les gestes les plus anodins d'une féminité insouciante comme pour l'assassinat de personnes croisées au hasard de leur route, elle affiche une même désinvolture et ne prémédite rien, comptant sur l'« instinct ». Au début du récit, elle est présentée comme une jeune femme « habituée à avoir la vie terne, le ventre plein de merde et à fermer sa gueule ». Les deux personnages féminins, victimes de l'ordre masculin et des inégalités sociales, partagent une même soif de revanche sur la vie. Cependant, elles ne cherchent pas à s'en sortir par les voies légales. Les victimes deviennent des prédatrices amorales guidées par un désir-rage qui dévaste tout sur son passage et n'épargne aucun être innocent comme le montre cette scène où un enfant de cinq ans est tué dans un salon de thé chic avec sa grand-mère. Elles font de chaque carnage une occasion ludique de mise en scène improvisée où leurs gestes se complètent et où les répliques fusent, implacables, définitives. La première fois que Manu tire sur quelqu'un, elle remarque que « c'est moins spectacle qu'au cinéma », que « c'est pas pareil ». Le personnage de Nadine, beaucoup plus introverti, aime s'adonner à des projections fantasmatiques et à anticiper sur divers scénarios possibles. Elle connaît la violence ritualisée dans le cadre de contrats masochistes mais reste en quête d'un dérapage jusqu'au-boutiste où « son sale plaisir à faire du mal » pourra s'épancher. Manu, plus aguerrie, lui en fournit l'occasion. Toutes deux en tuant « font leur cinéma » et analysent leurs actes en des termes cinématographiques :

52. *Ibid.*, p. 159.

> On a pas le sens de la formule, on a pas la bonne réplique au bon moment/ On a eu les bons gestes, c'est déjà un début/faudrait que les dialogues soient à la hauteur.[53]

Là où ce récit innove est dans l'expression d'une violence féminine sans précédent. C'est en réaction à un univers de vie extrêmement agressif dont elles font les frais en tant que femmes que Nadine et Manu en viennent à tuer leurs semblables. Elles ne tuent pas pour l'appât du gain mais pour expérimenter une liberté d'agir inédite et précaire à laquelle la mort et la prison mettront définitivement un terme. L'absence d'empathie pour leurs victimes devient la condition *sine qua non* de l'exercice d'une liberté sans limites. Ces femmes tuent sans éprouver la moindre once de pitié pour leurs cibles. Ce sont des délinquantes relationnelles dans l'exercice jouissif d'un hyper-pouvoir momentané dont elles abusent jusqu'à leur chute finale. Même un enfant ne trouve pas grâce à leurs yeux moins dévorés cependant par la haine que par une fascination morbide pour le sang répandu au sol, les corps meurtris, les « attitudes grotesques » générées par les tirs. Leur rapport à la violence est quasi orgasmique : excitation suscitée par la panique de leurs victimes, jouissance à savourer après-coup les images des scènes de carnage. Ces deux personnages féminins sont sadiques. Mais, là où chez Sade, la violence criminelle était un luxe de nantis exercé à l'endroit des plus faibles, ici, elle signale la revanche sociale des exclues sur les privilégiés : la femme de 40 ans au distributeur automatique est vêtue d'un « tailleur bleu marine bien coupé, la jupe juste au-dessus du genou. Impeccable », le « type en complet sombre » en « Range-Rover grise », l'architecte courtois qui les reçoit à domicile croyant qu'elles mènent une enquête pour IFSOS, la grand-mère et son petit-fils au salon de thé sont représentatifs de cette classe bourgeoise aux antipodes des habitants des quartiers que les deux filles côtoient avant leur cavale. Pour autant, des vendeurs, des serveurs, un pauvre type dragué dans un bar sont également assassinés par ces furies qui ne veulent pas laisser de témoin sur leur route. Seule exception à leur tuerie : les « rebeux ». Chez Sade, les personnages féminins sont soit des victimes toutes désignées soit des libertines qui se plient à la loi cruelle des hommes afin de sur-

53. *Ibid.*, p. 121.

vivre (Juliette). Nadine et Manu sont quant à elles des femmes de rue qui chassent dans les bars et instrumentalisent les hommes afin d'assouvir des besoins sexuels aussi exigeants que ceux de leurs partenaires. Voilà encore une idée reçue que Despentes bat en brèche. Le besoin de sexe n'est pas le seul fait des hommes. L'on devine qu'avec de tels tempéraments, le sexe est abordé sur un mode direct, sans vernis sentimental. Le viol collectif même est supporté par Manu qui a appris à ne pas contrarier l'agresseur sexuel afin de sauver sa peau mais aussi à se dissocier et à désacraliser son sexe au point de tout accepter. Les scènes sexuelles ne sont inédites que parce que ce sont des femmes qui prennent l'initiative, sollicitent l'homme et le congédient une fois leurs désirs assouvis. Elles chassent le « loup » de façon éhontée. L'objectif est moins hédoniste que cathartique. Le sexe est vécu comme un exorcisme afin d'éviter le retour sur soi et de « mieux dormir » au même titre que l'alcool ou la drogue. Néanmoins, les deux héroïnes à la peau dure ne sont pas fermées à toute tendresse. Certaines scènes rendent compte d'une approche plus affective qui compense la brutalité organique des autres descriptions :

> Son corps gracile comme celui d'un enfant, son sexe est chaud et rassurant quand il vient dans son ventre. Elle lui est infiniment reconnaissante d'être comme il est, il la serre plus fort dans ses bras, quand elle murmure : « Tu me fais du bien vraiment. Elle voudrait pleurer contre lui.[54]

Nadine a un rapport au sexe plus intéressant que Manu qui s'y livre de façon ludique à coups de mots obscènes. Masochiste dans le rapport prostitutionnel, Nadine fascine aussi les hommes par son allure imposante. Ainsi, dans la scène du meurtre de l'architecte élégant chez qui les jeunes femmes se sont introduites à la faveur d'un stratagème, Nadine mène le jeu sadique et séduit sa proie que l'on devine par ailleurs lecteur de Sade et amateur de séances sado-masochistes. En dépit de son désir pour lui, elle finit par le tuer. Obsédée par les femmes qui posent dans les revues pornographiques, elle semble traverser toute la palette du sexuel : bisexualité, masochisme, sadisme, pornographie, prostitution, etc. Son érotisme est exigeant, puissant et total mais délié de la motivation affective qui pourrait l'anoblir.

54. *Ibid.*, p. 110.

Le roman de Virginie Despentes est-il symptomatique de ce « trop de réalité » analysé par Annie Le Brun[55] ? Engluées dans la misère sociale des quartiers, les deux personnages usent de la tuerie arbitraire comme un moyen de s'extraire de ce trop-plein de réalité : le goût de la mise en scène, le cinéma interne de Nadine, la fascination pour les images de carnage, le jusqu'au-boutisme des deux anti-héroïnes témoignent d'un détachement apathique qui va de pair avec une déshumanisation. Ces délinquantes relationnelles illustrent à merveille le concept marcusien de désublimation répressive où la sexualité et l'agressivité sont libérées simultanément et aboutissent à une pseudo-libération *via* une violence concrète et une approche pornographique du sexe.

***

Parmi les réponses à l'hypersexualisation de la société occidentale[56], figure le repli sur les traditions coutumières où l'acte sexuel est sévèrement encadré. Comme l'a analysé Gérard Leleu, la peur masculine à l'égard de la puissance sexuelle du féminin serait à l'origine de nombreux mécanismes de répression dont le mariage forcé, dit par euphémisme « arrangé ». Cet effroi ancestral générateur de violences se nourrit désormais du spectacle de l'émancipation des femmes dans nos sociétés occidentales, révolution majeure du XXe siècle et de conquête récente. De plus en plus de femmes, de la lolita à peine pubère à la quinquagénaire dite "cougar", affichent sans complexe leur liberté sexuelle. Cependant, d'autres femmes évoluent dans un contexte difficile, dans une société où les acquis récents de la modernité se heurtent au poids des représentations traditionnelles, des traditions coutumières, des crispations identitaires, rendant périlleuse toute tentative d'émancipation.

L'on sait désormais, à la faveur de diverses enquêtes[57], que la situation d'immigration exacerbe les violences commises à l'encontre des femmes. Le contraste entre la société d'accueil et la société d'origine peut susciter des tensions identitaires qui nuisent à la prise d'autonomie des jeunes filles. Celles-ci peuvent se trouver confrontées à un conflit interne entre d'une part, le respect de l'autorité parentale qui fait de la virginité une valeur

55. Annie Le Brun, *Du trop de réalité*, Paris, Stock, 2000.
56. Chantal Jouanno, rapport sur l'hypersexualisation,
57. Enquête ENVEFF, 2000.

essentielle et, d'autre part, le désir de vivre pleinement leur vie amoureuse à l'instar des autres adolescentes. Par exemple, le mariage forcé tel que le décrit Leïla dans son récit autobiographique *Mariée de force*[58], est emblématique de cette tension entre les potentialités offertes par une société qui se dit "émancipée" et que l'on dénonce comme "permissive" et l'attachement viscéral à sa culture d'origine. Dans *Mariée de force*, c'est à partir du moment où la jeune fille se rebelle contre les interdits qui lui sont imposés en raison de son sexe que la famille resserre son emprise par souci de préserver le sacro-saint "honneur" face aux tentations jugées nocives du pays d'accueil. La plupart des témoignages de femmes de confession musulmane et connus du grand public mettent l'accent sur le lot d'interdits et de souffrances qu'elles subissent[59]. En cette période de retour du joug religieux où 70 000 jeunes filles sont potentiellement menacées de mariage forcé en France[60], où les mutilations sexuelles féminines sont perpétuées clandestinement sur notre sol, où de nombreuses femmes croient faire un choix libre et éclairé en portant le voile (par pudeur, piété, obéissance au mari, désir de reconnaissance ou encore geste de défi[61]), il semble difficile d'appréhender la question érotique chez la femme musulmane ordinaire tant ses faits et ses gestes intimes semblent encore être placés sous le sceau du secret voire de l'interdit. C'est sans compter sur ces écrivaines qui osent briser le tabou sexuel au sein même de pays conservateurs sous domination masculine : Hanan el-Cheikh, romancière libanaise, ose mettre en scène l'homosexualité féminine[62] ; l'Irakienne Alia Mamdouh analyse dans *La Passion* les rapports de force amoureux[63] ; Assia Djebar, dans *Les Nuits de Strasbourg*, raconte les neuf nuits d'un couple non marié et fait de la rencontre sensuelle un tremplin pour l'exploration d'une mémoire historique que la parole libre des amants ressuscite[64] ; Joumana Haddad a créé

58. Leïla, *Mariée de force*, Paris, J'ai lu, 2005.
59. Cf. Souad, *Brûlée vive*, Paris, Oh! Éditions, 2003 ; Samira Bellil, *Dans l'enfer des tournantes*, Paris, Flammarion, 2003.
60. Selon une étude du Haut Conseil de l'Immigration menée dans sept départements.
61. Cf. Gérard Neyrand, Abdelhafid Hammouche et Sahra Mekboul, *Les Mariages forcés*, Paris, La Découverte, 2008.
62. Hanan el Cheikh, *Femmes de sable et de myrrhe*, Paris, Actes Sud, 1995.
63. Alia Mamdouh, *La Passion*, Paris, Actes Sud, 2003 ; *La Garçonne*, Paris, Actes Sud, 2012.
64. Assia Djebar, *Les Nuits de Strasbourg*, Paris, Livre de poche, 2003.

au Liban une revue érotique, *Jasad* (« le corps »), et met son art poétique au service de l'émancipation des femmes[65]. Quant à Leila Sebbar, elle dresse dans *Les Femmes au bain* un hymne aux amours illicites, saphiques, rebelles[66]. Avant le tournant des Révolutions arabes qui profitent encore trop peu aux droits des femmes, ces écrivaines originaires du Maghreb ou d'autres pays de confession musulmane ont amorcé leur printemps en transgressant les interdits, en levant le voile sur leur intimité sexuelle, leur rapport au corps, leurs relations aux hommes.

Chez ces femmes révoltées contre leurs sociétés cadenassées, *Éros* est un enjeu politique d'émancipation. Ce dont elles témoignent sous les habits séduisants de la fiction ou de l'autobiographie, c'est du refus des entraves traditionnelles qui portent atteinte à leur soif de liberté mais aussi, chez certaines, de la dangerosité de la société occidentale qui brandit avec le cinéma pornographique, la prostitution, l'affichage permanent du corps féminin, une autre menace sur leur dignité. Cette tension que quelques écrivaines donnent à voir dans leurs œuvres dites « érotiques » a le mérite de susciter à nouveau le trouble. Car pour ces femmes, faire l'amour n'est pas aussi anodin que de boire un verre d'eau. Le sexe oppose encore son infracassable noyau de nuit à leur désir de le vivre et de le dire. C'est donc très probablement du côté de ces écrivaines érotiques du monde arabo-musulman que l'érotisme peut retrouver ses lettres de noblesse soit ce lyrisme des corps et cette vitalité poétique que l'*ars erotica* de l'Occident a en partie perdus[67]. Car le jeu avec les interdits y conserve tout son pouvoir corrosif. Tandis que nos écrivaines occidentales recréent des interdits afin de vivifier le désir, ces femmes issues du monde arabo-musulman, qu'elles y vivent encore ou non, sont encore en butte à de véritables contraintes extérieures et à des réflexes d'autocensure. En abordant ces sujets sensibles dans des pays qui reconnaissent encore difficilement les droits des femmes, ces pionnières d'une parole féminine qui se libère des tabous pesant sur le sexe et la religion prennent le risque de déchaîner les foudres de la censure, l'ire des pouvoirs en place, des menaces de représailles voire même de

65. Joumana Haddad : http://www.joumanahaddad.com/
66. Leïla Sebbar, *Les Femmes au bain*, Paris, Bleu autour, 1973.
67. Cf. aussi *Books*, « L'audace des filles arabes », numéro spécial, décembre 2011-janvier 2012, p. 85.

mort. Même sans ces menaces, le poids de la culture originelle agit comme un vigil intérieur chez la plupart d'entre elles.

L'une des écrivaines ayant le plus souffert de cette oppression est sans conteste Taslima Nasreen. Le deuxième exil de l'écrivaine bengali est moins dû à son offensive contre la religion considérée comme la racine de tous les maux pesant sur les femmes qu'à l'impact de la parution en Inde de son livre autobiographique *Rumeurs de haine.* Elle y parle ouvertement de ses relations amoureuses avec des hommes dont des écrivains célèbres. La réaction ne se fit pas attendre. Deux auteurs masculins lui intentèrent des procès en diffamation, lui réclamant 4 millions de dollars. Alors qu'en France, les auteures ont investi depuis le début des années 1950 le territoire érotique longtemps réservé aux hommes, en Inde, qu'une femme puisse s'exprimer librement sur sa sexualité reste une chose insupportable même pour les écrivains masculins à l'esprit éclairé. Dans *Rumeurs de haine*[68], le sexe est pleinement assumé quoiqu'abordé avec quelques détours de langage :

> J'ai connu plusieurs hommes afin de satisfaire les besoins de mon corps. C'est avec Rudro que j'ai découvert les premiers émois de la chair. Puis, quand nous nous sommes éloignés, j'ai pratiqué le jeu des corps emmêlés. J'y ai certes éprouvé du plaisir, mais eux plus que moi. Souvent je me suis laissé faire, pas simplement à cause de mon incapacité à dire non, mais parce que je ne voyais pas la nécessité de refuser.

Ces précautions ne suffirent pas à canaliser la déferlante de mots violents, « prostituée », « pute », « pornographe », revélateurs d'une haine bien réelle à l'encontre d'une femme ayant osé parler de sa vie érotique.

Parmi les auteures ayant dénoncé ces dernières années la chape de plomb pesant sur la sexualité dans les pays arabo-musulmans, figure Nedjma[69]. Son premier récit, *L'Amande,* a été présenté comme le premier « récit intime » écrit par une femme musulmane. Vivant au Maghreb, l'auteure, dont l'identité réelle est inconnue, a choisi pour voile le pseudonyme

68. Taslima Nasreen, *Rumeurs de haine,* Paris, Éditions Philippe Rey, 2005.
69. Nedjma, *L'Amande,* Paris, Plon, 2004.

de « Nedjma », titre du premier roman de Kateb Yacine[70] qui désigne la légendaire femme fatale de la poésie algérienne. Voulant se protéger des « démons islamistes »[71] par le recours à un nom fictif, l'auteure livre un témoignage à la première personne où les souvenirs personnels, arrangés, mêlent divers portraits de femmes et révèlent le poids des interdits pesant sur la sexualité dans le Maroc des années 60. C'est à la suite des événements du 11 septembre 2001 que Nedjma a décidé d'écrire ce livre « librement, sans chichis, la tête claire et le sexe frémissant »[72] afin de « parler de corps bien vivants et appétissants, plutôt que mutilés et carbonisés »[73]. Son témoignage se veut un « hommage à l'ancienne civilisation des Arabes où le désir se déclinait jusque dans l'architecture, où l'amour était débarassé du péché, où jouir et faire jouir était un devoir du croyant »[74]. L'ambition de Nedjma est de réconcilier l'âme et la chair, l'amour et le sexe, « le sperme et la prière »[75], d'abattre les cloisons qui séparent aujourd'hui la mystique de l'érotisme[76].

Ce livre relate l'histoire de Badra, jeune marocaine qui, mariée de force à l'âge de dix-sept ans, décide, après cinq ans de vie conjugale malheureuse au village d'Imchouk où elle est née, de fuir vers la grande ville de Tanger. Réfugiée chez sa Tante Selma, la jeune femme découvre le plaisir sexuel dans les bras d'un homme raffiné et sensuel qui lui révèle les affres et les bonheurs de l'amour-passion jusqu'à ce que leur histoire se dégrade et conduise Badra à le quitter pour vivre désormais une vie érotique sans âme. Présenté comme un récit « intime », *L'Amande* est une lecture érotique dans la mesure où il privilégie la dimension sexuelle d'un parcours de vie et l'aborde frontalement, sans métaphorisation excessive. Le livre est structuré par un double niveau narratif correspondant à l'alternance

70. « Femme de rien, ravageant dans la nuit passionnelle tout ce qui nous restait de sang, non pour le boire et nous libérer [...] mais seulement pour le troubler », « femme stérile et fatale », condamnée à un « destin de fleur irrespirable, menacée jusqu'à la profondeur et à la fragilité de ses racines » et « dont les hommes devaient se disputer non seulement l'amour mais la paternité ».
71. *Elle* (2004) : p. 145.
72. *Ibid.*, p. 16.
73. *Ibid.*
74. *Ibid.*, p. 8.
75. *Ibid.*, p. 7.
76. *Ibid.*, p. 7.

entre deux aires géographiques (Tanger/Imchouk) et deux temporalités (Badra adulte/Badra enfant). Ce choix formel permet de dessiner une biographie du désir, de justifier l'émancipation érotique de Badra adulte par les contraintes du passé, d'offrir un contre-point dramatique à l'initiation sexuelle positive de l'héroïne à Tanger. Présenté comme un événement, le récit a été interprété généralement par la presse francophone comme un récit « érotique » caractérisé par « l'alchimie des contraires »[77] c'est-à-dire mêlant la crudité du langage sexuel direct au lyrisme incantatoire de l'amour-passion. C'est ce qui fait sa force. Nedjma ose nommer directement les choses du sexe et les plaisirs du corps. En revanche, *L'Amande* est un récit d'initiation où les personnages ne sont pas placés d'emblée en situation sexuelle au contraire de la plupart des livres érotico-pornographiques. La première phase du récit relate une jeunesse dépossédée d'elle-même, toute entière sous le contrôle de la communauté villageoise d'Imchouk. Après avoir été préparée par les femmes du hammam comme « un mouton du Aïd »[78] en vue d'être livrée en pâture à son futur mari, l'héroïne vit une nuit de noces désastreuse : l'hymen de la jeune mariée est rompu en deux d'un coup sec par l'époux en présence de la belle-mère qui la ligote et de sa sœur[79]. Soumise à des rapports sexuels non désirés, à la surveillance étroite de sa belle-famille qui attend une descendance, à l'infertilité du mari, aux médisances des femmes du clan pour lesquelles le vagin de Badra doit être troué puisqu'il ne retient aucune semence[80], Badra en vient à haïr son propre corps et à rêver son sexe comme un organe castrateur, pourvu de ronces à même d'écorcher le « machin » de l'homme ![81]. Cette première phase du récit rend compte d'une mutilation du cœur et du sexe. Sur le chemin de l'initiation érotico-amoureuse, le corps de Badra est en premier lieu un corps contraint, à la sensualité refoulée.

L'un des intérêts de ce livre est de montrer le difficile passage du corps contraint au corps érotico-amoureux à la faveur d'un voyage, de l'installation dans une grande ville et d'une rencontre décisive. Badra fuit un espace

77. *Le Vif L'Express* (26 mars 2004)
78. *Ibid.*, p. 39.
79. *Ibid.*, p. 122-123.
80. *Ibid.*, p. 52.
81. *Ibid.*, p. 48.

d'oppression qu'incarne Imchouk, « la sévère » et intègre un espace de liberté, « plus saoulant que le printemps »[82] : la grande ville de Tanger. Elle accède à une première liberté corporelle, celle du mouvement, mais se trouve néanmoins confrontée à un nouveau danger : celui d'être, malgré le voile qui la protège, une jeune femme belle et seule dans une ville inconnue réputée dangereuse, d'où la nécessité d'un guide qui prend les traits d'un jeune homme viril et audacieux. En conduisant Badra à la maison de Tante Selma, Sadeq endosse le rôle de l'intercesseur qui relie les deux femmes dont la plus expérimentée devient la confidente privilégiée de la plus jeune. En effet, conformément à une longue tradition de la confession érotique féminine, Tante Selma est la destinataire fictive du récit des malheurs de Badra à Imchouk. Badra trouve en la maison de Tanger une certaine sérénité. L'autoérotisme fait une apparition discrète, premier pas vers la réappropriation sensuelle du corps. Et c'est une rencontre amoureuse, celle de Driss, qui conduit Badra à explorer pleinement son érotisme encore hésitant. Dans la deuxième phase du récit, le corps érotico-amoureux émerge lentement à la suite de cette rencontre. Conformément à la *linea amoris,* les étapes sont respectées, la réalisation physique du désir différée. En cela, le récit de Nedjma déroge à l'aisance propre à l'érotisme littéraire où il y a peu de délai entre l'émergence du désir et sa concrétisation sexuelle. Driss met six mois à « cueillir » Badra, lui laissant ainsi le temps de « fantasmer sur sa voix, ses mains et son odeur »[83]. Le choix formel de ne pas nous donner tout de suite accès au « coït » témoigne du poids des résistances intimes et nous rend aussi complice du désir naissant de Badra pour Driss, nous conduit à convoiter la scène sexuelle comme Badra convoite le corps de celui qui deviendra son amant. Dans *L'Amande, Éros* est comme dans la plupart des œuvres érotiques féminines le lieu du désir. L'érotisation de l'esprit est le prélude à l'érotisme des corps. Ce dernier n'est pas hâtivement décrit. La scène érotique centrale du récit est au contraire une longue description de l'exploration progressive du corps de Badra par son amant : les pieds, le cou, les seins, le dos, les reins, le pubis, le clitoris, les cuisses, les fesses, l'anus, le vagin, le ventre, la bouche, les jambes. Chaque caresse suscite un écho sensible : tremblement, gémissement, douleur, plaisir, orgasme.

82. *Ibid.,* p. 22.
83. *Ibid.,* p. 104.

Il ne s'agit pas d'une représentation machiniste et inexpressive du corps sexuel : les sensations, les émotions et les fluides corporels sont décrits par la narratrice, d'où la forte charge sensuelle de cette scène. Tout un refoulé charnel s'extériorise que les sensations de refroidissement, de brûlure, de tremblement, de douleur, de plaisir, de liquéfaction décrites en des termes plus ou moins directs mettent en évidence de manière frappante. Le corps de Badra devient liquide, ruisselant, gémissant, tourmenté, puissamment vivant. L'inscription de l'organique y est très forte. Cependant, le trouble que cette scène pourrait susciter est compromis par les interrogations parasites de Badra sur son comportement (elle se perçoit comme une « pute »[84] puis comme un « objet »[85] malléable) et par des résistances physiques : le corps de Badra fait obstacle à la pénétration, d'où une seconde défloration, d'où une deuxième naissance à la sexualité, cette fois-ci choisie. Là encore, ces deux résistances à la jouissance pure démentent la posture d'aisance qui est l'une des composantes essentielles du récit érotique. Cette scène montre aussi le type de rapports qui s'instaure entre les deux personnages : l'homme agit, la femme éprouve, la mise en sujétion du corps érotique de la femme étant nécessaire au bon déroulement de la geste érotique :

> Driss m'a installée dans son salon [...] m'a portée à bout de bras [...] Il m'a déchaussée, m'a caressé les orteils et la plante des pieds [...].[86]

La première scène érotique entre Driss et Badra entraîne plusieurs métamorphoses : sexuelle, mentale, sociale. Badra tombe amoureuse de son vagin qu'elle découvre plein de ressources insoupçonnées, qu'elle se représente comme une partie sensible et autonome, qu'elle personnifie et fétichise : « Mon sexe m'a vaincue. Il est heureux et je vibre jusqu'aux orteils de son bonheur »[87]. Parallèlement à cet investissement narcissique sur « la bête benoîte qui jouit sans vergogne sous mes doigts »[88], la révélation sexuelle modifie le langage et l'ordonnancement des idées de Barda. Les images pieuses viennent à l'appui d'une conception mystique et irrévencieuse du sexe :

84. *Ibid.*, p. 108.
85. *Ibid.*
86. *Ibid.*, p. 108-109.
87. *Ibid.*, p. 127.
88. *Ibid.*

> Dehors les bigots qui préfèrent les marabouts aux prophètes, les transes aux prières et les incantations aux versets. Dehors, les efrits et les esprits malins, les boucs et les imams aux pieds fourchus ! Bienvenue à Dieu, aux blés et aux oliviers. Bienvenue aux cœurs transis d'amour et aux culs purifiés à l'eau bénie des étoiles.[89]

Le corps de la femme musulmane s'occidentalise également. Le haïk est remplacé par les robes de prix, les escarpins et les bijoux, offerts par son amant. Cependant, la coïncidence heureuse du corps érotique avec le sujet affectif dure tant que la liaison avec Driss est protégée et conforme à une certaine éthique, celle qui valorise l'exclusivité amoureuse. Confrontée au libertinage de son amant, à son éloignement, au sevrage sexuel brutal qu'il lui impose, tout devient sexe en Badra et ce, jusqu'à l'esprit. Elle perd sa « foi de charbonniers » au profit d'une dépendance sexuelle exclusive. Menacé d'abord par une société traditionnelle où le poids de la *h'chouma* brime l'énergie d'*Éros*, le corps de la femme musulmane se heurte à une autre menace, celle d'un libertinage des corps qui mutile l'être amoureux. La conception de l'amant en matière d'érotisme, son comportement désinvolte, son langage grossier et cru dérangent profondément la sensibilité de Badra pour laquelle aimer n'est pas « se frotter » à l'autre, contrairement à ce que Driss prétend[90], mais se donner corps et âme à un être unique. C'est au terme du processus d'une libération intime que paradoxalement, le langage grossier tenu par Driss rappelle à l'héroïne le langage des « mégères » d'Imchouk tandis que le point de vue hédoniste préfigure « le triste sort des prostituées, les « hajjalat » du village natal. Dans les deux cas, l'héroïne se sent menacée dans sa dignité de sujet. Séparée de son amant, elle finit par se livrer au nomadisme sexuel et à la prostitution. Son initiation débouche là où le livre de Catherine Millet commence : par le corps pornographique où domine un lieu fétiche, le sexe :

> J'en ai connu des queues. Des grosses et des paresseuses. Des petites et des vaillantes. Des agressives et des lascives. Des maladroites et des nonchalantes. Des folles, des molles et des sages. Des tendres et des cyniques. Des

89. *Ibid.*, p. 131.
90. *Ibid.*, p. 151.

> étourdies et de fieffées menteuses. Des brunes et des blondes. Et même une jaune et deux noires, par pure gourmandise.[91]

Comme *La Vagabonde* de Colette, l'héroïne de *L'Amande* choisit d'assumer en désespoir de cause sa solitude affective plutôt que de ne plus s'appartenir. L'initiation de Badra aboutit à un étrange dénouement. *Via* l'écriture, la parole intime féminine longtemps étouffée est reconquise mais reste perpétuellement menacée par le contrôle d'une censure masculine. C'est ce que montre le dénouement « féministe » du récit où l'auteure se met en scène. Surveillée par un ange méprisant et réprobateur qui lit par-dessus son épaule les pages manuscrites, la narratrice entend son ancien amant lui susurrer une phrase-clef visant à son édification et, par conséquent, à la nôtre :

> Apprends-le une fois pour toutes : devant les péchés d'une femme, les anges sont des hommes comme les autres.[92]

Nedjma est également l'auteure d'un deuxième récit *La Traversée des sens*[93]. Ce conte intime relate là encore un apprentissage, la découverte progressive des joies du sexe grâce à l'entremise d'une personne expérimentée « qui sait ce qu'aimer veut dire »... Sauf que cette fois, le précepteur n'est pas un homme qui délivre son savoir à l'attention d'une jeune femme inexpérimentée mais une fine connaisseuse, porteuse d'un savoir érotique qu'elle transmet à une jeune fille mariée mais trop « scellée » pour que son époux vienne à bout de son hymen... Cette femme, c'est Badra elle-même, l'héroïne de *L'Amande*. Ce récit d'initiation n'est pas sans faire songer à ces romans libertins français du XVIIIe siècle, à vocation pédagogique, où le savoir sur le sexe est détenu par des femmes mûres qu'elles transmettent à de belles pucelles prédisposées au plaisir. Le personnage principal, Badra, collectionne les amants comme les saisons, à l'insu de tous. Son statut de « veuve » en fait la figure très respectée d'un bled nommé Zébib où « s'abstenir de sexe est la condition nécessaire pour entrer au club des hommes ». Elle donne son avis sur des litiges financiers,

91. *Ibid.*, p. 234.
92. *Ibid.*, p. 259.
93. Leïla, *La Traversée des sens*, Paris, Plon, 2009.

sur les mariages et les répudiations, est dépositaire de nombreux secrets de famille. Un jour, elle est appelée d'urgence chez la famille Omrane désespérée d'apprendre que l'une de ses filles n'a pas été déflorée pendant sa nuit de noces. L'honneur de Leïla est en jeu et à travers elle, celui de sa famille qui accepte que Badra parte avec elle vers le Sud en quête d'une certaine « Zoubida ». Cette femme mystérieuse aurait si bien verrouillé le sexe de la jeune fille qu'il serait devenu aussi impénétrable qu'une forteresse. En réalité, comme on l'apprendra à la fin du récit, c'est Badra elle-même qui est à l'origine de cette pratique. Le voyage donne tout le loisir à Badra de vaincre peu à peu les préjugés de Leïla, de l'amener à regarder son corps et à découvrir son potentiel sexuel *via* les aventures plus ou moins cocasses que les deux personnages vivent : l'agression sexuelle d'un éjuculateur précoce, le séjour chez un polygame, la rencontre avec une lesbienne, etc. De l'amour de Leïla pour un jeune poète, naîtra le remède puisqu'à la faveur d'un mariage temporaire célébré dans la boutique d'un vieux marchand amateur de « gazelles », la jeune fille perd sa virginité. Comme dans de nombreux livres de l'*ars erotica*, les récits s'emboîtent. L'histoire principale racontée à la première personne par Badra est encadrée par un prélude et un prologue où l'on apprend que la narratrice ne sachant ni lire ni écrire a confié le soin de consigner son histoire à un amant lettré, prénommé Ali. Au sein même de l'histoire principale, d'autres récits se greffent, pris en charge par des narratrices secondaires dont la plupart sont des personnages féminins dénonçant la cruauté et la haine des hommes à leur égard. Ces récits courts intégrés à la trame principale complètent ainsi l'enseignement délivré par Badra et au-delà même de l'histoire, rendent compte de l'engagement de l'auteure en faveur de l'émancipation érotique de la femme musulmane dans un contexte difficile où le plaisir se trouve encore associé au péché, où une fausse vertu s'affiche, où tout écart est sévèrement réprimé : violences physiques, répudiation, etc.

Cette attention accordée à l'aveu intime au sein d'un groupe de femmes, nous la retrouvons également chez Leïla Sebbar, auteure algérienne d'expression française. L'amant y apparaît comme une figure idéalisée, objet des conversations et des rêveries des femmes confinées dans l'espace fermé du bain turc, prison voluptueuse devenue métaphore de leur mise à l'écart d'une société masculine alors sévèrement décrite. À l'abri de la rumeur du monde, le hammam apparaît comme le refuge des amours et des paroles interdites :

> Illicite, ce qui met l'esprit et le corps en désordre. Les deux amies fument, je vois briller leurs yeux noirs, un éclat particulier qui parle de volupté. Cette volupté qui fait peur, on la redoute et elle fascine, le regard est comme absent et intense, elles ne se parlent pas.[94]

Le récit *Femmes au bain* alterne les passages assumés au plan narratif par le « je » féminin de la « bien-aimée » et ceux pris en charge par la voix masculine de l'« étranger de sang ». Les passages relatifs à la bien-aimée privilégient la quête amoureuse alors que les passages concernant l'étranger dévoilent la réalité cruelle d'un érotisme masculin noir dont les femmes sont les victimes. Tandis que dans les passages « masculins », aucun point de vue autre que celui de l'amant ne rompt la continuité narrative, les chapitres intitulés « la bien-aimée » sont caractérisés par l'enchâssement de récits secondaires portés par des personnages féminins différents : la bien-aimée, la plus « vieille des vieilles du bain », la belle-mère, une autre jeune femme, etc. Certaines figures féminines dominent comme celle de la vieille conteuse, porteuse d'une mémoire légendaire, qui raconte les amours illicites, les drames des harems, la mélancolie des femmes privées de liberté, etc.

> Les femmes parlaient avec moi, inconnue, sans famille ni tribu, de passage, quel danger ? Elles racontaient les tristesses conjugales, les séparations, les enfants interdits à leur mère, elles racontaient aussi l'amour, l'époux qu'elles n'aimaient pas, qu'elles devaient subir, maître chez lui, maître dans la chambre, seigneur et maître du corps de la jeune épouse, toujours plus jeune, elles racontaient l'amant, les amants, des étrangers de sang, des hommes qui n'étaient pas des étrangers, des hommes loin de la famille et du village, de la ville, du pays.[95]

Projection fictive de l'auteure dans le texte, la voyageuse solitaire recueille les paroles des femmes qui se livrent à elle en toute confiance à la faveur de son statut d'anonyme dépourvue d'attaches. Confidente privilé-

94. *Ibid.* p. 36.
95. *Ibid.* p. 52.

giée, la narratrice principale ne s'attribue pas pour autant la position de maîtrise et comme le dit si bien la « bien-aimée », « même si ce que j'entends m'affecte, je ne suis pas l'unique ». Le fait que la voix narrative première cède la parole aux autres femmes permet peut-être d'échapper à la censure en brouillant les pistes (identification auteure/personnage déjouée) mais sans doute plus justement ici rend compte d'une Histoire partagée. Car, sous l'apparence d'une diversité de points de vue, c'est l'éternel retour du même qui est donné à voir soit cette condition féminine qui transcende les expériences de vie singulières et dont l'expression se libère à la faveur d'un lieu singulier, fermé aux hommes, dédié à la détente du corps et de l'esprit. L'absence d'identité de ces femmes autre que l'appartenance à un même sexe révèle une situation identique en butte aux mêmes lois implacables : la soumission au mari, la privation des enfants, les violences subies, l'absence de rôle social, etc. Dans les chapitres consacrés au bien-aimé, l'amant se montre étroitement solidaire de ces femmes opprimées et dénonce les violences qu'elles subissent en reportant la responsabilité de celles-ci sur les autres hommes : « fornicateurs », « vils maquereaux », « voyoux », « crapules ». La figure de l'amant est une figure salvatrice mais également privée de liberté par la loi arbitraire des hommes. Il est lui aussi victime d'une société patriarcale qui l'accuse d'avoir violé celle qu'il a tendrement aimée et qui lui était interdite. À la figure austère, impatiente, haineuse, autoritaire de l'époux – « Existe-t-il un seul époux bien-aimé ? »[96] – est opposée celle de l'amant qui respecte le rituel amoureux, recherche le plaisir de sa partenaire, est un voyageur en errance, libre d'aimer à sa guise, aimant et respectant les femmes. Dans cette société patriarcale dont l'étranger connaît bien les rouages, l'érotisme féminin est mis au service d'hommes sans scrupule, au nom du repos du guerrier auquel prétendent les hauts dignitaires et les marchands :

> Ces hommes-là méritent la douceur et la beauté des femmes. Étrangères très blanches et très blondes, les pays sans soleil gardent la peau blanche, on les invite à s'instruire, à apprendre les gestes qui font gémir, des gestes qui ouvrent le cœur, les yeux se ferment doucement, le corps perd sa raideur, il devient généreux, gourmand de ces ventres qui ondulent, s'offrent et se dérobent, les seins frémissent et la bouche charnue chantonne.

96. *Ibid.*, p. 9.

Alors qu'il repose aussi sur l'instrumentalisation du corps des femmes, cet érotisme oriental au service des hommes apparaît comme le contre-poison du cinéma porno, considéré comme une souillure :

> Sachant que les écrans ne sont pas avares d'images où des femmes et des filles jeunes..., ils ne veulent pas y penser, des images qui souillent jusqu'aux enfants qui regardent tout, leurs propres enfants, garçons et filles, que faire? Ces images de la honte tournent partout dans l'univers, pas de village qui ne soit épargné.

Aux yeux de ces hommes, la pornographie donne à voir une liberté sexuelle féminine intolérable qui motive la recherche de jeunes filles préservées y compris dans les maisons de plaisir où les maquerelles brandissent des certificats médicaux attestant de la virginité des jeunes femmes et qui réparent si besoin l'hymen tant convoité :

> Le viol répété est tarifé, les frères de la tribu sont généreux, les maquerelles les aiment. Le service est impeccable.

Le récit de Sebbar montre que le culte de la virginité n'a pas seulement cours au sein de la chambre nuptiale mais constitue le fantasme sexuel dominant du mâle arabo-musulman. Quant à la sexualité féminine, elle est vouée à l'esclavage, à la brutalité, au mépris dans les harems, sur les trottoirs, dans les "centres de sexe". Le récit *via* la voix du bien-aimé condamne les violences faites aux femmes et l'asymétrie des rapports : « les maris toujours plus vieux, plus gras, elles, toujours plus jeunes, plus fines »[97]. La voix masculine n'appelle pas pour autant les femmes à l'insoumission mais s'indigne, interroge : « Pourquoi cherchent-ils à punir la femme, pour sa beauté de femme et sa puissance de mère? »[98], réitère ce qui le distingue des autres hommes :

> Fornicateurs, oui. Pas des libertins qui aiment les femmes et l'amour. C'est à dessein que je les nomme ainsi [...] Au nom d'un Dieu fabriqué pour la mort et le crime, ces dévots, souvent des faux dévots, ont peur des femmes libres d'elles-mêmes, de la vie et de l'amour dans un monde sans patriarche

97. *Ibid.*, p. 30.
98. *Ibid.*, p. 29.

> ni tyran ni donneurs d'ordre. Ces fornicateurs dont je parle, des ogres, ils aiment les corps jeunes, imberbes, filles ou garçons, ils les achètent, objets dociles et gracieux, ils en sont fous [...] Ces hommes n'ont pas aimé les femmes, ni les cousines promises ni les étrangères [...] L'argent qui achète les femmes ne les aime pas. Je sais qu'une femme veut qu'un homme l'aime, courtisane ou sage, jeune et moins jeune, belle ou laide. Et moi je les aime, les femmes.[99]

Malgré ces horreurs, les femmes persistent à aimer les hommes et à rêver d'amour dans les bras d'un doux amant :

> Les femmes aiment l'amour plus que tout, elles ne le disent pas, elles voilent leurs secrets derrière des gestes de soumission, l'obéissance conjugale est sans faille, elles savent les ruses de l'amour clandestin, délicieux, et l'argent a le bruit des bracelets d'or dans la main des vieilles maquerelles.

L'auteure de *Femmes au bain* nous dévoile ainsi le double standard à l'œuvre dans l'*Éros* arabe : la réalité sordide d'une vie conjugale imposée avec son cortège d'humiliations et la quête amoureuse clandestine. Quant au mari, il se livre aux caresses forcées des prostituées dans les bordels mais s'interdit de caresser son épouse « honnête » :

> Je ne dirai rien de la nuit de mes noces. Les femmes qui prennent le mari sans l'amour savent ( ) on a tant dit et répété que le corps d'une femme « honnête » n'appelle pas à l'amour, que seules les courtisanes font les gestes du plaisir [...] On ne lui a rien dit, sinon qu'elle devait laisser faire celui qui sait, et tous, dehors, sauront qu'il sait, parce qu'il aura fait son travail d'homme.[100]

Dans *Femmes au bain,* la narratrice fait état d'un savoir partagé à peine remis en cause par quelques exceptions comme cette jeune femme qui avoue que sa nuit de noces a été une nuit d'amour. L'épouse est préparée comme une courtisane mais déflorée avec précipitation car c'est l'identité virile qui est en jeu lors de ce passage rituel. L'homme doit prouver sa valeur sexuelle non pas vis-à-vis de l'épouse mais de la communauté qui guette l'issue d'une première "étreinte". Cette valeur sexuelle ne dépasse pas le stade

99. *Ibid.*, p. 74.
100. *Ibid.*, p. 63.

de la défloration. La relation sexuelle est fondée sur un rapport asymétrique entre un homme anxieux, contraint à la performance et une femme soumise, terrifiée, passive. Elle est un acte chirurgical, aucune volupté n'est possible avec la femme épousée de force et interdite d'érotisme.

Face à cette chape de plomb, certaines voix féminines annoncent la révolte future de celles qui oseront dire non à la réalité sordide du mariage imposé :

> Les femmes, un jour proche, diront non. Je vous le dis, je vous le prédis, elles diront non à la comédie de la noce avec sa nuit sanglante. Qu'on se rappelle le Livre, il dit que l'époux ne doit pas être imposé à l'épouse, il dit que l'époux et son épouse se livreront aux jeux de l'amour en toute liberté, en toute pudeur, que l'un sera attentif au plaisir de l'autre [...] Refusez, vous pouvez au nom du Livre, au nom de Dieu, je connais le Livre, je peux vous lire à l'instant les mots de Dieu par son prophète, ne laissez pas la loi des hommes offenser la loi divine.

La résistance des femmes à ces règles barbares est annoncée et se trouve légitimée par le texte sacré. La narratrice ne condamne pas l'Islam en tant que tel mais les déformations que le texte sacré a subies pour le grand profit des hommes et au mépris de Dieu. Car la loi de Dieu brandie comme une valeur absolue n'est en réalité que la marque de celle voulue par les hommes. La transcendance est une habile ruse pour permettre tous les abus de la contingence.

***

Le jeu du nu et du caché, du voilé et du dévoilé, du dit et du non-dit si caractéristique de l'érotisme arabe, et qui a tendance à s'estomper à la faveur d'une nouvelle génération d'écrivaines recourant à un langage plus cru et à des images plus explicites[101], a été pendant longtemps une composante essentielle de l'érotisme féminin occidental. Les écrivaines européennes montrent allègrement que tout cela est passé de mode et n'hésitent pas pour certaines à dévoiler crûment les dessous du corps avec un humour incisif qui sauve de la plate vulgarité. Leurs illusions perdues

101. *Books*, « L'audace des filles arabes », *op. cit.*, p. 85.

quant aux choses de l'amour et du sexe, quelques auteures contemporaines se réfugient dans le culte de la matière et l'auto-érotisme au détriment de la relation érotique proprement dite. L'inventivité organique et le retour narcissique sur soi, un nouveau *credo* de l'érotisme féminin ?

La délicate *Effi Briest*[102] n'est plus qu'un lointain souvenir comme le montre la jeune littérature allemande féminine et notamment le livre de Charlotte Roche salué par la critique comme un phénomène littéraire voire de société[103]. Ce livre raconte l'hospitalisation d'une jeune fille qui se fait opérer d'une « fissure anale » et espère que son séjour à l'hôpital au « service de proctologie » (ou au « service du cul » comme elle ose le rebaptiser...) scelle les retrouvailles de ses parents divorcés : « ce projet consistant à accoupler mes parents »[104]. Dans la chambre où elle traîne en blouse d'hôpital mais le derrière retroussé, à la vue de tous, elle s'éprend d'un aide-soignant, s'occupe de son passe-temps favori soit la culture des avocatiers, s'inflige volontairement une nouvelle blessure pour prolonger son séjour, se masturbe sur le sol et se remémore ses expériences sexuelles afin de meubler son ennui. Son rejet de la culture hygiéniste ambiante la conduit à de multiples provocations : déposer son tampon imbibé de sang menstruel dans l'ascenseur de l'hôpital, confectionner elle-même des tampons en gaze ou encore manger avec volupté ses sécrétions corporelles... !

La première page de *Zones humides* annonce d'emblée la couleur. Celle-ci sera rouge, rouge comme le sang menstruel, rouge comme le sang de la plaie qui coule le long du postérieur meurtri de cette narratrice de dix-huit ans obsédée par son corps, personnage central du récit : « Mes hémorroïdes ne datent pas d'hier. » Le début du récit évacue toute méprise : il ne sera pas question de l'éveil sexuel d'une jeune fille « en fleur » mais d'une plongée grotesque au cœur de la matière corporelle avec abondance de termes de l'organique direct et de descriptions crues :

102. Théodor Fontane, *Effi Briest* : une jeune femme romantique se livre à l'adultère par désœuvrement et le paiera cher puisqu'elle sera brisée par les conventions sociales.
103. Charlotte Roche, *Zones humides*, Paris, Anabet, 2009 : vendu à plus de 700 000 exemplaires en Allemagne en 2008.
104. *Ibid.*, p. 179.

> Lors des premiers rapports, je propose ma position préférée, moi en levrette, tête baissée, lui qui, par derrière, me met la langue dans la chatte, le nez dans le cul – et là, faut avoir la patience de se frayer un chemin, vu que le trou est bouché par le potager. C'est la position dite de la « tête qui fourre ». Personne ne s'en est jamais plaint,

> Récemment, lors d'une de mes excitantes virées au bordel, j'en ai encore appris sur les saignements et les tampons. Je vais assez souvent au bordel pour explorer le corps féminin. Je ne peux tout de même pas demander à ma mère ou à une copine si elles sont prêtes à m'ouvrir un peu leur chatte pour apaiser mon ardente soif de savoir. Je n'oserais pas.

Dans une période de censure très sévère, ce récit aurait été sans doute rangé au catalogue des lectures interdites et qualifié de « pornographique » en raison de la crudité du vocabulaire, de la place majeure occupée par le sexe et d'une narration féminine décomplexée, assumée, menée tambour battant à la première personne. Il est à lui seul une provocation faite à notre seuil de tolérance et n'est pas sans rappeler l'effet-lecture suscité par les récits sadiens : le dégoût face à l'excès. Chez Sade, ce sentiment de rejet est non seulement désamorcé par des morceaux de bravoure philosophiques qui sont autant de pauses pour la compagnie libertine que pour le lecteur assailli de représentations orgiaques mais aussi par l'humour. Roche n'en est pas non plus dépourvue. L'écrivaine mobilise tout un répertoire de comparaisons et de métaphores animalières, exotiques, bouchères qui contrebalancent la charge naturaliste à l'œuvre dans la première partie de la description et la revalorisent sur un mode comique :

> Parfois, un bout de la croûte se suspend à un poil pubien, comme un *dreadlock*, et l'imprègne de sa substance au fil de la journée, à cause de tous les frottements dus à la marche, comme du pollen sur une patte d'abeille,

> Et après avoir essuyé son pipi, chacune se fourrait dans le sexe le tampon de l'autre. Nous étions donc liées par notre vieux sang puant, comme les Indiens dans les feuilletons. Sœurs de sang,

> Un bon pirate cingle aussi vers la mer Rouge [...]. J'adore aussi qu'on me lèche quand je perds du sang. Il est vrai que c'est un moyen de tester le courage de son partenaire : quand il a fini de lécher et qu'il lève les yeux, je

> l'embrasse pour que nous ayons l'air de deux loups venant de déchiqueter un chevreuil,
>
> D'un point de vue médical, mon barrage à ragnagnas est sans danger,
>
> D'ailleurs, je ne suis pas un chevreuil mort, mais une fille bien vivante. Au fond, heureusement qu'ils y sont allés pas à pas, en faisant bien attention au sphincter, au lieu de trancher dans la bidoche pour me présenter ensuite une magnifique tranche de filet anal (p. 80),
>
> J'ai du sang qui me remonter sur le cou-de-pied en passant par les orteils : risque de chaussée glissante, hémoplaning ![105]

Le livre est excessif comme un récit érotique qui ne prétendrait pas donner à voir la réalité sexuelle mais la déformerait au gré des fantasmes les plus farfelus. L'auteure met en scène les parties basses et honteuses du corps humain. N'ayant pas peur des mots du sexe et plutôt que de voiler avec des mots aseptisés l'intimité organique du corps, elle dévoile brutalement « l'impureté », qui a été pendant des siècles selon elle stigmatisée. Le regard qu'elle porte sur elle-même est comme une loupe qui met en exergue la vérité peu glorieuse du corps humain. La parole renchérit sur le geste et joue avec les limites de la représentation et du supportable. C'est violemment obscène et jubilatoire. Le rire, arme anti-érotique, est ici très présent, la narratrice s'amusant à imaginer ou bien à revivre des situations cocasses qui le suscitent. Le corps d'Hélène est un objet d'exploration incessant de même que le sexe féminin en général : « mon but est bien d'étudier des chattes. »[106] Sans repères dans la vie, privée de l'attention de ses proches, livrée à l'expertise médicale sans ménagement (hormis la figure salvatrice de Robin), Hélène reporte toute son attention sur son corps et sur ses « événements » : règles, pertes, comédons, etc. C'est un corps obscène qui est livré en pâture, un corps suant, humide, béant, nauséabond, nommé par des mots orduriers, des termes familiers, des noms savants, des mots d'enfant.

105. *Ibid.*, p. 177.
106. *Ibid.*, p. 120.

Figure majeure du discours érotique, le rituel du bain est exclu du récit[107]. Car l'héroïne est une malpropre qui se revendique comme telle et fustige les midinettes de la propreté :

> Les femmes soignées se font des coiffures, les ongles, les lèvres, les pieds, le visage, la peau et les mains. Tout est teinté, allongé, maquillé, gommé, épilé, rasé, enduit de crème. Ces empotées se prennent pour une œuvre d'art totale. Elles savent tout le boulot qu'il y a derrière, et souhaitent le faire durer le plus longtemps possible. Or ces femmes-là, personne n'ose les peloter ni les baiser.[108]

Comme le montrent les grands classiques de l'érotisme littéraire, le corps érotique est un corps travaillé par l'artifice, ennobli par le maquillage, les bijoux, les parfums. Il se présente dans sa vérité désirante, interpelle le regard, constitue un signal sexuel fort. Ici, au contraire, le personnage d'Hélène n'a pas besoin de l'approbation du regard de l'autre. Lorsque la « patiente du cul » se promène les fesses à l'air dans le couloir alors que son buste est caché par une blouse, on pourrait penser à un prélude érotique. Or, personne ne la reconnaît alors comme désirable et pour cause ! Elle dévoile une plaie béante et sanguinolente en lieu et place d'un fessier appétissant ! De même, lorsqu'elle sort avec Robin de l'hôpital, le jeune homme amoureux baisse sa tunique et lui annonce qu'il est encore un peu tôt pour la sodomiser :

> Il passe derrière moi pour tirer ma blouse sur les fesses. Il veut que je me couvre en public, c'est bon signe [...] j'attendrai un peu pour t'enculer. Il rit. Moi aussi.

L'horizon d'attente du lecteur est sans cesse mis à dure épreuve. Le couple de jeunes amoureux qui se forme à l'issue de l'hospitalisation d'Hélène apparaît tout d'abord pudique comme deux adolescents timides : « Nous marchons doucement côte à côte, dans le couloir, sans nous tenir par la main »[109]. Comme dans l'*ars amatoria*, l'*happy end* se signale par la formation d'un duo. Tout irait bien dans le meilleur des mondes s'il n'y

107. Cf. Gaëtan Brulotte, *op. cit.*, p. 57.
108. *Ibid.*, p. 110.
109. *Ibid.*, p. 225.

avait cette annonce sans complexe de ce qui sera l'un de leurs passe-temps sexuels favoris : la sodomie. La mention de cette pratique sexuelle à un stade si précoce de la relation duelle est comme un couperet brutal qui contrarie notre attente sentimentale tandis que l'absence de scène érotique ne permet pas au récit de s'inscrire dans l'autre registre. L'éclat de rire partagé entre Hélène et Robin montre qu'aucun code n'est réellement pris au sérieux. Comme chez Rabelais, nous sommes là face à un idéalisme inversé, une contre-réplique au discours amoureux où l'aveu sentimental est sans nul doute l'obscénité suprême qu'il vaut mieux taire. Mieux vaut parler de sexe sans détours...

Plutôt que de parler d'érotisme pour ce livre, il semble plus juste de parler d'auto-érotisme. Le rapport obsessionnel du personnage à son corps compense la privation de soins de ses parents. Elle est à elle-même son propre spectacle et s'amuse de ses fantasmes grivois, s'adresse à elle-même des reproches, se complimente : « Tu prends bien soin de toi, Hélène ! Je suis fière de moi, et comme c'est rare, je m'adresse à moi-même un sourire bienveillant »[110], « On n'est jamais mieux servi que par soi-même, en l'occurrence moi, la plus fiable. Pour me mettre de la crème dans le dos et pour bien d'autres tâches quotidiennes ». Dans l'économie sadique, le libertin ne recherche l'autre que comme support et le déshumanise pour ne pas être entravé dans sa quête de jouissance alors que dans l'économie masochiste ou bien dans la relation érotique, un contrat intersubjectif équilibre le jeu des partenaires. Ici, l'homme est volontiers réduit à ses organes génitaux, à son caractère instrumental sauf Robin dont Hélène est amoureuse. Cette attention portée aux dessous organiques du corps n'est pas bien entendu une spécificité exclusive de la jeune littérature allemande. Sans atteindre le jusqu'au-boutisme du récit de Charlotte Roche, les auteures françaises aiment aussi à se regarder avec complaisance dans le miroir comme en témoigne l'auto-fiction mais aussi des livres considérés comme des lectures érotiques. C'est le cas par exemple du *Ministère de l'Intérieur*[111] où le « je » narratif étudie les divers stades de son initiation sexuelle et les transformations progressives de son corps, se livre à diverses

110. *Ibid.*, p. 209.
111. Alice Massat, *Le Ministère de l'Intérieur*, Paris, Denoël, 1999.

investigations ayant trait au sexe et à la nourriture, rend compte de ses attirances et de ses répulsions sans ménagement et souci réel de l'autre, réduit à n'être qu'un pâle figurant sur la scène de son narcissisme.

***

Autre aire culturelle, autre façon de dire le sexe… Qui considère que la littérature féminine contemporaine dite « érotique » est d'une pauvreté criante et que sa « brutalité » sous prétexte de « naturel » ne fait pas honneur à l'érotisme littéraire n'a pas lu de toute évidence Lucia Etxebarria. Cette écrivaine de la nouvelle génération des lettres hispaniques est l'auteure de récits et d'essais qui accordent une place importante au sexe. *Amour, Prozac et autres curiosités*[112] la fait connaître au lectorat français en 2000. Auteure de *Je ne souffrirai plus par amour*[113], elle préface également en 2009 une anthologie de textes érotiques féminins où l'on découvre sa conception en matière d'érotisme littéraire[114]. L'écrivaine prend position dans le débat classique qui s'évertue à tracer les limites entre pornographie et érotisme. De même que d'autres analystes de l'*ars erotica*[115], elle considère la distinction entre ces mises en discours du sexe comme fallacieuse. Pour elle, l'érotisme et la pornographie ne sont pas des catégories objectives mais des étiquettes mouvantes dont la valeur d'usage varie en fonction du seuil de tolérance d'une époque, du poids de la censure, de la libido de chacun-e : « chacun a sa libido », écrit-elle. Ce qui motiverait cette ligne de partage artificielle est la honte du sexe qui conduit à opposer l'acceptable et l'inacceptable. Ce *distinguo* reposerait sur un certain nombre de présupposés : esthétique qui prête à l'érotisme une valeur littéraire et une puissance de suggestion dont est dépourvue sa parente pauvre, la pornographie ; moral qui situe l'érotisme sur un plan plus noble ; « féministe » qui définit la pornographie sur la base d'un rapport inégalitaire entre l'homme et la femme au contraire de l'érotisme soucieux d'égalité. Pour résumer, l'érotisme correspondrait à une mise en scène élevée, égalitaire,

112. Lucia Etxebarria, *Amour, Prozac et autres curiosités*, Paris, Denoël, 1999.
113. Lucia Etxebarria, *Je ne souffrirai plus par amour*, Paris, Héloïse d'Ormesson, 2008.
114. Lucia Etxebarria, *Ce que les hommes ne savent pas, Le sexe vu par les femmes*, Paris, Héloïse d'Ormesson, 2009.
115. Gaëtan Brulotte, Catherine Robbe-Grillet, etc.

contemplative, suggestive, estimable du sexe alors que sa consœur offrirait le spectacle gynécologique et de mauvais goût d'une sexualité vulgaire, violente, attentatoire au corps des femmes. Selon l'essayiste, ces distinctions sont culturelles : « ce qui était considéré comme obscène ou pornographique il y a cinquante ans paraît de nos jours bien anodin [...] C'est donc dans l'œil du censeur, et non dans l'intention de l'auteur, qu'est la pornographie ». Il y a moins une ligne de partage objective qu'une « différence de degré » car « la pornographie, c'est l'érotisme des autres », reprend Lucia Extebarria après tant d'autres auteur-e-s ayant adopté cette formule relativiste passe-partout. Dans son effort vers une théorisation de l'érotisme, l'apport innovant de l'auteure est sans conteste sa proposition féministe en faveur d'une production érotico-pornographique marquée du sceau du féminin. Car l'érotisme littéraire espagnol est fondé selon Extebarria sur une asymétrie défavorable aux femmes :

> Il est indéniable que la quasi-totalité de la production pornographique destinée aux hommes repose sur la connotation érotique de la subordination de l'autre sexe, le lecteur ou spectateur trouvant son plaisir dans la réification, la fétichisation, l'humiliation de la femelle avec qui le mâle copule.

Désormais, l'enjeu est politique. Éduquées et socialisées différemment des hommes, longtemps privées du registre érotique afin de ne pas susciter l'opprobre social, les femmes ont des choses à dire sur le sexe, « ce que les hommes ne savent pas ». Les écrivaines sont les mieux à même d'apporter un regard neuf car « le dernier espace encore offert à la transgression dans la littérature érotique est bien la sexualité féminine ». En accédant à l'indépendance narrative, en devenant des sujets sexuels à part entière, en décloisonnant les rôles, les auteures rénovent non seulement l'érotisme littéraire mais agissent aussi au niveau du lectorat en proposant une arme révolutionnaire capable d'aider les femmes à découvrir leur potentiel, à apprendre à jouir, à revendiquer ce droit. Il va sans dire que cette érotique féministe appelée de ses vœux par Extebarria suppose que l'on admette qu'il existe des différences culturelles entre les hommes et les femmes dans le traitement de la sexualité. D'autres au contraire signaleraient à ce stade de la réflexion que l'économie machiste apparaît également dans les œuvres féminines afin de complaire à un lectorat masculin. C'est oublier la force subversive des plumes féminines qui mettent au service d'une libido de mieux en mieux assumée les postures traditionnelles sans cesser pour autant de séduire les hommes dans un rapport immémorial de séduction dont cette fois, elles sont à l'initiative.

L'essayiste convoque de nombreuses références littéraires qui viennent à l'appui de sa thèse différentialiste par ailleurs concrétisée dans les textes désinhibés et insolites composant le recueil de nouvelles. D'une part, une prose mobilisant les termes de l'organique direct, concrète, visuelle, à la fantasmatique moins élaborée, d'autre part, une prose sinueuse, métaphorique, multisensorielle, subvertissant les images classiques stéréotypées (la soumission féminine par exemple) et fondée sur un autre rapport au temps, à la parole et au corps : un temps plus long, où il n'y a pas que l'acte sexuel qui est décrit mais aussi ses répercussions physiques et psychologiques ; une association plus étroite entre le sexe et la parole et une appréhension du corps à partir d'une « identité scindée », corps érogène anciennement « butin de guerre » et « objet de possession » devenu « sous notre plume », « un messager qui nous parle de l'histoire des femmes, de la construction de leur identité, de leurs fantasmes, de leurs rêves, de leurs désirs, de leur futur ». Il va sans dire qu'il fallait que les nouvelles composant le recueil et qui « se veulent érotiques » soient à la hauteur d'un tel hommage rendu à l'*Éros* féminin…

Ce que les hommes ne savent pas comporte plusieurs nouvelles qui toutes témoignent en effet d'une belle inventivité érotique à la hauteur de l'enjeu. Il en est par exemple ainsi de la nouvelle *Le violoniste et le papillon* dont la chute sous-entend une attitude autobiographique, la narratrice annonçant qu'« elle allait raconter ça. Et comment ». Dans ce récit d'Andrea Menendez Faya, les représentations traditionnelles qui attribuent notamment aux hommes la jouissance exclusive de certains lieux sont bousculées. L'auteure y relate l'aventure sexuelle très brève entre une gérante de sex-shop, de surcroît homosexuelle, et un beau violoniste aux cheveux blonds venu acheter un sex-toy pour sa petite-amie. C'est ici la femme qui, forte de son savoir érotique, transmet à un jeune homme fasciné, les us et coutumes de ce type de lieu, le principe de fonctionnement des objets et la divergence des attentes entre une clientèle féminine et masculine. Le pouvoir des mots agit tel un aphrodisiaque sur l'homme qui sollicite sexuellement la femme lors du passage dans une cabine vidéo où un film porno de lesbiennes est diffusé. La gérante, sensible à la beauté du jeune homme qu'elle a remarqué lors d'un concert de musique classique, souscrit sans sourciller à sa demande. L'aisance érotique est ici contrebalancée par une mise en discours du sexe assez elliptique. L'essentiel n'est pas tant la scène sexuelle elle-même que ce qui l'a motivée : cette deuxième étape du chemin amoureux qui est l'« allocutio », la conversation… Dans ce lieu dédié au plaisir où la différence des sexes joue à plein en faveur d'une clientèle masculine, c'est la femme qui garde la maîtrise : celle du savoir qu'elle dispense, celle de la geste sexuelle à laquelle elle appose ses limites : » je te préviens que même en rêve tu n'obtiendras rien d'autre de moi ». Le « je » féminin reste sujet : sujet narratif, sujet de l'histoire, sujet de la scène érotique. En revanche, l'aisance érotique est moins évidente dans le récit de Lola Beccaria, comme le suggère d'ailleurs son titre *Laisse-toi faire*. La nouvelle met en scène une femme dentiste, séparée de son conjoint, souffrant d'un fort déficit d'elle-même et un *escort boy* recruté sur catalogue. Là encore, les rapports traditionnels entre les hommes et les femmes sont inversés : c'est la femme qui a recours à la prostitution en tant que cliente. Cette domination par l'argent en direction d'un étudiant à la merci du moindre désir de la femme n'a néanmoins pas lieu. La femme n'exerce pas les droits que cette médiation pécuniaire est censée lui conférer. Le récit est assez symptomatique du dilemme intérieur d'une femme entre son aspiration secrète au sexe léger et ses préjugés. L'audace d'avoir fait appel au service d'un jeune homme pour être accompagnée à une soirée est minée par les questions, les dérobades qui font obstacle à la bonne réalisation de la scène sexuelle. Au désir ne succède pas dans une relation systématique l'étreinte érotique. Tout un processus est décrit, les barrières psychologiques étant levées à la faveur d'une révélation – l'étudiant veut devenir dentiste – qui génère un fou rire libérateur et une disponibilité sexuelle totale : « mettre sa chatte au service de l'obscénité joyeuse ». La détente progressive du corps, la convoitise sexuelle fantasmée, les obstacles intérieurs sont décrits. Ici, c'est moins ce qui motive l'expérience sexuelle que ce qui l'entrave qui constitue l'objet narratif principal.

Certaines des nouvelles du recueil vont encore plus loin dans l'incongruité des situations et touchent même au fantastique. C'est le cas des

Amants des tombeaux de Maria Frisa qui narre une rencontre silencieuse entre un homme et une femme autour des tombes des grands écrivains auprès desquelles ils se recueillent. À chaque nouveau rendez-vous généré par un mot invitant à déchiffrer une énigme, correspond une progression de la geste érotique. Passionnée d'entomologie, la narratrice découvre à la fin de la nouvelle à quel insecte elle correspond : la mante religieuse. L'étreinte sexuelle est marquée ici du sceau de *Thanatos.* La petite mort coïncide avec la grande mort car en pleine fusion des corps, la narratrice fracasse le crâne de son amant assimilé à un « infortuné papillon noir » avec lequel elle s'était accouplée ! L'absence d'échange verbal, les lieux de l'action (des cimetières), les métaphores utilisées, l'importance de l'énigme, créent une atmosphère mortifère qui tranche avec les autres récits. La nouvelle *L'Institut Sadiana* de Silvia Uslé ritualise au contraire la violence dans le jeu classique du sado-masochisme et sans la bonne dose d'humour de l'auteure, le récit ne dérogerait pas aux règles du genre. D'autres récits révèlent davantage leur affinité avec le registre amoureux comme *L'Alphabet réappris* qui conte une histoire d'amour très intense entre deux femmes. L'érotisme des corps est voluptueusement décrit, la gamme des sensations éprouvées restituée. L'expérience érotique prend place dans une passion amoureuse homosexuelle qui est racontée dans une adresse directe à Lucia Etxebarria elle-même, comme une confidence dont la responsabilité de la publication ou non est renvoyée à la préfacière, instance décisionnaire et garante de la cohérence du recueil.

Préfacière du recueil, Etxebarria est également l'auteure de la nouvelle, « Le regard d'Olga », dédiée au « garçon qui porte ma boucle d'oreille ». L'écrivaine y relate la liaison sexuelle d'une nuit entre une femme d'affaires mariée et un jeune musicien, rencontré après un concert et conquis « sur une foule d'adolescentes de quinze ans qui sautillaient, survoltées, les yeux rivés sur les trois princes de la scène ». L'homme est vu à travers le regard de la femme, dans sa « beauté nue et endormie ». Inversion des règles du *visu* où la femme, objet traditionnel du désir, est convoitée dans ses attraits par le regard masculin. Le corps de l'amant est décrit après la nuit d'amour, chaque partie du corps étant valorisée, des pieds jusqu'aux cils « en éventail ». La scène sexuelle proprement dite n'apparaît qu'au milieu de la nouvelle et fait l'objet d'une succession de phrases dynamiques où les métaphores et les comparaisons abondent sans pour autant perdre en chemin le référent charnel. Dans ce récit, l'adultère féminin est vécu sans culpabilité, l'appel au mari (et non l'appel du mari : la femme reste sujet dans le moindre de ses actes) permettant de différer le retour au foyer conjugal. La chute témoigne de la malice d'une narratrice qui cite les chiffres d'un sondage démontrant que l'infidélité est facteur de rajeunissement et que pour 26 % des femmes se livrant à l'adultère, la culpabilité n'est pas de mise...

La nouvelle d'Etxebarria transmet une vision ennoblie de la rencontre érotique qui ne reflète pas toute la démarche littéraire de l'auteure, loin s'en faut. Son premier roman[116] offre au contraire une vision désenchantée des relations entre les hommes et les femmes dans une Capitale moins joyeuse que l'image d'Épinal glorifiant les folles nuits madrilènes : « la nuit de Madrid n'est pas aussi merveilleuse que tout le monde le croit. Je vous le dis, moi qui vis en elle ». Dans ce récit kaléiodoscopique, trois sœurs que tout oppose en apparence : le physique, les valeurs, le statut social, le rapport aux hommes et au sexe. Le personnage féminin le plus attachant et le plus proche de la figure de l'auteure est Cristina, une jolie brune qui cumule les aventures sexuelles et travaille comme serveuse dans un bar de nuit malfamé où officient les dealers et où la consommation d'ecstasy y est aussi banale que de boire un *mojito.* La sœur la plus âgée, Ana, est emblématique de la « bobonne » espagnole, active femme d'intérieur mariée à un homme sans envergure et qui traverse une période dépressive. Cette « sœur BCBG », « fille modèle », « sainte mère et épouse », serait proprement inintéressante si l'auteure ne l'avait abordée que *via* une focalisation externe. Or, grâce à un point de vue interne, l'on apprend que Ana souffre de vivre avec un étranger « dans une maison dont elle a prouvé qu'elle n'avait pas besoin, recluse dans un cachot qu'elle a elle-même décoré ». Surtout, l'on découvre peu à peu le traumatisme qui l'a conduite à une addiction médicamenteuse : le viol dont elle a été victime par l'homme qu'elle aimait depuis l'adolescence et dont le meilleur ami n'était autre que son futur mari. Se sentant vide à l'intérieur d'elle-même, Ana a longtemps vécu moins pour elle-même que pour démontrer au monde, et surtout à

116. *Amour, Prozac et autres curiosités, op. cit.*

ce fameux Antonio qui l'a brisée, qu'elle vaut ce qu'elle a su acquérir : un mari « bien » sous tous rapports, une maison confortable, un statut social envié d'épouse et de mère. À la fin du récit, elle est admise dans un asile en cure de désintoxication pour cause d'addiction au Prozac et elle prend à la faveur de ce séjour la première grande décision de sa vie : divorcer. L'autre sœur, Rosa, est une femme talentueuse, qui a tout misé sur sa supériorité intellectuelle : brillantes études, poste de directrice financière, situation financière privilégiée. Ce personnage de « femme non liée » tout entière dévolue à sa carrière est aussi une femme frustrée, sans amant, sans amour. Un dialogue avec la sœur cadette Cristina nous apprend qu'un idéal moderne du moi féminin tentant de concilier vie professionnelle intense, indépendance financière et vie sexuelle se heurte aux difficultés relationnelles et à l'incompréhension mutuelle entre l'homme et la femme. Le féminisme de Rosa lui a permis de conquérir sa liberté mais cette liberté a un prix : la solitude affective et le désert sexuel dans un Madrid où « il est difficile d'avoir des relations suivies ».

Ces trois sœurs Brontë nouvelle génération, si différentes soient-elles, ont néanmoins partagé une expérience unique : la perte du père parti du foyer et une éducation catholique stricte contre laquelle l'auteure *via* Cristina s'érige : une éducation qui restreignait la liberté de mouvement des filles tout en encourageant celle des garçons et marquée du sceau du péché originel commis par Ève. La seule perspective décente pour une fille est de devenir religieuse à l'image de ces « petites fourmis anodines à la vocation douteuse ». Le pire des destins pour une fille qui aime les plaisirs de la chair comme Cristina… Figure féminine émancipée, le personnage souffre d'un sentiment de solitude accru qu'elle compense par une addiction au sexe, à l'alcool et à la drogue. Cette héroïne toujours au bord du gouffre se livre à une sexualité désinhibée mais dénuée de cette agressivité apathique qui caractérise les personnages de Virginie Despentes. Cristina apparaît en partie victime de sa biologie qui l'aurait dotée d'un surcroît d'hormones mâles, ce qui expliquerait ses passions tourmentées et ses colères. C'est ce personnage qui porte le message érotique du récit. C'est elle qui a le monopole des scènes sexuelles et ce dès le début du récit *via* une narration postérieure où est évoqué le destin amoureux pluriel de l'héroïne principale : « Tu vivras de nombreuses passions, disait ma carte astrale, me plaçant sous l'ascendant d'amours intenses et fugaces ». L'horizon d'attente sentimental est tout de suite déçu par la longue énumération qui s'ensuit des sexes masculins que la narratrice personnalise, décrivant leurs qualités à grand renfort d'images à connotation affective. Paradoxalement, ce qui aurait pu conduire à une représentation machinique, organique, déshumanisante, livre en réalité un hommage appuyé à la virilité masculine. Nous ne sommes pas face à la froideur descriptive d'une Catherine Millet. Le sexe vu par l'auteure ne se fait pas sans les hommes. Le sujet narratif féminin explore les ressorts du sexe et ne le prive ni de ses motivations sentimentales ni de ses répercussions affectives. Une multitude d'images comiques, de métaphores insolites, de figures de personnification sont convoquées dès les premières pages afin de susciter la complicité du lecteur et de la lectrice. L'humour corrosif d'Extebarria permet ainsi de dédramatiser un certain nombre de situations sexuelles (sauf la scène du viol). Là encore, le sexe-bagatelle, aisément accessible et dépourvu de charge émotionnelle ne relève pas à notre plus grand bonheur de l'*Éros* féminin.

S'il y a une écrivaine qui mérite aussi d'être reconnue pour son apport érotique à la littérature féminine, c'est bien Almuneda Grandes[117]. En choisissant dans son *Anthologie des lectures érotiques,* la scène sado-masochiste où l'héroïne dite « Loulou » est offerte aux fantaisies noires d'une bande de personnages mauvais, Pauvert fausse l'horizon d'attente. On s'attendrait alors en toute logique à découvrir en Almuneda Grandes une digne héritière de Catherine Robbe-Grillet alors qu'en réalité, le rituel mortifère ressemble davantage à une scène de tortures. En témoigne à elle seule la boule hérissée de pointes métalliques utilisée pour la sodomie dans la dernière scène érotique du roman avant le retour apaisé au duo amoureux. Comme dans *L'Ingénue libertine* de Colette, l'héroïne rentre à la fin du récit dans le giron conjugal. Avant ce dénouement heureux, les fantaisies érotiques s'enchaînent, justifiées par l'inlassable curiosité sexuelle de Loulou ainsi que par l'effet-pygmalion d'un époux, Pedro, qui accompagne l'itinéraire sexuel de la jeune femme tout en le canalisant. Dès le plus jeune âge (quinze ans), Loulou est initiée par cet homme plus âgé auquel elle voue un amour inconditionnel. À la fin du récit, Loulou, séparée de Pedro,

117. Almuneda Grandes, *Les Vies de Loulou,* Paris, Albin Michel, 1990.

veut se prouver qu'elle est suffisamment adulte pour concrétiser seule ses fantasmes sexuels. L'exploration des limites érotiques touche là son terme. À la merci de voyous, dépouillée de tout moyen de contrôle, sans filet de sécurité, Loulou est sauvée *in extremis* par l'homme de sa vie. Une fin heureuse qui ne serait pas sans rappeler le dénouement naïf des romans à l'eau de rose ou des grandes sagas romanesques, s'il n'y avait cette primauté accordée au sexe tout au long du récit. Car le sexe constitue l'objet narratif principal des *Vies de Loulou.* Dès les premières pages, le lecteur est entraîné dans une scène pornographique grâce à l'intercession du « je » de l'héroïne, spectatrice fascinée d'une geste homosexuelle qui met certes son corps en feu mais qui suscite aussi une intense activité réflexive. Le regard féminin épouse l'œil de la caméra et s'attarde sur chaque détail des corps masculins en action. Cependant, il s'agit bien davantage d'un simple désir des corps. La spectatrice cherche à connaître ces hommes, à les comprendre au plus profond d'eux-mêmes, tentative qui s'avère vaine. Bouleversant les repères chronologiques puisque le temps narratif n'obéit pas à la logique temporelle attendue (déroulement linéaire conforme au temps réel), la première scène est suivie de la rencontre érotique entre la jeune Loulou à peine pubère et son futur mari Pedro. Scène fondatrice qui fixe les rapports entre les deux personnages : une relation érotico-amoureuse entre un homme mûr, aimant les toutes jeunes filles et une Lolita dotée d'une belle vitalité sexuelle que le « fiancé » révèle. Loulou pourrait apparaître comme une fillette modelée au gré des fantasmes de l'homme si elle-même ne cultivait pas une fantasmatique singulière axée sur l'homosexualité masculine.

Car la fascination pour l'homosexualité est la grande constante de ce récit qui met en scène une héroïne sexuellement décomplexée dont le fantasme principal est d'observer les hommes faire l'amour entre eux. Dans l'une des scènes, on la suit dans les quartiers chauds madrilènes où elle paye de jeunes travestis afin de pouvoir observer à loisir leurs ébats dans son propre appartement, intention contemplative vite relayée par une contribution érotique à la scène proprement dite dont elle était au départ exclue en raison de son sexe. Cette quête érotique de l'héroïne qui choisit pour partenaires sexuels des homosexuels est à comprendre à la lumière de sa relation à Pedro et à celle de son frère. Le fait de payer des hommes permet à la femme de récupérer une position de maîtrise qui lui fait défaut dès le début de sa vie conjugale lorsque Pedro lui demande de ne pas grandir. Si Pedro initie et accompagne sa jeune épouse dans ses expériences, il est aussi celui qui fait la part entre l'ombre et la lumière et prend en charge Loulou dès que les limites entre ce qui est tolérable (physiquement et moralement) et ce qui ne l'est pas sont franchies. Le point culminant de l'intolérable est atteint lorsque Pedro, en maître de cérémonie, organise un jeu érotique où Loulou, enchaînée, bâillonnée et masquée, est utilisée sexuellement par son mari et par un inconnu qui n'est autre que son propre frère ! Le vécu incestueux est la dernière limite franchie et scelle la rupture conjugale provisoire, entraînant Loulou dans une errance érotique dangereuse. Jusqu'à la scène de l'Inceste qui scelle la complicité du mari et du frère Marcelo autour du corps de Loulou, l'interdit était joué mais non levé. La quête de partenaires travestis permettait à Loulou de projeter sur des inconnus son fantasme lié aux deux hommes de sa vie, le frère et le mari. Cet ultime interdit franchi, Loulou est désormais libre : libre de réaliser *en solo* ses désirs mais au péril de sa vie. Le mari met un terme définitif à cette errance en endossant *in fine* la position du sauveur et en prenant à nouveau en charge celle qui n'a jamais cessé d'être son épouse et qui savoure l'innocence alors retrouvée. La liberté de Loulou est donc toute relative dans ce récit. Lorsqu'elle concrétise ses fantasmes sans aucune tutelle, elle devient une femme vulnérable, objet des désirs menaçants d'inconnus sans scrupule. En présence de Pedro, elle reste, quel que soit son âge, une fillette dotée d'un bel appétit sexuel mais contrainte à une obéissance sexuelle qui la maintient dans une position infantile. L'alternative ne permet pas à la femme d'acquérir l'autonomie qu'elle recherche. L'accession à une autonomie sexuelle totale ne se manifeste que dans les fantasmes de Loulou, ces fameuses « Vies » où l'autoérotisme la rend maîtresse d'elle-même à l'image de la télécommande du début du récit qu'elle manipule à son gré *a contrario* de sa vie amoureuse au sein de laquelle Pedro règne en maître.

L'on comprend que le livre de Grandes n'ait pas plu à la féministe Lucia Extebarria pour qui l'auteure n'aurait pas su décrire les orgasmes de son personnage. Ce qui n'est pas tout à fait exact car la description de la jouissance est au contraire pleinement intégrée à la scène érotique. Ce qui est plus juste est que l'érotisme de Grandes met en évidence la difficile émergence d'un sujet érotique féminin adulte. Loulou n'accède pas au statut de sujet réclamé de ses vœux par Etxebarria. Ce n'est pas anodin de noter aussi que l'auteure a choisi la période de la fin du régime de Franco pour mettre en scène ce conflit intime si caractéristique de l'*Éros* féminin. Ce contexte de tension historique où les défenseurs des libertés individuelles commencent à prendre le pas sur les promoteurs des interdits moraux traditionnels était propice à une telle mise en scène de l'intime...

***

Un nouveau récit vient, semble-t-il, de révolutionner le terreau déjà fertile de l'érotisme littéraire féminin : *Fifty shades* ou, en français, *Cinquante nuances de Grey*[118]. La plupart des articles et des reportages ont insisté sur cette déferlante propice à l'érotique féminine car ayant su capter ce que veulent les femmes... Innovation totale ou symptôme d'un consumérisme ambiant frappé d'un fort déni d'antériorité ?

Ce récit, en réalité le premier volume d'une trilogie inspirée de *Twilight*, narre la rencontre improbable entre une jeune étudiante brillante sans le sou et un richissime – et « bellisime » – homme d'affaires. Résumé ainsi, serait-on face à un avatar de Barbara Cartland ou bien encore des romans de la collection Harlequin, *le petit je ne sais quoi* de sexe en plus ? Anastassia Steele est une étudiante en lettres sur le point de terminer sa licence lorsqu'elle rencontre Christian Grey. Sa meilleure amie et co-locataire étant malade, c'est elle qui la remplace afin de recueillir les propos de cette superstar du *business* en vue d'une parution de l'interview dans le journal de l'université. Peu motivée par cette perspective, l'héroïne se rend néanmoins à ce rendez-vous et après avoir été accueillie au sein de la multinationale GREY HOUSE par plusieurs hôtesses au physique formaté (« la Blonde numéro un », « la blonde numéro deux »), atterrit à quatre pattes dans le bureau du héros qui l'aide à se relever de « ses mains secourables »...Tandis que le personnage masculin fait preuve d'une belle assurance et scrute l'héroïne avec beaucoup d'attention, celle-ci cumule les maladresses, bafouille, rougit, en proie à un trouble grandissant. D'une

118. E. L. James, *Cinquante nuances de Grey, La trilogie Fifty Shades,* Paris, Jean-Claude Lattès, 2012.

beauté à couper le souffle, ce jeune trentenaire sûr de son pouvoir éveille instantanément le désir d'Anastassia. La tension sexuelle entre les deux personnages est palpable dès le premier chapitre et le récit n'aura de cesse de mettre en valeur la forte attirance sexuelle du personnage féminin pour cet homme dont elle tombe amoureuse et qui lui propose un drôle de pacte... En effet, Christian Grey qui tombe sous le charme de l'héroïne lui propose un contrat de soumission volontaire précisant les modalités de base, les rôles tenus par les deux protagonistes, les début et terme du contrat, la disponibilité, les lieux, les prestations, les activités et les mots d'alerte, les règles et les limites. L'objectif est clairement énoncé : « permettre à la Soumise d'explorer sa sensualité et ses limites sans danger, en respectant ses besoins, ses limites et son bien-être ». Il n'échappe pas à Anastassia que cet objectif dissimule surtout une volonté masculine d'asseoir son plaisir sexuel sur une domination consentie. Et la spécificité du récit est de susciter une attente jamais comblée concernant la signature de cet accord masochiste à laquelle Anastassia se dérobe jusqu'à la fin du premier volume.

Le personnage central est une jeune femme vierge qui découvre la sexualité dans les bras d'un initiateur sexuel exemplaire pour qui jusqu'alors la seule façon d'aimer relevait de l'*Éros* noir. Son besoin de contrôle remonte à son enfance et Anastassia n'a de cesse de s'interroger sur la part obscure de l'homme aimé. Cependant, l'entente amoureuse s'impose très vite sans artifices ce qui conduit le héros à revoir ses exigences initiales par désir de ne pas perdre sa petite-amie qu'il présente d'ailleurs à sa famille comme telle. Le rapport de soumission se trouve alors circonscrit à un espace dédié, la « salle de jeux », où l'héroïne accepte de se rendre par intermittence et où le rituel très maîtrisé procure à l'héroïne beaucoup de félicité. La gradation vers le rapport masochiste trouve son point culminant lorsque prenant toute la mesure de la détresse de son amant, la jeune femme va au-devant de son besoin et lui demande d'expérimenter ses limites : « Punis-moi. Je veux savoir jusqu'où ça peut faire mal ». La douleur physique signale un retour si brutal à la réalité – l'incompatibilité de leur attente amoureuse – que la jeune femme révoltée par ce qu'elle vient de subir rejette son amant, le quitte, en proie à un énorme chagrin :

> Je me laisse tomber su mon lit sans me déchausser, et je hurle. La douleur est indescriptible… physique, mentale… métaphysique… elle s'infiltre jusqu'à la moelle de mes os. La douleur. Voilà ce que c'est que la douleur. Et je me la suis infligée à moi-même. Du fond de moi, une pensée atroce et involontaire m'est soufflée par ma déesse intérieure qui affiche un rictus hargneux… Elle insinue que la douleur physique de la ceinture n'est rien, rien, comparée à cette dévastation. Je me roule en boule, désespérément agrippée au ballon dégonflé et au mouchoir de Taylor, et je m'abandonne à mon chagrin.

Ce récit a été décrié par la critique notamment en raison de sa faible valeur littéraire. Parmi les propos les plus virulents tenus à l'encontre du roman, figurent ceux du *Figaro littéraire* qui avant même la publication du livre en France, livre en 5 points une diatribe contre *Fifty shades of Grey* : les personnages y sont considérés comme des « ectoplasmes », le style comme une « morne plaine », le sexe comme « en berne », l'approche comme « hygiéniste », etc. Dotés de références en *ars erotica* classiques et contemporaines, le journal conseille d'aller voir ailleurs. Pour dénoncer le livre érotique, les critiques ont recours à l'argument esthétique. Ceci rend difficilement compte du projet de l'auteure qui cherche moins à faire œuvre littéraire qu'à exposer ses fantasmes dans un récit qui s'il offre pas mal de jouissances sexuelles à son héroïne est en effet avare de réjouissances littéraires. Les redondances de termes et d'expressions, les interjections familières et onomatopées qui relèvent de l'oralité adolescente, les incohérences dans la continuité narrative, le chapelet de stéréotypes ne font certes guère honneur à notre riche patrimoine érotique. De plus, trouver une filiation dans *Histoire d'O* alors que l'auteure ne l'a pas lue mais vu seulement l'adaptation cinématographique est proprement abusif. Seule la reprise du thème masochiste justifie un tel rapprochement et encore… Dans l'approche de la littérature érotique *via* le phénomène *Fifty Shades,* on regrette l'incurie de l'auteure comme celle des journalistes. Le maniement des étiquettes en témoigne. Considéré comme « pornographique » par le lectorat masculin et la critique journalistique, le livre est affiché par l'auteure comme une « histoire d'amour » ou bien comme un récit « érotique ». On retrouve là le même degré d'inconfort que lors de la parution du récit de Pauline Réage, le *buzz* en plus. Symptomatique d'un nouveau phénomène social, le « mom porn », le récit s'adresserait à ces femmes au foyer frustrées sexuellement et en quête d'une recette miracle pour revivifier leur couple voire le sauver. Ce serait de la pornographie de bas étage à portée de toutes et de tous, une porte d'entrée raisonnable sur des plaisirs interdits : le plaisir *via* la douleur, la soumission consentie, etc. Comme de nombreuses auteures érotiques, le but initial de l'écrivaine aurait été de coucher sur le papier ses fantasmes en espérant toucher par ce biais un lectorat féminin. L'ambition est largement atteinte, les femmes représentant 80 % de son lectorat. Pourquoi donc un tel succès ?

Si l'auteure a raison lorsqu'elle considère son récit comme une histoire d'amour, elle fait fausse route en retirant cette étiquette valorisante au livre-référence qu'est *Histoire d'O* où la quête amoureuse est poussée jusqu'à ses extrêmes limites, où le pacte noir est subi jusque dans ses ultimes conséquences et non pas timidement amorcé. La mystique devient avec E.L. James une simple affaire de négociation. Difficile d'en être troublée. Explicitement énumérées, rappelées sans cesse, les clauses du contrat dans *Fifty Shades* ne sont pas signées par une héroïne qui prend un malin plaisir à se dérober, à tenir tête à son amant, à l'entraîner vers son terrain à elle soit une conception pacifique du rapport sexuel exempt d'humiliations, de punitions, etc. Quelques concessions sont néanmoins accordées afin de complaire au bel amant et par peur de le perdre. Lorsque Anastassia Steele se décide à vivre la douleur physique comme telle, c'est afin de comprendre son inaptitude à une telle approche sexuelle. L'expérience met en évidence leur incompatibilité. Cependant, difficile lorsque l'on a lu les classiques de l'érotisme noir, de Sade à *L'Image* de Jean de Berg (Catherine Robbe-Grillet) de prendre au sérieux une telle scène finale ponctuée de 6 coups de ceinture sur le popotin… Le récit constitue l'exemple le plus frappant d'une démocratisation des codes de l'érotisme noir, d'une récupération hédoniste de ses rituels et de ses gestes, de son affadissement afin de le mettre à la portée du grand public. Dans le même temps, l'amour est le bel alibi qui anoblit la rencontre et justifie l'adhésion, partielle, du personnage féminin à l'éthique sexuelle de son partenaire. Les codes de l'*ars erotica* sont ici mis au service d'un art d'aimer soporifique digne des romans Harlequin. Le chemin amoureux est respecté dans chacune de ses étapes : le *visu* lors de la rencontre au sein de la multinationale, la conversation, le toucher, le baiser, le coït. Le primat du couple demeure : aucun autre personnage ne rejoint le duo amoureux dans ses parties de jambe en l'air appelées « sexe vanille » (par contraste avec l'*Éros* noir). Les scènes sexuelles sont précisément décrites et toujours reliées au désir fou de l'héroïne, non détachées d'un avant et d'un après qui permet en effet de leur donner une signification amoureuse.

On ne peut dénier cependant au récit un certain intérêt narratif notamment une efficacité dans les dialogues qui le rapproche des romans populaires anglo-saxons en vogue et des séries télé (l'auteure étant aussi scénariste). En effet, menée à la première personne, la narration donne accès aux pensées de l'héroïne au cours des dialogues mais aussi de la scène érotique elle-même ce qui génère un effet-personne non négligeable qui nous rend parfois complice du personnage féminin. La narratrice s'efface au profit de son héroïne et rend compte sans jugement de valeur de l'émerveillement juvénile continu d'Ana à l'égard de tout ce qui lui arrive. Ce choix d'un point de vue interne non filtré par la voix narrative explique en partie le sentiment d'identification éprouvé par des milliers de lectrices qui découvrent les fantaisies sexuelles du héros *via* le point de vue innocent d'Anastassia. Certes, celle-ci n'est en rien comparable à la Justine sadienne qui subit son sort sans se poser trop de questions. Dépourvue de toute autre référence en matière sexuelle, Ana découvre en même temps qu'une personnalité masculine inédite le potentiel érotique de son corps. Ce qui fait la saveur de ce récit est sans conteste l'alliance de deux registres, le comique et l'érotique, le premier étant exemplifié par les phrases en italiques qui restituent la pensée silencieuse de la jeune femme. Citées littéralement, sans ironie, ces phrases en italiques permettent de dédramatiser certaines scènes, de désacraliser le pouvoir masculin que Christian Grey incarne, de créer une complicité ludique avec le lectorat à condition que l'on baisse le niveau d'exigence en matière de style…

()

En guise de conclusion Éloge du trouble

Approcher de la conclusion sans avoir abordé d'autres auteures telles que Marguerite Duras par exemple, est-ce commettre une intolérable omission ? Pourquoi avoir tu jusqu'ici cette référence majeure au profit d'auteures dites « érotiques » que beaucoup jugent de second rang ou qui ne nourrissent plus depuis belle lurette les conversations et les débats littéraires ? Comment d'ailleurs, après tant d'admirables essais, de travaux de recherche, d'événements (débats, expositions, etc.), qui lui ont été consacrés parler de Duras ? De l'érotisme de Duras ? Mais, au fait, Duras est-elle une écrivaine « érotique » ? Ne serait-ce pas lui faire injure que de la réduire à cette étiquette comme si chez elle seule la voix du sexe avait droit de cité ? Pourtant, l'érotisme ne constitue pas une étiquette infamante lorsqu'on l'appréhende à partir de sa source vive, lorsque l'on revient à ce sens étymologique où le sexe n'est pas dissocié du sentiment, lorsque l'on se penche sur ces œuvres de femmes qui réenchantent le sexe sans pour autant l'amoindrir. Alors Duras et l'érotisme, est-ce conciliable ?

L'appel du sexe imbibe le texte durassien, infuse sous la chair des mots. Un *Éros* qui irrite le grain de peau, qui énerve les sens, qui sous-tend les mots des personnages. Le désir chez Duras est premier et qu'importe l'accomplissement, la somme des plaisirs espérés et le degré de jouissance. Ce n'est pas là l'essentiel... Dans l'érotisme littéraire, le sexe constitue à la fois le principe, l'action et sa finalité. Il envahit l'espace narratif. Les mots sont au service de la description de la scène érotique. Certes, ils ne sont pas subordonnés à la simple fonction masturbatoire comme dans la pornographie organisée comme une trinité basse (désir/coït/orgasme) mais le sexe se manifeste comme une présence obsédante. L'érotisme d'*Histoire d'O*, de *L'Image*, de *La Femme de papier*, des nouvelles de Deforges est une fin en soi. Pas chez Duras où la voix du sexe n'est pas primordiale. Il y a de l'érotisme chez Duras mais son œuvre ne se réduit pas à l'univers érotique. Peut-on néanmoins en dire quelques mots ? Réunir dans un même ouvrage des auteures peu reconnues au plan littéraire (Arsan), une auteure pionnière en matière d'érotisme en littérature (Réage) et un monument de la littérature française ! N'est-ce pas mêler les parties basses aux parties nobles, l'impur au pur, le sang bleu au tout-venant ? Sacrilège ? Osons pourtant parler, en quelques mots seulement, de l'érotisme de Duras au risque de susciter un vif débat et de déchaîner les foudres de ceux et de celles qui ont acquis le droit de l'étudier…

Quoi de plus étranger à Duras que la course effrénée vers le plaisir ! Duras, c'est l'attente, les longs laps de silence, l'immobilité, la suspension : « J'ai le temps […] Quelle lenteur tout à coup » dit la femme dans *Hiroshima mon amour*. Duras, c'est le contraire de la satisfaction immédiate, de l'aisance relationnelle, de la mobilité corporelle que l'on trouve dans les scènes sexuelles. Les êtres se rapprochent, se frôlent, sans se rencontrer. Le tragique de l'absence de « rapport sexuel » véritable entre une femme et un homme est sans cesse mis en exergue. En réalité, Duras offre l'image d'un autre temps érotique dans lequel s'inscrivent des êtres discontinus. *L'homme assis dans le couloir* est sans nul doute son œuvre la plus « érotique ». Ce texte court met en scène l'amour physique entre un homme et une femme qui disent s'aimer. Tapi dans l'ombre d'un couloir, un homme regarde une femme allongée sur un chemin de pierre, sa robe en soie déchirée. Les pratiques sexuelles ne sont pas nommées mais on devine la masturbation, l'urolagnie, le masochisme. L'homme demeure le maître apparent de la scène : il regarde, agit, couvre de son ombre le corps fragile de la femme qui le provoque en écartant ses jambes. Le sexe de la femme est comme chez Catherine Breillat un puits sans fond, nauséabond et dangereux. Le sexe de l'homme est le pivot autour duquel l'homme et la femme interrogent leur désir, le regardent. Les mouvements des personnages sont lents, le silence est de mise – « ces gens sont submergés par le silence » –, toute joyeuseté absente. *Éros* flirte avec *Thanatos*. L'amour est dévoration et impuissance à rejoindre l'autre. Le désir érotique du duo amoureux est le moteur principal de l'action mais il ne trouve jamais à se satisfaire. De ce jeu des interstices, naît le trouble…

***

Le trouble qui manque à la société actuelle d'aujourd'hui, celle-ci ne nous laissant plus guère de répit. Des contraintes de toutes sortes pèsent sur nos frêles épaules. L'intensité de la vie professionnelle ou bien la quête désespérée d'un emploi dévore tout sur son passage. Les femmes qui représentent 48 % de la population active sont soumises à un corset invisible qui exerce des effets directs sur leur libido[1]. Il faut le dire : l'*Éros* féminin est malmené et la tentation est grande d'échanger ses aspirations sensuelles contre l'absence totale de sexe ou bien contre une jouissance rapide, de s'aligner sur la mesure ternaire du temps pornographique (désir brutal, choc des organes, plaisir orgasmique) beaucoup mieux adaptée à la sexualité des hommes qu'à celle des femmes. Du principe de réalité, on en crève et plus que jamais on aspire aux bulles de douceur et au retour de la poésie dans nos vies amoureuses. Aspiration secrète et honteuse qui ne s'avoue que rarement.

Plusieurs siècles d'oppression ont raffiné à loisir les mécanismes du désir et du plaisir chez les femmes. Le désir des femmes a longtemps usé de la métaphore, puisant à de multiples sources afin de se dire, comme en témoigne la poésie féminine du début du XXe siècle ou bien encore les premières œuvres érotiques féminines des années 1950[2]. Seulement voilà. L'érotisme a perdu ses lettres de noblesse au profit de la transparence pornographique, du culte de l'organique direct qui dépoétise, appauvrit et déshumanise le rapport aux choses de l'amour. Les femmes, qui ont intériorisé le modèle traditionnel de la bonne mère et de l'épouse parfaite, se doivent dorénavant d'être également performantes au lit à l'image des

1. Eliette Abecassis, Caroline Bongrand, *Le Corset invisible, op. cit.*
2. Pauline Réage, *Histoire d'O, op. cit.*

actrices du X qu'aucune pratique ne rebute, d'être offensives au travail et de poursuivre en prime une réalisation personnelle à laquelle les autres injonctions font inévitablement barrage. Impossible idéal du moi à concrétiser qui supposerait de lâcher un peu de lest afin de favoriser l'ascension… Françoise d'Eaubonne, l'auteure du *Complexe de Diane*[3], n'avait peut-être pas tort lorsqu'elle conjurait les femmes à ne pas vouloir tout maîtriser et à s'abandonner, sans pour autant se perdre, dans l'intimité car telle était la condition de leur jouissance. Lâcher du lest, c'est ne pas se sentir obligée d'accepter la demande libertine du conjoint pour afficher sa prétendue liberté de mœurs, ne pas se refuser du temps personnel et, au sein de ce temps personnel, de céder parfois à l'appel délicieux, gratuit, noble, du trouble amoureux.

Le trouble est une occasion d'enchantement merveilleusement adaptée à l'*Éros* féminin. Il est un appel discret au plaisir des sens, une volupté du creux du ventre et une joie de l'esprit qui ne requièrent pas un dépassement insensé des limites, un passage obligé à l'acte physique et une brisure conjugale. Il a la tiédeur d'un souffle printanier qui caresse la joue sans la brûler, qui frôle la jupe sans la soulever, qui pose sur les lèvres comme un suave baiser. Le trouble interrompt le geste ordinaire et démasque l'être intime, révélant la vérité amoureuse d'une attraction qui se passe volontiers des mots. Ce trouble ne peut naître qu'à la faveur de cette disponibilité intérieure minée de nos jours par la réactivité permanente, l'obligation de résultats, le sentiment permanent de l'urgence. Il suffit pourtant de peu de choses, d'un peu d'attention, de lever la tête dans la rue que l'on traverse, de ne pas fixer le bout de ses escarpins comme une mono-maniaque tendue vers l'objectif mais de regarder autour de soi, de respirer, de débusquer des occasions de beauté là où celles-ci se nichent. Le trouble amoureux fait vaciller l'être intime qui est en nous, réveille ce bon petit diable censuré par la morale ambiante, crée un léger étourdissement face à cet autre, homme ou femme, qui attrape notre regard et atteint le creux de notre corps. Il est une brèche dans notre appréhension rationnelle des choses, un doux délire des sens. Beaucoup de femmes se sentent coupables de désirer un autre que leur conjoint. Dans *Eyes Wide Shut*, l'héroïne jouée par Nicole Kidman

3. Françoise d'Eaubonne, *Le Complexe de Diane, op. cit.*

a le tort d'avouer à son mari que l'officier entrevu à l'hôtel a suscité chez elle un rêve érotique puissant. Le trouble amoureux est une affaire de soi à soi et convoite l'image de l'autre pour s'en nourrir en catimini. Il fait partie du jardin intime et n'a pas à se dire. Il fait frémir en secret et entretient ce précieux élixir de jeunesse qui est l'élan sensuel.

Un féminisme libertin sans attraction amoureuse ne représente pas à mon sens un grand intérêt. Faire du corps des hommes une marchandise à louer ou à consommer avec légèreté n'est pas avancer sur la voie de l'égalité. Les femmes dites cougars sont-elles les alliées de l'émancipation des femmes ? Pas sûr. Œil pour œil, dent pour dent ? Cela fait des siècles que les hommes dotés de leur belle assurance, parfois apparente, usent de leur droit de cuissage sans que la société y trouve à redire tant est ancré le stéréotype d'une sexualité masculine plus exigeante que celle des femmes, d'un ego masculin ayant besoin du regard de la femme jeune comme un miroir lui renvoyant une image deux fois plus grande que nature Une émission récente a montré que les « cougars » françaises de plus de cinquante ans convoitant des jeunes hommes rêvaient encore d'amour au contraire des Américaines beaucoup plus décomplexées et qui chassent sans émoi : *just to have fun*. Convoiter un jeune homme dont les regards seront irrémédiablement rivés vers des jeunettes de passage à la peau plus ferme et au teint plus frais constitue sans nul doute un pari risqué afin d'accéder à l'épanouissement amoureux. Mais en toute chose il y a des exceptions et l'attraction amoureuse naît dans les terriers les plus insolites. Libérer *Éros* ne signifie pas à mon sens se caler sur l'attitude masculine et s'adonner à des activités libertines. C'est déjà s'autoriser à désirer l'être, homme ou femme, que la société déclare inaccessible et l'accompagner sur le chemin de la reconnaissance réciproque. C'est cultiver le désir. C'est aimer corps et âme lors de parenthèses choisies sans renier pour autant sa liberté d'agir. C'est aimer l'autre dans sa singulière beauté et sa différence loin des injonctions d'une société qui pense à notre place les appariements en fonction de la tranche d'âge, des goûts communs, du niveau social. L'élan érotique et disons-le – pourquoi faire de l'amour un tabou des temps modernes ? – le pouvoir amoureux nous conduisent à ménager une place à l'autre au sein de nous-même. Si l'énergie du combat nous pousse à rassembler toutes nos forces autour du noyau dur de notre personne afin de donner le meilleur de nous à la société, jamais rassasiée, l'énergie amoureuse quant à elle nous pousse à sortir de nous, à infuser de l'ardeur érotique dans le cœur de l'autre, à diffracter notre être. Force centrifuge. J'ai toujours été étonnée de découvrir lorsque j'aime la belle amoralité à laquelle cela peut conduire. Je ne trouve pas mon plaisir dans la transgression, dans la volupté de dérober l'autre à un ou une rivale, de transgresser les limites mais dans cet abandon heureux. Aucun geste de l'amour ne me semble bas, aucun comportement amoureux servile. Je tisse ma toile dans un processus de séduction et j'amène mon aimé-e- à rencontrer le plus profond de mon être avant de le rendre ensuite au monde, riche des saveurs et des plaisirs partagés, aussi riche que moi-même. Je ne suis pas cannibale mais aucune partie du corps ne me semble basse. Mon désir sacralise tout sur son passage et je reçois les baisers, les caresses, les attentions de l'autre comme autant de témoignages d'amour qui se passent de mots et qui rachètent toutes les humiliations, vexations, frustrations vécues dans d'autres sphères. Je suis pleinement moi, complète dans la plus merveilleuse des alliances. L'homme aimé devient ma muse et mon pygmalion, mon jour et ma nuit, mon côté gauche et mon côté droit, mon feu sacré et mon noyau. Je chante notre amour, sans cesse. Il m'habite et génère une telle énergie positive que cela rayonne dans chacun de mes gestes quotidiens. Le mot aimable à l'agent d'entretien ne lui est pas vraiment adressé, mais il en bénéficie sans se douter de ce qui le motive. La connivence avec une collègue n'est pas due à une secrète alchimie entre nous mais puise son origine dans cet amour qui me grandit et m'élève, princesse légère au-dessus des nuées. Pour autant, je ne me sens pas comme Vénus à sa proie attachée ou comme la sacrificielle Juliette Drouet. Je reste moi-même avec l'œil plus aiguisé encore, l'attention démultipliée et le corps en éveil. Je deviens oiseau de nuit tout en restant cet animal de jour subvenant à ses besoins premiers. J'utilise les merveilleuses suites de l'union comme autant de stimuli pour les autres sphères de vie. L'amour est un pouvoir et une métamorphose qui rend moins vulnérable qu'invincible tant qu'il dure bien entendu. Mais même passé, le souvenir de ce qu'il a été peut continuer à nous sublimer.

L'un des pires ennemis qui entrave l'accès à ce féminisme amoureux est la culpabilité, cette tache qui revient sans cesse comme les travaux de Sisyphe. Il faut savoir oublier pour s'adonner à cette joie qui donne l'impression de vivre mille vies en une seule, les proches de l'aimé-e-, la fin de l'amour car tout se termine tôt ou tard, la frustration d'un moment trop court, la part d'ombre de l'autre dont on ne fait jamais totalement le tour. L'amour est un moment de grâce et le désir, une ode à la vie qui n'a rien à voir avec l'appétit brutal et la dépendance sexuelle. Ceux qui vont dans les boîtes échangistes et aiment repousser les limites pornographiques se sont éloignés de cette vérité de chair. Le désir véritable se passe bien des artifices, des rituels sophistiqués, des mises en scène compliquées. Il fait vaciller l'être sur son point fixe, je tangue et dans mon déséquilibre, c'est l'autre qui me reçoit. Il est une urgence de la chair contre la chair, une obsession du baiser échangé et de la main caressée, un feu du ventre qui nous commande contre toute raison de rejoindre le sexe de l'autre pour s'éprouver complètement vivant-e... Dans une société où le spirituel s'est absenté au profit d'un matérialisme froid et de replis identitaires au nom de religions mal comprises, le désir est une mystique charnelle avec laquelle il devient urgent de renouer. La lecture de certaines œuvres féminines ici étudiées favorise le retour à cet essentiel humain...

***

()

Bibliographie

Abécassis, Eliette, Bongrand, Caroline, *Le Corset invisible*, Paris, Albin Michel, 2007.

Aeply, Janine, *Éros Zéro*, Paris, Mercure de France, 1972.

Alberoni, Francesco, *L'Érotisme*, Paris, Ramsay, 1987.

Alexandrian, Sarane, *Histoire de la littérature érotique*, Paris, Seghers, 1989.

Allen, Suzanne, *L'Île du dedans*, Paris, Gallimard, 1960.

–, *Le Lieu commun*, Paris, Gallimard, 1966.

Apollinaire, Guillaume, *Introduction à l'œuvre du Marquis de Sade*, Paris, 1909.

–, *Les Onze mille verges*, Paris, Pauvert, 1973.

Anonyme (Aragon), *Irène*, Paris, L'Or du temps, 1968.

Arsan, Emmanuelle, *Emmanuelle*, « Livre 1 : La leçon d'homme/Livre 2 : L'anti-vierge », Paris, La Musardine, 1999 (poche) (Éd. originale : 1957).

–, *L'Hypothèse d'Éros*, Paris, Filipacchi, 1974.

Audry, Colette, « Le parti communiste et la maternité contrôlée », *Les Temps Modernes*, juin 1956.

–, « Dix ans après le *Deuxième Sexe* », dans « La Française d'aujourd'hui », *La Nef*, octobre-décembre 1960, n° 4.

Auffret, Séverine, *Sapphô et compagnie. Pour une histoire des idées féministes*, Paris, Labor, 2006.

Baronheid, Marc-Émile, *Régine Deforges, l'inconduite*, Paris, Stock, 1995.

Bataille, Georges, *Histoire de l'œil*, Paris, Pauvert, 1953 (1re éd. clandestine : 1928).

–, *L'Érotisme*, Paris, Minuit, 1957.

–, *La Part maudite*, Paris, Minuit, 1967.

–, *Le Bleu du ciel,* dans *Œuvres complètes,* Paris, Gallimard, 1971.

–, « Préface à *Madame Edwarda* », dans *Romans et Récits,* Paris, Gallimard, « Bibliothèque de La Pléiade », 2004.

Beauvoir, Simone de, *Le Deuxième Sexe,* Paris, Gallimard, 1949.

–, « Faut-il brûler Sade ? », *Les Temps Modernes,* janvier 1952, t. I, n° 75.

–, *La Femme rompue,* Paris, Folio, Gallimard, 2000.

Bécourt, Daniel, *Livres condamnés, livres interdits, régime juridique du livre, liberté ou censure ?,* Paris, Cercle de la Librairie, 1972.

Bedouin, Jean-Louis, « Éros et l'instinct de mort », *Médium,* janvier 1955.

Belen, *Mémoires d'une liseuse de draps,* Paris, Pauvert, 1973.

Bellil, Samira, *Dans l'enfer des tournantes,* Paris, Flammarion, 2003.

Benda, Julien, « Situation de la femme », *La Nef,* décembre/janvier 1950.

Berry, André, « Chambre rouge et chambre des supplices », *Combat,* 14 mars 1955.

Berg, Jean de, *L'Image,* Paris, Minuit, 1956.

–, *Cérémonies de femmes,* Paris, Grasset, 1985.

–, *Le Petit Carnet perdu,* Paris, Fayard, 2007.

Boisdeffre, Pierre de, *Une histoire vivante de la littérature d'aujourd'hui, 1938-1958.* Paris, Le Livre Contemporain, 1958.

Boschetti, Anna, *Sartre et Les Temps Modernes,* Paris, Minuit, 1985.

Bourdet, Denise, *Visages d'aujourd'hui,* Paris, Plon, 1960.

Brécourt-Villars, Claudine, *Écrire d'amour, Anthologie de textes érotiques féminins,* Paris, Ramsay, 1985.

Breillat, Catherine, *Pornocratie,* Paris, Denoël, 2001.

Brisset, Laurence, *La NRF de Paulhan,* Paris, Gallimard, 2003.

Bruckner, Pascal, *L'Euphorie perpétuelle, essai sur le devoir de bonheur,* Paris, Grasset, 2000.

–, *Le Paradoxe amoureux,* Paris, Grasset, 2009.

Brulotte, Gaëtan, *Œuvres de chair. Figures du discours érotique,* Paris, L'Harmattan, 1998.

Brune, Elisa, Ferroul, Yves, *Le Secret des femmes,* Paris, Odile Jacob, 2010.

Cannone, Belinda, *La Tentation de Pénélope,* Paris, Stock, 2010.

–, *Le baiser peut-être,* Paris, Alma, 2011.

Chaperon, Sylvie, « Le scandale du *Deuxième Sexe* », dans *Les Années Beauvoir, 1945-1970,* Paris, Fayard, 2000.

Cixous, Hélène, Clément, Catherine, *La Jeune née*, Paris, Union générale d'Éditions, 1975.

–, *Rose saignée*, Paris, Éditions Des femmes, 1974.

Colette, *La Vagabonde*, Paris, Albin Michel, 1990, Poche n° 283.

–, *Mes apprentissages*, Paris, Fayard, 2004 (1re éd. 1936).

Cusset, Catherine, *Jouir*, Paris, Folio, 1997.

Darnton, Robert, « Quand la pornographie tenait salon », *Books*, « Le Pouvoir du sexe », décembre 2011-janvier 2012.

David, Angie, *Dominique Aury*, Paris, Léo Scheer, 2006.

Decker, Jacques de, « La Confession anonyme : une *ars amatoria* », *Cahiers Suzanne Lilar*, Paris, Gallimard, 1986.

Deforges, Régine, *O m'a dit*, entretiens avec Pauline Réage, Paris, Pauvert, 1975.

–, Brécourt-Villars, Claudine, *Les Poètes et les Putains*, Paris, Albin Michel, 2004.

–, *Blanche et Lucie*, Paris, Fayard, 1976.

–, *Contes pervers*, Paris, Fayard, 1980.

–, *L'Orage*, Paris, Éditions Blanche, 1996.

Deleuze, Gilles, *Présentation de Sacher-Masoch : le froid et le cruel*, Paris, Minuit, 1981.

Despentes, Virginie, *Baise-moi*, Paris, Grasset, 1999.

Deutsch, Hélène, « Le Masochisme féminin », dans *La Psychologie des femmes, t. 1, Enfance et adolescence*, Paris, PUF, collection « Quadrige », 1987 (1re éd. 1949).

Dictionnaire historique de la langue française, Paris, Le Robert, 1992.

Dictionnaire de la pornographie, Paris, PUF, 2005.

Di Folco, Philippe, *Dictionnaire de la pornographie*, Paris, PUF, 2005.

Djebar, Assia, *Les Nuits de Strasbourg*, Paris, Livre de poche, 2003.

Dorlin, Elsa, *Sexe, genre et sexualités*, Paris, PUF, 2008.

Duby, Georges, Perrot, Michelle, « Critique du phallogocentrisme », dans *Histoire des femmes en Occident. V. Le XXe siècle*, Paris, Perrin, 2002.

Duché, Jean, « L'évolution de la femme dans les lettres françaises », *Conferencia*, mars 1963.

Dworkin, Andrea, *Woman Hating*, « Part Two : the Pornography, Chapter 3 Woman as Victim : *Story of O* », Plume, 1974.

Eaubonne, Françoise d', *Le Complexe de Diane*, Paris, Julliard, 1951.

El Cheikh, Hanan, *Femmes de sable et de myrrhe*, Paris, Actes Sud, 1995.

Elsen, Claude, *Homo eroticus*, Paris, Gallimard, 1953.

–, « L'Amour fou », *Dimanche-matin*, août 1954.

Etchelli, Claire, *Élise ou la vraie vie*, Paris, Denoël, 1967.

Etxebarria, Lucia, *Amour, Prozac et autres curiosités*, Paris, Denoël, 1999.

–, *Je ne souffrirai plus par amour*, Paris, Héloïse d'Ormesson, 2008.

–, *Ce que les hommes ne savent pas, Le sexe vu par les femmes*, Paris, Héloïse d'Ormesson, 2009.

Feher, Michel, « Érotisme et féminisme aux États-Unis », *Esprit*, novembre 1993.

Ferney, Alice, *La Conversation amoureuse*, Arles, Actes Sud, 2000.

Ferrier-Caverivière, Hélène, préface à *La Vagabonde*, Paris, Albin Michel, 1990.

Foucault, Michel, *La Volonté de savoir*, Paris, Gallimard, 1976.

François, Jocelyne, *Les Bonheurs*, Paris, Robert Laffont, 1970.

Gaëtane, *Histoire d'I*, Paris, Filipacchi, 1974.

Gauthier, Xavière, *Les Parleuses*, Paris, Minuit, 1974.

–, *Dire nos sexualités*, « contre la sexologie », Paris, Galilée, 1976.

–, *Surréalisme et Sexualité*, Paris, Gallimard, collection « Idées », 1979 (éd. originale 1971).

Genette, Gérard, *Seuils*, Paris, Le Seuil, 1987.

Grandes, Almuneda, *Les Vies de Loulou*, Paris, Albin Michel, 1990.

Groult, Benoîte, « Les Portiers de nuit », *Ainsi soit-elle*, Paris, Grasset et Fasquelle, 1975.

Heinich, Nathalie, *États de femmes, L'identité féminine dans la fiction occidentale*, Paris, Gallimard, 1996.

Huston, Nancy, *L'espère fabulatrice*, Paris, Actes Sud, 2008.

Irigaray, Luce, *Ce Sexe qui n'en est pas un*, Paris, Minuit, 1977.

Jaeckin, Just, *Tout Just*, Paris, Éditions du Rocher, 2006.

L'Aminot, Tanguy, « L'étoile blanche dans les ténèbres », dans *Censure, autocensure et art d'écrire*, Bruxelles, Éditions Complexe, 2005.

Lauris, Anne, *L'Île*, Paris, Régine Deforges, 1972.

Lawrence, D.H., *Éros et les chiens*, Paris, Christian Bourgeois, 1969.

–, *L'Amant de Lady Chatterley*, Paris, Livre de poche, 1991, n° 5830 (1re éd. française 1932).

Le Brun, Annie, *Du trop de réalité*, Paris, Stock, 2000.

Leïla, *Mariée de force*, Paris, J'ai lu, 2005.

–, *La Traversée des sens*, Paris, Plon, 2009.

Legman, Georges, « Avatars de la garce », *Les Temps Modernes*, août 1950.

Leleu, Gérard, *Traité des caresses*, Paris, Stock, 2003.

–, *Le Traité du désir*, Paris, J'ai lu, 2004.

–, *De la peur à l'amour, Réconcilier enfin l'homme et la femme*, Paris, Éditions J'ai lu, 2005.

–, *L'Homme (nouveau) expliqué aux femmes*, Paris, Leduc. S Éditions, 2006.

Lever, Maurice, « "Les Grivoises" ou l'érotisme au féminin », dans *Anthologie libertine, Le XVIIIe siècle*, Paris, Robert Laffont, 2003.

Ligneris, Françoise des, *Fort Frédérik*, Paris, Grasset, 1957.

Lilar, Suzanne, *La Confession anonyme*, Paris, Gallimard, 1983 (1re éd. anonyme : 1960).

–, *Le Couple*, Paris, Grasset, 1963.

–, *À propos de Sartre et de l'amour*, Paris, Gallimard, 1967.

–, *Le Malentendu du deuxième sexe*, Paris, PUF, 1969.

Le Petit Larousse, Grand format 2003.

Lorris, Gérard de et Jean de Meung, *Le Roman de la rose*, Paris, L.G.F, 1997.

Losfeld, Éric, *Endetté comme une mule ou la passion d'éditer*, Paris, Belfond, 1979.

Lovelace, Linda, *Ordeal (Épreuve)*, Citadel, 1980.

Lucrèce, *De la nature*, v. 621, Garnier, 1939.

Magny, Claude-Edmonde, *50 années de découvertes, bilan 1900-1950*, Paris, Le Seuil, 1948.

Mamdouh, Alia, *La Passion*, Paris, Actes Sud, 2003.

–, *La Garçonne*, Paris, Actes Sud, 2012.

Marcuse, Herbert, *Éros et Civilisation*, Paris, Minuit, 1963 (1re éd. 1955).

–, « Marxisme et féminisme », dans *Actuels*, Paris, Éditions Galilée, 1976.

Marzano, Michela, « Introduction », *La Pornographie ou l'épuisement du désir*, Paris, Buchet-Chastel, 2003.

Massat, Alice, *Le Ministère de l'Intérieur*, Paris, Denoël, 1999.

Mauriac, François, « Demande d'enquête », *Le Figaro Littéraire*, 4 juin 1949.

–, « Notre enquête près de la jeunesse intellectuelle : conclusions », *Le Figaro littéraire*, 6 août 1949, n° 172.

Miller, Henry, *Tropique du Cancer*, Paris, Denoël, 1945 ; *Sexus*, Paris, Éditions de La Terre de feu, 1949.

–, *L'Obscénité et la loi de réflexion*, Paris, Seghers, 1949.

–, *Tropique du Capricorne*, Paris, Éditions du Chêne, 1952.

Millet, Catherine, *La Vie sexuelle de Catherine M.*, Paris, Le Seuil, 2001.

–, *Jour de souffrance*, Paris, Flammarion, 2008.

Morin, Edgar, « La promotion des valeurs féminines », *La Nef*, Octobre-Décembre 1960, Cahier n° 4.

Morin, Violette, *Un mythe moderne, l'érotisme*, Paris, Casterman, 1964.

Mounier, Emmanuel, *Traité du caractère*, Paris, Le Seuil, 1947.

Mouvement français pour le planning familial, *Liberté, sexualités, féminisme*, Paris, La Découverte, 2006.

Nasreen, Taslima, *Rumeurs de haine*, Paris, Éditions Philippe Rey, 2005.

Nedjma, *L'Amande*, Paris, Plon, 2004.

Nefzaoui, Mohammed Ibn Umar (al-), *Le Jardin parfumé : Manuel d'érotologie arabe du cheikh Nefzaoui*, Paris, Régine Deforges, 1972.

Neyrand, Gérard, Abdelhafid, Hammouche, Sahra Mekboul, *Les Mariages forcés*, Paris, La Découverte, 2008.

Nin, Anaïs, *Venus erotica*, Paris, Stock, 1969.

–, *Journal de l'amour*, « journal inédit et non expurgé des années 1932-1939 », Paris, LGF, 2003.

Nin, Anaïs, Miller, Henry, *Correspondance passionnée*, Paris, Stock, 2007.

Onfray, Michel, *L'Art de jouir*, Paris, Le Livre de poche, 1991.

–, *Théorie du corps amoureux, Pour une érotique solaire*, Paris, Le Livre de poche, 2001.

–, *Le Souci des plaisirs*, Paris, Flammarion, 2008.

–, *Manifeste hédoniste*, Paris, Autrement, 2011.

Ophir, Anne, *Regards féminins. Condition féminine et création littéraire*, Paris, Denoël/Gonthier, 1976.

Ovidie, *Porno manifesto*, Paris, Flammarion, 2002.

Parturier, Françoise, *Lettre ouverte aux hommes*, Paris, Albin Michel, 1968.

Patron, Sylvie, *Critique 1946-1996 : une Encyclopédie de l'esprit moderne*, IMEC, Paris, 1999.

Pauvert, Jean-Jacques, *Anthologie historique des lectures érotiques*, « De Guillaume Apollinaire à Philippe Pétain », Paris, Stock/Spengler, 1995.

–, *La Traversée du livre* « Mémoires », Paris, Éditions Viviane Hamy, 2004.

Penrose, Valentine, *Erzsébet Bathory, la comtesse sanglante*, Paris, Mercure de France, 1962.

Perrein, Michèle, *La Sensitive*, Paris, Julliard, 1956.

Perrin, Elula, *Les femmes préfèrent les femmes,* Paris, Ramsay, 1977.
Pia, Pascal, *Dictionnaire des œuvres érotiques,* Paris, Mercure de France, 1971.
Pieyre de Mandiargues, André, *L'Anglais décrit dans le château fermé,* Paris, Pauvert, 1953 ; Paris, Gallimard, 1979 (réédition).
–, « La Mort mithridatisée », article de 1968 repris dans *Troisième Belvédère,* Paris, Gallimard, 1971.
–, « Les fers, le feu, la nuit de l'âme », *Critique,* juin 1955, t. XI.
Piroué, Georges, « Le roman revendicatif féminin », *La Table Ronde,* mars 1956.
Planté, Christine, *La Petite Sœur de Balzac,* Paris, Le Seuil, 1989.
Platon, *Le Banquet, De l'amour,* Paris, LGF, 1991.
Poulet, Robert, « Romanciers et surtout romancières ne nous parlez plus d'amour », *Carrefour,* 5 avril 1961.
Quignard, Pascal, *Le Sexe et l'Effroi,* Paris, Gallimard, 1994.
Reich, Wilhem, *La Fonction de l'orgasme,* Paris, L'Arche, 1952.
–, *La Révolution sexuelle, pour une autonomie caractérielle,* Paris, Librairie Plon, 1968 (éd. originale : 1930. Première trad. Française expurgée par le PCF : 1934).
Rey, Françoise, *La Femme de papier,* Paris, Ramsay/Pauvert, 1989.
Reyes, Alina, *La Chasse amoureuse,* Paris, Plon, 2004.
–, *Charité de la chair, Le sexe et le sacré,* Paris, Presses de la Renaissance, 2010.
Rieux, Virginie des, *La Satyre,* Paris, Buchet-Chastel, 1965.
Robbe-Grillet, Catherine, *Jeune mariée,* 1957-1962, Paris, Fayard, 2004.
Roche, Charlotte, *Zones* humides, Paris, Anabet, 2009
Rochefort, Christiane, *Le Repos du guerrier,* Paris, Grasset, 1958.
–, *Les Stances à Sophie,* Paris, Grasset, 1963.
Rougemont, Denis de, *L'Amour et L'Occident,* Paris, Plon, coll. « Présences », 1939.
–, *L'Amour et L'Occident,* Paris, Plon, 1972 (édition définitive).
Sacher-Masoch, Léopold, *La Vénus à la fourrure,* Paris, Minuit, 1967.
Sade, *Les Infortunes de la vertu,* Paris, Les Éditions du Point du jour, 1946.
–, « Aline et Valcour », dans *Œuvres complètes,* Paris, Jean-Jacques Pauvert, 1954-1970, tome XI.
–, *Les Infortunes de la vertu,* Paris, L.G.F, 1970.
–, *Histoire de Juliette ou les prospérités du vice,* Paris, UGE, 1993.

–, *Les Cent vingt journées de Sodome ou l'École du libertinage* dans *Œuvres I*, Paris, Gallimard, « Bibliothèque de la Pléiade », 1990.

Sadut, Claude, *Les Jeux de l'orgueil*, Paris, L'Or du temps, 1968.

Sagan, Françoise, *Bonjour tristesse*, Paris, Julliard, 1954

Saint-Point, Valentine de, *Manifeste futuriste de la luxure*, Paris, Les Mille et une Nuits, 2005 (1re éd. 1913).

Scudéry, Madeleine de, *Artamène ou Le Grand Cyrus*, Genève, Slatkine Reprints, 1972.

Sebbar, Leïla, *Les Femmes au bain*, Paris, Bleu autour, 1973.

Souad, *Brûlée vive*, Paris, Oh ! Éditions, 2003.

Sullerot, Évelyne, *Histoire et Mythologie de l'amour : Huit siècles d'écrits féminins*, Paris, Hachette, 1974,

Wittig, Monique, *Le Corps lesbien*, Paris, Minuit, 1973.

()

Index

Index des œuvres

Remerciements

À mon directeur de thèse, Jean-Claude Larrat, professeur de littérature française à l'université de Caen pour son soutien constant pendant ces années consacrées à la préparation de ma thèse dont cet essai se veut la quintessence,

À Gaëtan Brulotte, écrivain et professeur à l'université de Tampa (Floride) pour son travail qui m'a beaucoup guidée dans cette aventure intellectuelle et pour son amitié,

À Belinda Cannone dont je suis une fervente lectrice et pour son souffle littéraire qui m'inspire,

À toutes celles et tous ceux qui m'ont soutenue pendant mes années de doctorante dans une démarche peu aisée en raison notamment de l'audace du sujet choisi,

À Michel Onfray qui m'a accueillie en 2007 au sein de cette stimulante Université populaire de Caen et à Séverine Auffret, philosophe, féministe, qui partage cette belle aventure collective,

Et de tout cœur, je remercie mon Père, mon premier lecteur, pour son soutien toujours aimant et ses précieux conseils,

Cet ouvrage est dédié aux femmes et, en particulier, à la première d'entre elles…
À Maman.

Ainsi qu'à G…

Table des matières

Ce volume,
publié aux éditions Klincksieck
a été achevé d'imprimer en décembre 2013
sur les presses de la Manufacture Imprimeur
52205 Langres Cedex

N° d'éditeur : 00173 - N° d'imprimeur : 131001
Dépôt légal : janvier 2014